# LA TOLÉRANCE, UN RISQUE POUR LA DÉMOCRATIE ?

## Théorie d'un impératif politique

## DANS LA MÊME COLLECTION

Magali BESSONE, *Sans distinction de race? Une analyse critique du concept de race et de ses effets pratiques*, 2013

Elena PASQUINELLI, *Illusions de réalité. Toute ressemblance avec des personnes ou des situations existantes ne saurait être que fortuites*, 2012

Serge PORTELLI, *Pourquoi la torture?*, 2011

Sacha BOURGEOIS-GIRONDE avec Dominique DIMIER, *Comment l'argent vient à l'esprit*, 2009

Jean-Fabien SPITZ, *Abolir le hasard? Responsabilité individuelle et justice sociale*, 2008

PHILOSOPHIE CONCRÈTE

Directeur : Jean-Baptiste RAUZY

---

# LA TOLÉRANCE, UN RISQUE POUR LA DÉMOCRATIE ?

## Théorie d'un impératif politique

*par*

**Marc-Antoine DILHAC**

PARIS
LIBRAIRIE PHILOSOPHIQUE J. VRIN
6, Place de la Sorbonne V[e]

2014

ISSN 1961-2648
ISBN 978-2-7116-2543-7

*www.vrin.fr*

*À ma mère*

*If there is any fixed star in our constitutional constellation, it is that no official, high or petty, can prescribe what shall be orthodox in politics, nationalism, religion, or other matters of opinion, or force citizens to confess by word or act their faith therein* [1].

Robert H. Jackson

# INTRODUCTION

Le mouvement de libéralisation des sociétés démocratiques occidentales et le phénomène de migration globale qu'elles ont connu récemment, loin de faire disparaître les problèmes de tolérance dans un partage égal des droits, les ont exacerbés. Si la tolérance a toujours été associée à la question religieuse, bien que non exclusivement, on doit reconnaître que le problème de la tolérance religieuse n'a pas disparu, que cela soit imputable à un essoufflement de la sécularisation des institutions et des pratiques sociales, ou à un « réenchantement » du monde. D'un côté, certains citoyens unis par une foi religieuse et des pratiques culturelles s'organisent en communauté émettant des revendications collectives sur l'utilisation des ressources sociales; d'un autre côté, les citoyens ne se reconnaissant aucune foi ni aucune communauté voient avec méfiance ces revendications collectives, même quand il s'agit de la simple manifestation religieuse dans l'espace public. Et de part et d'autre l'intolérance réciproque tend à se généraliser.

Pourtant, la promotion (abstraite) de la tolérance est quasi unanime; la tolérance apparaît comme une valeur consensuelle qui recueille le

1. Arrêt *West Virginia State Board of Education v. Barnette*, 319 US 624 (1943), 642 : « S'il y a une seule étoile fixe dans notre constellation constitutionnelle, c'est celle qui interdit à tout représentant de l'État, grand ou petit, de prescrire ce qui doit être tenu pour orthodoxe en matière de politique, de nationalisme, de religion, et dans les autres registres de l'opinion, ou de forcer les citoyens à proclamer par des mots ou des actes leur foi dans ces matières ».

suffrage de tous. Cependant, de l'affirmation commune de la valeur de tolérance ne suivent pas nécessairement des pratiques tolérantes; le consensus sur la valeur de la tolérance est seulement apparent et masque un profond désaccord philosophique et politique sur le sens, les implications, la portée, et donc les limites de la tolérance. Une des raisons de ce désaccord est qu'en dépit de son évidence normative la tolérance est une idée complexe, contre-intuitive, et parfois paradoxale dans ses effets. Tenant fermement ensemble la théorie et la pratique, nous allons affronter des cas pratiques difficiles, des affaires judiciaires et des situations politiques qui déclenchent les passions et avivent les antagonismes; nous allons nous aventurer dans des zones grises où l'application des principes politiques requiert des jugements informés et des considérations empiriques et où les solutions politiques n'apparaissent jamais clairement: comment répondre aux demandes d'enseignement du créationnisme? Peut-on autoriser de manière cohérente le blasphème et interdire les discours négationnistes? Est-il légitime de montrer une Bible dans un Parlement pour soutenir un argument politique? Peut-on accepter des accommodements et des exemptions à la loi commune en raison d'engagements religieux? Doit-on faire des lois pour interdire des pratiques vestimentaires parce qu'elles ont une signification religieuse?

Une idée générale nous servira de fil conducteur: la tolérance est l'idéal politique d'un monde commun qui rend possible le développement des désaccords moraux[1] et de la conflictualité politique sans la guerre. Promouvoir la tolérance, c'est d'emblée rejeter les visions du politique comme antagonisme opposant des groupes bien définis et irréconciliables, les amis et les ennemis[2]; la conflictualité, même si elle est destinée à demeurer dans une société pluraliste, ne peut se solder par la victoire des uns sur les autres, et personne ne peut dire: *vae victis*. La thèse que nous défendrons est alors très simple: entendue abstraitement, la tolérance démocratique exprime l'idéal d'inclusion de la diversité des citoyens idéologiquement et culturellement divisés au

1. *Cf.* M. Hunyadi, « À l'aube du monde commun: la tolérance, mise en latence de conflits continués », *Revue de métaphysique et de morale* 58(2), 2008, p. 191-205.

2. On pense évidemment à Carl Schmitt et, entre autres, aux travaux de Chantal Mouffe et Ernesto Laclau. C. Schmitt, *La notion de politique* (1932), trad. fr. M.-L. Steinhauser, Paris, Calmann-Lévy, 1972; E. Laclau, C. Mouffe, *Hégémonie et stratégie socialiste: vers une politique démocratique radicale* (1985), trad. fr. J. Abriel, Besançon, Les Solitaires intempestifs, 2008.

sein d'une même société politique. L'idéal d'inclusion est devenu en théorie politique un lieu commun, mais c'est qu'il rend sans doute le mieux compte de ce que l'on entend par démocratie, même dans ses versions agonistiques : du contrat social (Rousseau) à la société des égaux (Rosanvallon), de la reconnaissance du Tiers-État (Sieyès) au refus des sans-part (Rancière), du gouvernement représentatif (Mill) au libéralisme politique (Rawls), la démocratie se lit comme le programme d'une inclusion des individus marginalisés par les pratiques du pouvoir. Dans le monde moralement fragmenté de la démocratie contemporaine, caractérisé par le conflit des valeurs et des croyances, la tolérance réalise l'idéal d'un monde politique commun par-delà la différence, ou plutôt dans la différence. Car ce monde est fait d'une même étoffe tissée de motifs humains variés. Comprise comme acception à contrecœur de la différence et comme reconnaissance du droit de participer à l'élaboration d'une culture politique commune, la tolérance accomplit l'œuvre d'inclusion qui définit la démocratie authentique.

Cet idéal est étroitement lié à l'exigence de justification propre aux systèmes démocratiques libéraux dans lesquels les citoyens participent à l'élaboration des normes publiques et à leur interprétation. La tolérance implique que toute règle d'exclusion ou simplement de marginalisation qui ne pourrait pas être justifiée, en des termes acceptables, par la délibération publique, c'est-à-dire par la participation de tous les individus concernés, soit rejetée. Comme principe politique, la tolérance commande ainsi que l'on n'utilise pas la coercition pour empêcher les individus d'exprimer des pensées qui heurtent notre sensibilité morale ou d'adopter un mode de vie qui nous dégoûte. De ce point de vue, la tolérance est essentiellement un idéal négatif qui ne prescrit pas le respect à l'égard d'autrui, ni même la reconnaissance de sa valeur, encore moins de l'estime pour autrui, mais qui refuse son exclusion politique et juridique sans raisons justifiables publiquement. Pourtant, cet idéal négatif est exigeant, et peu sont prêts à en observer toutes les implications pratiques.

## L'ANALYSE DU CONCEPT DE TOLÉRANCE

Dans la langue courante, le verbe « tolérer » est utilisé dans un sens très proche de celui du terme latin, *tolerare*, qui signifie supporter, endurer, prendre en patience, souffrir, etc. Cependant, interroger l'étymologie ne nous sera pas d'un grand secours, pas plus que ne le serait l'étude comparative des termes signifiant la tolérance dans les différentes langues[1]. Laissons donc de côté les subtilités linguistiques et portons plutôt notre attention sur la signification philosophique de l'idée de tolérance.

Il convient tout d'abord de préciser les circonstances dans lesquelles parler de tolérance semble avoir du sens[2]. La première circonstance est objective : la pluralité. Mais pluralité de quoi ? On estime que la tolérance est conditionnée par l'existence d'une diversité de valeurs, de conceptions, de croyances, d'opinions, mais aussi de pratiques, de modes de vie et de comportements. Ce pluralisme génère alors une diversité de jugements évaluatifs qui entrent en conflit. Cela constitue une deuxième circonstance de la tolérance – subjective – qu'il faut affiner. La diversité des jugements conflictuels ne suffit pas pour caractériser une circonstance de la tolérance ; il faut ajouter que ces jugements doivent engendrer une désapprobation morale, un blâme ou un sentiment de dégoût. Autrement dit, ces jugements doivent être des raisons de ne pas tolérer.

Il faut à présent définir ce qu'est la tolérance et préciser qui l'exerce. Classiquement, on définit la tolérance comme la vertu d'une personne qui consiste à s'abstenir d'agir pour empêcher l'expression d'opinions ou l'accomplissement de pratiques qu'il désapprouve moralement. Plus précisément, comme l'écrit John Horton :

> Le noyau du concept de tolérance est le refus d'interdire ou d'interférer significativement avec une conduite que l'on estime répréhensible, alors qu'on en a le pouvoir[3].

Cette définition minimale permet d'écarter certaines interprétations : la tolérance n'est pas l'indifférence[4], ni l'acceptation

1. Pour une analyse des différents vocables qui renvoient à l'idée de tolérance, *cf.* P. King, *Toleration*, London, George Allen & Unwin, 1976.

2. Nous suivons cette démarche proposée par S. Mendus, *Toleration and the Limits of Liberalism*, Basingstoke, MacMillan, 1989, p. 8.

3. J. Horton, « Toleration as a Virtue », *in* D. Heyd (ed.), *Toleration : An Elusive Virtue*, Princeton, Princeton University Press, 1996, p. 28. (Nous traduisons). *Cf.* aussi J. Horton, « Philosophy and the Practice of Toleration », *in* J. Horton, P. Nicholson (eds), *Toleration : Philosophy and Practice*, Aldershot, Avebury, 1992, p. 3. A. J. Cohen, « What Is Toleration », *Ethics* 115, 2004, p. 68-95 ; E. Garzon Valdes, « Some Remarks on the Concept of Toleration », *Ratio Juris* 10(2), 1997, p. 127-138.

4. *Cf.* en particulier B. Crick, « Toleration and Tolerance in Theory and Practice », *Government and Opposition* 6, 1971, p. 144-171.

enthousiaste de la différence, encore moins le respect. Dans tous ces cas, la circonstance subjective de la tolérance, à savoir la désapprobation morale, ferait défaut. La tolérance n'est pas non plus le fait de supporter ce que l'on désapprouve sans avoir le pouvoir de le supprimer. La tolérance ne peut être comprise sur le modèle de la résignation morale, ni sur celui de l'endurance physique.

Les différentes conditions qui permettent de parler de tolérance sont les suivantes[1] :

1. Déviance : l'objet de la tolérance est une déviance par rapport à ce que croit la personne qui tolère.

2. Importance : l'objet de cette déviance doit être de première importance ; cette déviance doit avoir une importance sociale, et mettre en jeu des rapports de coopération entre les individus.

3. Désapprobation : la personne qui tolère doit désapprouver moralement cette déviance.

4. Pouvoir : la personne qui tolère doit avoir le pouvoir de supprimer, d'empêcher ou de s'opposer à cette déviance.

5. L'acceptation : la personne qui tolère doit néanmoins avoir des raisons de ne pas exercer ce pouvoir.

6. La légitimité : les raisons de tolérer doivent être légitimes politiquement, c'est-à-dire doivent pouvoir être justifiées publiquement[2].

Cette présentation a l'avantage de la concision, mais les caractéristiques 3, 4 et 5 doivent être précisées[3] :

(1) X (un individu) a une raison $R_1$ de désapprouver que Y (un individu) accomplisse l'action A.

($1_a$) Si (1), alors X a une raison $R_{1a}$ d'engager une action pour empêcher Y d'accomplir A.

(2) X a une raison $R_2$ de ne pas agir pour empêcher Y d'accomplir A.

1. Nous suivons, en la modifiant sur un point essentiel (la légitimité), la présentation de P. Nicholson, « Toleration as a Moral Ideal », *in* J. Horton, S. Mendus (eds), *Aspects of Toleration : Philosophical Studies*, London, Methuan, 1985, p. 160.

2. Nous remplaçons ici la caractéristique de *goodness* (bien), que l'on trouve chez Nicholson, par celle de légitimité dont le sens est moins moral que politique.

3. Nous nous inspirons du modèle d'analyse proposé par Glen Newey en le simplifiant. *Cf.* G. Newey, *Virtue, Reason and Toleration*, Edinburgh, Edinburgh University Press 1999, p. 18 *sq.*

($2_a$) L'acte d'empêcher A, doit être une option réalisable pour X, ou X doit croire qu'elle serait réalisable si les circonstances l'exigeaient ou étaient favorables.

(3) X a une raison $R_3$ qui, dans certaines circonstances, justifie le fait d'empêcher les actions que X désapprouve.

Trois remarques s'imposent. Tout d'abord, la tolérance est une manière de résoudre un conflit de raisons pratiques opposant des raisons qui nous encouragent à l'action pour faire obstacle à autrui et des raisons qui exigent que nous renoncions à cette action de prévention. Cette caractéristique fait le lit de nombreux paradoxes tout aussi intrigants que peu sérieux. Le paradoxe le plus commun prend la forme suivante: comment une personne pourrait-elle avoir une raison de tolérer des idées, des comportements et des pratiques que, par définition, elle a des raisons de croire mauvais? [1] Dans une forme plus radicale, on trouve chez David Heyd la formulation suivante : « Pour le dire sans détours, le principe de tolérance nous met en demeure de tolérer l'intolérable. [...] Comment peut-on justifier de s'abstenir d'agir contre ce qui constitue un mal moral? »[2]. Par ailleurs, si la tolérance consiste finalement à accepter, pour de bonnes raisons, ce que l'on réprouve, on n'a plus de raison de le désapprouver, et par conséquent la tolérance n'a plus de raison d'être. Il serait fastidieux de citer toutes les variantes de ce paradoxe[3]. Ces paradoxes, comme le souligne John Horton, ne sont qu'apparents puisque la tolérance requiert précisément que nous pondérions ou que nous hiérarchisions les raisons que nous avons d'agir pour faire obstacle à ce qui nous déplaît et celles que nous avons de nous abstenir d'agir à cette fin. Il n'y a là aucun paradoxe.

La deuxième remarque concerne les affinités manifestes du concept de tolérance avec un autre concept de philosophie politique, la liberté (au sens négatif de non-interférence). S'abstenir d'interférer revient à

1. *Cf.* C. McKinnon, D. Castiglione (eds), *The Culture of Toleration in Diverse Societies : Reasonable Tolerance*, Manchester, Manchester University Press, 2003, p. 3.

2. D. Heyd, « Education to Toleration : Some Philosophical Obstacles and their Resolution », *in* McKinnon, Castiglione (eds), *The Culture of Toleration in Diverse Societies*, *op. cit.*, p. 197 (nous traduisons). *Cf.* aussi B. Williams, « Tolerating the intolerable », *in* S. Mendus (ed.), *The Politics of Toleration in Modern Life*, Edinburgh, Edinburgh University Press, 1999, p. 65.

3. *Cf.* par exemple J. Horton, « Three (Apparent) Paradoxes of Toleration », *Synthesis Philosophica* 9, 1994, p. 7-20; R. Forst, « Tolerance as a Virtue of Justice », *Philosophical Explorations* 4(3), 2001, p. 193-206.

laisser libres les individus dont on rejette moralement les opinions et les pratiques. Aussi penser les fondements de la tolérance est-ce réfléchir aux raisons de protéger la liberté de penser et d'agir d'une manière qui déplaît aux autres. En cela la tolérance est une valeur libérale : par libéralisme, nous entendons la pensée politique qui fait de la liberté individuelle un bien politique de première importance et qui la conçoit comme un droit fondamental (le libéralisme politique est compatible avec différentes formes de républicanisme, avec la promotion de l'État-Providence, mais pas avec la dictature du prolétariat par exemple)[1]. Cette caractéristique de la tolérance suscite aussi toute une série de paradoxes qui concernent les effets contradictoires de son application. Ainsi, on pourra se demander si être tolérant implique de tolérer toutes les croyances et toutes les pratiques, même celles qui sont intolérantes ; dans ce cas, l'application aveugle de la tolérance finirait par ruiner le fondement de la tolérance. Cela pose clairement le problème des limites de la tolérance. Il est évident qu'il ne saurait y avoir de tolérance sans limite. Tout l'enjeu de notre réflexion est de fixer et de justifier ces limites par de bonnes raisons.

Enfin, et ce sera notre dernière remarque, selon le modèle proposé par Nicholson-Newey, la tolérance semble n'avoir de sens que comme une disposition ou une vertu morale individuelle; c'est l'individu, quand il est vertueux, qui exerce la tolérance. Si elle a un sens, la tolérance institutionnelle doit être pensée sur le modèle de la tolérance individuelle[2]. Cette conception présente deux difficultés : tout d'abord, elle ignore que le problème de la tolérance se pose avant tout quand les individus manifestent leurs différences dans la sphère publique[3]. Ensuite, elle ne prend pas la mesure du problème de la coexistence entre des individus qui peuvent demander l'appui de la force publique pour empêcher la diffusion de certaines opinions ou l'accomplissement de certaines pratiques, sans avoir à agir personnellement. La médiation de la puissance publique modifie considérablement le modèle de la

1. J.-F. Spitz, *Le moment républicain en France*, Paris, Gallimard, 2005 ; B. Guillarme, « Le républicanisme libéral de John Rawls », dans C. Audard (dir.), *John Rawls : politique et métaphysique*, Paris, P.U.F., 2004, p. 119-140.

2. Mais c'est précisément ce dont doute Newey pour qui la tolérance est une relation entre des agents individuels, qui met en jeu des actions, et non une relation entre des institutions et des individus.

3. Sur ce point, nous suivons A. E. Elisabetta Galeotti, « Do We Need Toleration as a Moral Virtue ? » (*Res Publica* 7(3), 2001, p. 273–292).

tolérance présenté plus haut. On doit plutôt se poser les deux questions suivantes : avons-nous de bonnes raisons de demander la suppression de ce qui *nous* déplaît ? Quelles raisons l'État a-t-il de ne pas favoriser les demandes des uns ni d'empêcher les autres d'agir ? En modifiant le modèle précédent, on obtient :

(1) X (un individu) a une raison $R_1$ de désapprouver que Y (un individu) accomplisse l'action A.

($1_a$) Si (1), alors X a une raison $R_{1a}$ de demander à E (l'État) d'engager une action pour empêcher Y d'accomplir A.

(2) E a une raison $R_2$ de ne pas agir pour empêcher Y d'accomplir A.

(3) E a une raison $R_3$ qui, dans certaines circonstances, justifie le fait d'empêcher les actions que X désapprouve.

Nous pourrions dire que découvrir quelles sont les raisons $R_2$ et $R_3$ est tout le sens de notre enquête. Ces deux raisons renvoient, au niveau institutionnel, aux principes qui encadrent la liberté des individus d'agir selon ce qui leur semble bon, ou justifié politiquement. Nous serons donc moins concernés par les attitudes individuelles que par les principes politiques et juridiques qui définissent les institutions tolérantes[1]. Cependant, il est bien évident qu'il ne saurait y avoir d'institutions tolérantes sans individus tolérants et on dira que, dans un régime tolérant, les citoyens sont tolérants quand ils sont prêts à reconnaître pour de bonnes raisons la légitimité de principes institutionnels qui autorisent pourtant des pratiques et l'expression d'opinions qui leur déplaisent.

## TOLÉRANCE OU LAÏCITÉ ?

Cette brève analyse du concept de tolérance laisse apparaître ce qui semble une relation de domination entre un individu (un groupe d'individus) qui tolère et un individu (ou groupe d'individus) qui est toléré. Or, s'il y a effectivement domination, cette relation ne peut être acceptable dans un régime démocratique d'égalité. Il est donc inévitable de se demander si la tolérance est une vertu démocratique ou si elle appartient, pour le dire vite, aux régimes de domination politique comme l'aristocratie ou la monarchie. N'en a-t-on pas fini avec ce vieux concept de tolérance ? En France, en particulier, la tolérance est

1. *Cf.* C. McKinnon, « Toleration and the Character of Pluralism », *in* McKinnon, Castiglione (eds), *The Culture of Toleration in Diverse Societies*, *op. cit.*, p. 55-57.

dévalorisée et présentée comme une forme de condescendance publique, et certains auteurs, Catherine Kintzler ou Henri Pena-Ruiz pour ne citer qu'eux, se sont employés à construire une opposition stricte entre tolérance et laïcité, l'une étant la vertu d'un régime d'inégalité politique, l'autre celle d'un régime d'égale liberté[1].

Cette interprétation repose sur une lecture partielle de l'histoire, et surtout rabat l'élaboration conceptuelle de la tolérance sur une pratique institutionnelle du pouvoir dans un contexte historique donné. Or la tolérance comme concept est aussi l'objet d'une réflexion normative sur la légitimité politique. Certes, la réflexion normative ne peut se passer d'une étude du contexte – nous proposerons d'ailleurs des analyses de cas, nourries par des considérations juridiques et politiques – mais elle ne saurait non plus être limitée par le contexte institutionnel historique. Il est vrai qu'en France le régime de tolérance institué par l'édit de Nantes manifestait le pouvoir de celui qui tolère mais pouvait ne pas tolérer; l'édit de Nantes a plutôt été l'institution politique de l'inégalité puisque les Huguenots se voyaient reconnaître des droits pour autant qu'ils vivaient séparément et n'exerçaient de charge officielle que sur leurs coreligionnaires. L'échec de l'édit de Nantes, avec sa révocation officielle en 1685, explique la méfiance des penseurs français à l'égard de la tolérance assimilée à une faveur du Roi qui pouvait à tout moment décider de ne plus tolérer. On comprend bien dans ce contexte la déclaration du révolutionnaire Mirabeau lors de la séance du 22 août 1789 à l'Assemblée :

> Je ne viens pas prêcher la tolérance. La liberté la plus illimitée de religion est à mes yeux un droit si sacré que le mot tolérance, qui voudrait l'exprimer, me paraît en quelque sorte tyrannique lui-même puisque l'existence de l'autorité, qui a le pouvoir de tolérer, attente à la liberté de penser, par cela même qu'elle tolère et qu'ainsi elle pourrait ne pas tolérer[2].

1. *Cf.* C. Kintzler, *Tolérance et laïcité*, Nantes, Pleins Feux, 1998 ; C. Kintzler, *Qu'est-ce que la laïcité ?*, Paris, Vrin, 2007 ; H. Pena-Ruiz, *Qu'est-ce que la laïcité ?*, Paris, Gallimard, 2003 (p. 68 *sq.* en particulier).

2. Mirabeau, *Collection complète des travaux de M. Mirabeau l'aîné, à l'Assemblée nationale*, par Méjan, t. II, Paris 1791. C'est aussi Jean-Paul Rabaut Saint-Étienne qui déclare à l'Assemblée lors de la séance du 23 août 1789 : « Ce n'est même pas la tolérance que je réclame ; c'est la liberté. La tolérance ! Le support ! Le pardon ! La clémence ! Idées souverainement injustes envers les dissidents, tant il est vrai que la différence de religion, que la différence d'opinion n'est pas un crime. »

Bien qu'il ne soit pas inutile de rappeler ces éléments historiques, cela ne devrait pas non plus surdéterminer notre compréhension des concepts eux-mêmes, lesquels ne se laissent pas réduire à une seule pratique politique. Du reste, si l'on veut être précis du point de vue historique, on remarquera que l'édit de Nantes n'est pas un édit de tolérance mais un édit de pacification, tout comme ceux qui le précèdent (de l'édit d'Amboise en 1560 à l'édit de Nantes 1598, on ne compte pas moins de quinze édits de pacification; seul l'édit de Versailles de 1787 est appelé édit de tolérance). Le mot tolérance est rarement employé dans les discours et les documents officiels, mais la raison n'est pas que la tolérance est la marque d'une domination, c'est plutôt le contraire : à l'époque, elle est considérée comme le signe de la faiblesse de l'État[1].

Par ailleurs, selon Kintzler, la laïcité aurait une extension plus importante que la tolérance qui régirait uniquement les rapports entre le politique et la religion et ne prendrait pas au sérieux la libre-pensée ou l'athéisme. Nous pensons au contraire que la tolérance a une portée plus grande que la laïcité, laquelle renvoie strictement à la séparation de l'Église et de l'État. Or un régime de séparation n'est pas nécessairement tolérant; il peut même s'avérer très intolérant quand l'État se dote de pouvoirs pour contraindre l'expression de croyances religieuses dans les rues, les entreprises ou les universités[2]. Une telle laïcité ne promeut alors en rien l'égalité, et certainement pas l'égalité des libertés. Mais il reste possible de penser la laïcité comme une forme d'institutionnalisation de la tolérance qui régit le rapport de l'État et des Églises, quand elle prend le sens d'un principe de liberté de conscience et de neutralité de l'État[3]. C'est d'ailleurs le sens de la tolérance chez John Locke qui commence par établir la séparation entre le domaine légitime d'exercice du pouvoir politique et celui du pouvoir ecclésiastique (*Essai* de 1667) et établit ensuite les bornes des droits de la

1. Pour l'histoire de la tolérance, on renvoie le lecteur à la somme historique de Joseph Leclerc qui reste la référence majeure dans le domaine : *Histoire de la tolérance au siècle de la Réforme*, Paris, Aubier-Montaigne, 1955.

2. Il est indispensable d'éviter le sophisme qui consiste à penser que, parce que l'État est séparé de l'Église, la conscience individuelle est protégée. Ce raisonnement est inconséquent. Tout dépend des buts poursuivis par l'État, et surtout des moyens pour y parvenir.

3. Cécile Laborde a formé en anglais l'heureuse expression de « *republican toleration* » pour désigner le régime de laïcité. *Cf.* C. Laborde, « On Republican Toleration », *Constellations* 9(2), 2002, p. 167-183.

conscience relativement aux devoirs politiques que l'État est justifié à imposer aux citoyens (*Lettre sur la tolérance* de 1686)[1]. Les contributions de John Locke, puis celle de John Stuart Mill, ont été déterminantes pour la réflexion politique sur la tolérance en Angleterre et ensuite aux États-Unis où le terme n'a jamais été connoté aussi négativement qu'en France.

## PARCOURS DE LA TOLÉRANCE

L'objet de ce livre n'est pas de faire l'histoire de l'idée de tolérance, sujet sur lequel à peu près tout a été dit. Notre ambition est plutôt d'élaborer une théorie de la tolérance qui nous permette de comprendre les revendications sociales en matière de liberté de conscience et d'expression, et de tenter d'y répondre en restant dans le cadre d'une constitution démocratique. De l'histoire de l'idée de tolérance, nous retiendrons pour notre propre entreprise les éléments suivants: 1) l'émergence d'une sphère de la conscience qui ne peut être forcée[2]; 2) l'autonomisation du domaine politique[3]; 3) sa séparation d'avec la religion[4]. En outre, apparaît dans l'œuvre de John Locke une idée qui constituera le noyau de la conception libérale de la tolérance: l'État ne doit imposer de normes (lois, règles, etc.) que pour autant qu'elles servent la poursuite d'un but strictement séculier et qu'elles n'imposent rien qui ne soit indispensable à la poursuite de ce but. Ainsi, l'État agira de manière compatible avec les exigences de la conscience de chacun, sans qu'il ait besoin de reconnaître les droits de la conscience erronée. Pour le reste, la liberté de l'individu doit être aussi étendue que possible.

1. J. Locke, *Lettre sur la tolérance et autres textes*, Paris, Flammarion, 1992.

2. S. Castellion, *Traité des hérétiques* (1554), Genève, A. Jullien, 1913; W. Walwyn, *The Compassionate Samaritane: Liberty of Conscience Asserted and the Separatist Vindicated* (1644), *in* D. Wootton (ed.), *Divine Right and Democracy: An Anthology of Political Writing in Stuart England*, Harmondsworth, Penguin, 1986.

3. E. Pasquier, *Exhortation aux Princes…* (1561), *Mémoires de Condé*, tome II, Éditions Claude de Bosse, Londres, 1740, London, 1743, p. 613-636.

4. Un pouvoir politique peut être autonome mais subordonner le religieux, ce qui fut la réalité du pouvoir monarchique et impérial en France jusqu'à la séparation définitive de 1905. Sur la subordination du religieux, *cf.* M. Gauchet, *La religion dans la démocratie: parcours de la laïcité*, Paris, Gallimard, 1998, p. 41 *sq.*

Dans un régime démocratique, les individus ne sont pas seulement des sujets auxquels les lois s'appliquent, mais ils sont des *citoyens* habilités à participer au processus d'élaboration des lois (pris en un sens très général), et sont les dépositaires ultimes de la force publique de coercition. Mais parce que les individus sont divisés idéologiquement, il est indispensable que les lois ne reflètent pas seulement des rapports de domination entre des groupes soutenant des conceptions différentes. La différence idéologique ne peut pas servir de fondement à une domination politique et sociale qui restreindrait la liberté de conscience des uns et protègerait celle des autres. La reconnaissance du « fait du pluralisme », pour reprendre l'expression classique de John Rawls [1], a un sens normatif et pas seulement descriptif : il n'est pas légitime d'utiliser la force publique pour réduire la pluralité des opinions, des croyances, des pratiques et des modes de vie.

La tolérance, dans le contexte démocratique, apparaît alors doublement comme un idéal d'inclusion : tout d'abord, les individus ne doivent pas être exclus des bénéfices de la vie sociale au motif qu'ils soutiennent des conceptions déplaisantes pour la majorité (ou le groupe le plus puissant) ; ensuite, en tant que citoyens, ils doivent tous jouir des mêmes droits de participation politique (choix des représentants, élaboration et interprétation des lois), même si les conceptions qu'ils soutiennent déplaisent à la majorité. Le problème de la tolérance est alors étroitement lié à celui de la légitimité. Afin de protéger les droits de la conscience, tout en maintenant l'obligation politique et juridique de respecter les lois civiles, il convient de mettre en œuvre un test de justification [2] : une loi n'est légitime que si elle est justifiée de telle sorte que ceux auxquels elle s'applique ne peuvent raisonnablement la rejeter. Cette idée est au cœur de l'œuvre de John Rawls, et nous inscrirons notre réflexion dans le cadre conceptuel de la théorie de la justice comme équité qu'il a développée [3].

Une théorie cohérente de la tolérance doit s'affranchir de la question de la vérité, et ainsi défaire le lien qui unissait politique et vérité (chapitre I). Cela ouvre alors la voie à une justification déonto-

1. J. Rawls, *Libéralisme politique* (1993), trad. fr. C. Audard, Paris, P.U.F., 1995, p. 27.

2. On peut dire, pour reprendre Stephen Macedo, que la politique démocratique est une « politique de la justification » ; *cf.* S. Macedo, « The Politics of Justification », *Political Theory* 18(2), 1990, p. 280-304.

3. J. Rawls, *Théorie de la justice* (1971), trad. fr. C. Audard, Paris, Seuil, 1987.

logique de la liberté de conscience et d'expression dont nous verrons que les implications sont parfois peu séduisantes, quoique légitimes (chapitre II). Nous cernerons ensuite plus finement le domaine du politique en établissant que la tolérance n'a de sens que si les institutions sont neutres, ou tendent vers la neutralité, et ne prennent parti pour aucune conception du vrai ou du bien. La tolérance démocratique, bien que n'étant pas la neutralité, exige ainsi la neutralité des lois, de leur justification et des institutions publiques (chapitre III). Mais il faut impérativement écarter un paradoxe sur la prétendue incompatibilité entre tolérance et neutralité[1] : si les institutions sont neutres à l'égard des conceptions et des croyances des individus, elles ne peuvent pas authentiquement les tolérer puisqu'elles ne peuvent les désapprouver moralement. La circonstance de désapprobation ou de dégoût fait défaut et, par conséquent, il n'est pas cohérent de parler d'institutions à la fois neutres et tolérantes. Ces deux termes s'excluent mutuellement. Cette objection n'est cependant pas du tout convaincante : la neutralité exprime précisément l'exigence politique que l'État doit satisfaire afin de mettre en œuvre un régime de tolérance[2].

Mais comme l'ont montré des penseurs d'horizons très différents, les institutions ne peuvent pas être absolument neutres et font inévitablement la promotion de valeurs. Ce qui caractérise en particulier les institutions nationales, c'est leur coloration culturelle : une ou des langues en nombre limité, un cycle du temps de la vie avec ses jours de repos, ses fêtes et ses congés, des habitudes vestimentaires qui dénotent les conventions de bienséance et de pudeur, une conception du rapport à l'alimentation avec ses interdits alimentaires et ses pratiques culinaires considérées comme normales, mais aussi une histoire, une littérature, etc. Et toutes ces pratiques et ces normes peuvent constituer autant d'entraves pour ceux qui ne les partagent pas.

Si une femme désire porter une minijupe alors que la pudeur veut qu'elle ne découvre pas ses jambes en public, si elle désire porter un voile dans des espaces publics où la bienséance exige que la tête soit

1. *Cf.* G. Newey, *Virtue, Reason and Toleration*, *op. cit.*, p. 124; S. Meckled-Garcia, « Toleration and Neutrality : Incompatible Ideals ? », *Res Publica* 7(3), 2001, p. 293-313.

2. La tolérance n'est pas contenue analytiquement dans l'idée de neutralité. Comme le rappelle A. J. Cohen, un État peut tolérer X tout en étant engagé moralement contre X (« What Toleration Is ? », *op. cit.*, p. 75-76). La France de l'édit de Nantes n'était pas neutre, pas plus que le califat de Cordoue au Xᵉ siècle et l'empire ottoman ne l'étaient. Et pourtant, ces États pratiquaient une forme de tolérance.

découverte, ou si elle souhaite se marier avec la femme qu'elle aime alors que le mariage a été institué pour unir des personnes de sexe différent, elle sera confrontée à des restrictions juridiques qui sont motivées par des pratiques culturelles avant d'être soutenues par des raisons morales. Les normes juridiques (lois, règlements) sont inévitablement imprégnées par ces motifs culturels. Prétendre qu'ils n'existent pas du tout ou que l'universalité des principes démocratiques exige que l'on n'en tienne pas compte, cela constitue une faute politique. La théorie multiculturaliste, telle qu'elle a été élaborée par Kymlicka, consiste justement à corriger le libéralisme politique de Rawls qui n'a pas vu le problème de la partialité culturelle des institutions. Nous défendrons alors, en suivant Kymlicka, l'idée suivante : puisqu'il est vain d'espérer que les institutions deviennent neutres, il convient de trouver des aménagements qui permettent à ceux qui sont pénalisés par la répartition des droits et des devoirs, de pouvoir mener leur vie conformément à leur conception du bien. C'est le fondement de la doctrine des « accommodements raisonnables » (chapitre IV).

CHAPITRE PREMIER

# LA SÉPARATION DU POLITIQUE ET DE LA VÉRITÉ

L'homme porte une paire de lunettes rondes dont l'armature noire accentue la clarté des yeux et soutient un large front bordé de cheveux blonds plaqués en arrière. Dans son costume trois pièces, il paraît déterminé, prêt à défendre une cause qui dépasse sa personne et engage toute une société. Il s'appelle John Thomas Scopes, il enseigne la biologie et n'a que vingt-quatre ans quand il est pris dans « l'œil du cyclone », comme il l'écrira plus tard dans son autobiographie, *Center of the Storm*[1] : le 25 mai 1925, l'État du Tennessee décide de le poursuivre en justice pour avoir enfreint la loi Butler (*Butler Act*) qui vient d'être promulguée[2]. Cette loi interdit l'enseignement des théories biologiques qui nient la création de l'homme par Dieu, telle qu'elle est consignée dans la Bible. Le texte vise explicitement la théorie de l'évolution des espèces de Darwin. Le rédacteur de la loi, John Washington Butler, est un fermier élu à la chambre des représentants du Tennessee sur la liste des démocrates. Il a des croyances religieuses fermes mais n'appartient pas au mouvement évangéliste fondamentaliste et prosélyte. Il a seulement la conviction qu'il faut protéger les enfants contre une éducation sans Dieu et sans morale.

En enseignant à ses élèves la théorie darwinienne, qui fait l'objet d'un chapitre dans le manuel scolaire officiel, Scopes devient le héro du modernisme américain qui lutte contre les forces sociales tradition-

1. J. T. Scopes, J. Presley, *Center of the Storm : Memoirs of John T. Scopes*, Henry Holt & Company, 1967.

2. La loi Butler a été promulguée le 13 mars 1925.

nalistes et conservatrices. C'est dans la petite ville de Dayton, Tennessee, que se tient le procès du « Singe » (*Monkey trial*), procès du siècle aussi, qui débute le 10 juillet 1925 et bénéficie d'une couverture médiatique sans précédent. À la radio, on suit les disputes entre William Jennings Bryan, assistant du procureur, et Clarence Darrow, avocat de la défense aux côtés de Dudley Field Malone et d'Arthur Garfield Hays qui représentent l'ACLU, l'Union américaine pour les libertés civiles. Bryan, trois fois candidat démocrate à la présidence des États-Unis d'Amérique, recourt au langage de la foi, cite les Écritures et cherche à toucher le cœur. Darrow, au contraire, a choisi de mettre en œuvre une argumentation logique, s'appuie sur les livres de science et s'adresse à la raison. Il s'emploie à montrer l'irrationalité de la doctrine créationniste. Le 21 juillet 1925, Scopes est souriant, détendu, presque détaché; dans sa chemisette blanche fermée par un nœud papillon, il attend le verdict. Malgré l'excitation qui règne, Butler reste impassible; il ne comprend pas pourquoi sa loi a provoqué autant d'agitation. Le procès n'a duré que onze jours, et la délibération du jury neuf minutes : « *Guilty as charged* » ! John Scopes est reconnu coupable et condamné à 100 $ d'amende. La Cour suprême du Tennessee sollicitée en appel annulera le jugement pour vice de procédure en 1927, mais confirmera la constitutionnalité de la loi Butler qui ne sera abrogée qu'en 1967.

On voudrait voir en Scopes l'héritier d'un Socrate ou d'un Giordano Bruno, condamné au mépris de la raison et de la vérité, victime de l'intolérance de son temps. La réalité est autre : Scopes n'a sans doute été qu'un soldat engagé dans le jeu de l'ACLU qui cherchait à provoquer un procès afin que la justice vérifie la constitutionnalité de la loi Butler, et d'hommes d'affaire de Dayton ayant compris l'intérêt d'un procès médiatique pour relancer l'économie locale. Scopes, qui n'était même pas sûr d'avoir abordé l'évolutionnisme dans son cours, avait simplement été l'homme qui tombe à pic. Peut-être voulait-il s'inscrire dans les pas de son père dont on raconte qu'il possédait quatre livres à son arrivée au Texas : un livre de cantiques, *The French Revolution* de Carlyle, la *Bible*, et *L'origine des espèces* de Darwin. Il reste le procès lui-même, un cas d'école qui nous permet d'examiner le lien entre vérité et politique, au-delà de la simple opposition de la science et de la religion, et de poser le problème de la justification de la tolérance dans un régime démocratique. Comment défendre Scopes contre Butler ?

La loi Butler est l'exemple type de disposition juridique intolérante : elle fait la promotion d'une conception de la vérité, en l'occurrence d'une conception religieuse particulière, et autorise l'utilisation de la force publique afin d'interdire et de sanctionner l'expression de conceptions concurrentes. La dimension morale du créationnisme a été dissimulée par les partisans de la doctrine du Dessein intelligent (*Intelligent Design*) qui prétendent satisfaire aux critères de scientificité appliqués à la théorie évolutionniste. Il est pourtant clair que la doctrine créationniste, dans sa version initiale ou sous la forme du Dessein intelligent, agrège des considérations métaphysiques, empiriques et morales que ses promoteurs avaient moins de scrupules à défendre en place publique à l'époque du procès du Singe qu'aujourd'hui[1]. Une manière de défendre la tolérance dans ce cas est de montrer qu'elle permet de se rapprocher de la vérité. Il paraîtra séduisant, efficace et même juste de s'opposer à la loi Butler en en contestant le fondement rationnel et le caractère scientifique.

Afin de convaincre les partisans de Butler, on pourra avancer un argument de type faillibiliste selon lequel la tolérance produit des « bénéfices épistémiques », c'est-à-dire permet d'accroître notre savoir, alors que l'intolérance y fait obstacle. Nous examinerons donc dans un premier temps cette justification de la tolérance telle qu'elle est mise en œuvre chez les philosophes John Stuart Mill et Karl Popper. Nous montrerons ensuite, à partir d'une lecture de Herbert Marcuse, que cette théorie produit des conséquences non désirables en faisant de la tolérance un simple instrument en vue de la vérité, dont l'efficacité n'est pas assurée. Nous chercherons alors à dissocier nettement la politique du souci de la vérité en suivant l'élaboration conceptuelle du libéralisme politique de John Rawls. Il est intéressant de noter que Darrow a adopté la première stratégie avec le succès qu'on connaît, alors que l'ACLU préconisait une défense organisée autour du principe de liberté d'expression, conforme à l'esprit du libéralisme politique.

## L'ARGUMENT FAILLIBILISTE DE JOHN STUART MILL

La prétention à détenir la vérité constitue, semble-t-il, la pente naturelle vers l'intolérance, et on est fondé à opposer l'attitude

1. Il suffit de se reporter à l'ouvrage de T. T. Martin, *Hell and the High Schools* (Kansas City, Western Baptist Publishing Co., 1923) qui a été largement diffusé lors du procès du Singe.

dogmatique à la vertu de tolérance. En effet, du point de vue dogmatique, si la vérité est établie, elle ne saurait souffrir ni discussion ni contestation. Dès lors, il est tout à fait irrationnel de tolérer les opinions hétérodoxes, fausses par définition. Butler est un exemple de cette attitude : convaincu de la vérité de la création divine de l'homme, il ne pouvait admettre que soit professée une doctrine niant cette vérité, telle que l'évolutionnisme darwinien. Mais comme l'écrivait Voltaire dans son article sur la tolérance, « nous sommes tous pétris de faiblesses et d'erreurs », et Butler n'échappe pas à cette condition. Certes, on peut avoir la conviction – élément subjectif de la croyance – de détenir la vérité mais, dans la mesure où il n'est pas impossible que nous ayons fait une erreur de raisonnement ou qu'une opinion plus adéquate ait été négligée, nous devons maintenir ouverte la discussion avec ceux qui défendent une opinion différente, voire opposée. Voilà esquissé le premier argument faillibiliste en faveur de la tolérance. Nous allons développer cet argument qui trouve une expression élaborée dans l'essai du philosophe britannique John Stuart Mill, *De la liberté*[1].

Selon Mill, ce n'est pas la censure qui permet de découvrir et de protéger la vérité, mais la tolérance[2]. Nous ne pouvons progresser vers la vérité qu'en confrontant diverses opinions divergentes et parfois contradictoires. Dans le chapitre II de son essai *De la liberté*, consacré à la liberté de pensée, Mill écrit ainsi :

> Ceux qui désirent supprimer [une opinion] en contestent naturellement la vérité, mais ils ne sont pas infaillibles. Il n'est pas en leur pouvoir de trancher la question pour l'humanité entière, ni de retirer à d'autres qu'eux les moyens de juger. Refuser d'entendre une opinion sous prétexte qu'ils sont sûrs de sa fausseté, c'est présumer que *leur* certitude est la certitude *absolue*. Étouffer une discussion, c'est s'arroger l'infaillibilité[3].

L'infaillibilité a ici un double sens, descriptif et normatif : elle est à la fois l'affirmation d'une perfection de notre capacité de connaissance, et la proclamation du droit exclusif de celui qui possède cette perfection à établir la vérité pour autrui. Cependant, selon Mill, la prétention à

1. J. S. Mill, *De la liberté* (1859), trad. fr. L. Lenglet, Paris, Gallimard, 1990.

2. *Cf.* D. Edwards, « Toleration and Mill's Liberty of Thought and Discussion », *in* S. Mendus (ed.), *Justifying Toleration : Conceptual and Historical Perspectives*, Cambridge, Cambridge University Press, 1988, p. 106-107.

3. J. S. Mill, *De la liberté*, *op. cit.*, p. 86.

l'infaillibilité est vide, sans objet et sans fondement légitime. En effet, non seulement nous ne pouvons être absolument sûrs de la vérité que l'on professe car notre faculté de connaître est précaire et limitée, mais en outre nous ne devons pas restreindre la liberté d'autrui de rechercher par soi-même la vérité selon des voies différentes. Remarquons que les deux thèses ne sont pas logiquement liées : nous pouvons admettre des raisons de censurer l'expression de certaines opinions tout en reconnaissant notre faillibilité; de même, nous pouvons nous estimer infaillibles et ne pas revendiquer un droit de censure. Mill articule pourtant ces deux thèses en montrant que les conséquences de la censure sur les progrès de la connaissance sont désastreuses.

En censurant l'expression d'opinions hétérodoxes, il possible que l'on passe à côté d'une vérité ou d'une proposition plus féconde que celle que l'on tenait pour vraie. Dans ce cas, « si l'opinion [interdite] est juste, on prive [les hommes] de l'occasion d'échanger l'erreur pour la vérité »[1]. Cet argument ne peut laisser indifférent le dogmatique intolérant : dès lors qu'il cherche à protéger la vérité, il doit vouloir se prémunir contre tout risque d'erreur. Or, en réduisant au silence toute personne professant une opinion contraire, il se montre négligent à l'égard de la vérité et se prive de la possibilité de vérifier les fondements de sa croyance, d'apercevoir ses propres erreurs ou de prendre connaissance d'une vérité jusqu'alors ignorée. Même si l'histoire ne nous permet pas de conclure à l'impossibilité de parvenir à la vérité, elle oppose à notre prétention à l'infaillibilité ce fait implacable : l'homme qui pensait détenir la vérité s'est déjà trompé :

> L'histoire regorge d'exemples de vérités étouffées par la persécution; et, si elle n'est pas supprimée, elle se perpétuera encore des siècles durant. Pour ne parler que des opinions religieuses, la Réforme éclata au moins vingt fois avant Luther, et elle fut réduite au silence. Arnaud de Brescia, Fra Dolcino, Savonarole : réduits au silence. Albigeois, les Vaudois, les Lollards, les Hussites : réduits au silence[2].

Mill nous représente l'histoire comme une galerie de tableaux des naufrages de l'esprit humain. S'il avait dû défendre Scopes, il aurait rappelé que certaines croyances soutenues par l'Église, comme le géo-

1. *Ibid.* p. 85.
2. J. S. Mill, *De la liberté*, *op. cit.*, p. 102-103. Nous verrons plus bas l'usage ambigu que Marcuse fait de cette citation.

centrisme, se sont révélées fausses, et que l'Église elle-même a fini par l'admettre. Il est donc tout à fait présomptueux de penser que cela ne se produira plus, notamment au sujet des origines de l'espèce humaine. Par conséquent, en interdisant l'enseignement de la théorie de l'évolution, Butler se rend coupable d'une prétention à l'infaillibilité aussi infondée que dangereuse pour l'éclosion de la vérité. Le seul moyen de ne pas répéter ces erreurs historiques est de rester ouvert à la discussion et à la controverse car, selon un héritage socratique que revendique très explicitement Mill, c'est par le dialogue honnête que l'on se rapproche de la vérité, en examinant à plusieurs ce que l'on ne saurait faire tout seul.

Toutefois, formulé ainsi, le raisonnement s'avère faible, car de ce qu'il est arrivé aux hommes de se tromper il ne suit pas que l'on se trompera à l'avenir, et encore moins que l'on ne puisse jamais parvenir à la formulation de vérités absolument indubitables. Butler pourrait ainsi soutenir que l'effondrement de la doctrine géocentrique n'implique pas logiquement que la doctrine créationniste soit douteuse, encore moins qu'elle soit fausse. Être faillible ne signifie pas que l'on soit toujours dans l'erreur, mais qu'on puisse l'être. Mill ferait alors simplement remarquer que les erreurs passées doivent nous inviter à la modestie et à la prudence :

> Bien que chacun se sache faillible, peu sont ceux qui jugent nécessaire de se prémunir contre cette faillibilité, ou d'admettre qu'une opinion dont ils se sentent très sûrs puisse être un exemple de cette erreur [1].

En effet, croire en *p* (*p* étant une proposition quelconque) implique croire que *p* est vrai. Le problème est que l'on confond souvent le fondement subjectif et le fondement objectif de la croyance. Ainsi, quand on croit que *p*, on ne pense pas croire à la vérité de cette opinion en vertu d'une habitude, d'un désir et toute autre tendance psychologique, mais bien en vertu de sa vérité objective. Pour Butler, la croyance selon laquelle l'homme a été créé par Dieu est fondée non pas parce qu'il désire donner à l'homme une origine plus noble que celle que Darwin lui assigne, mais bien parce qu'il est vrai que Dieu a créé l'homme. Naturellement, il en est de même avec ceux qui croient que la théorie de Darwin est vraie, et ce indépendamment des raisons objecti-

1. J. S. Mill, *De la liberté*, *op. cit.*, p. 86.

vement valables. Chacun affirmera alors que la vérité de leur croyance est indépendante de leur assentiment. Cependant, s'il existe une pluralité de croyances en conflit, il faut concéder qu'au moins une de ces croyances est fausse, que l'on ne peut savoir *a priori* laquelle est fausse, et qu'il est possible qu'elles soient toutes également fausses[1]. La conviction n'est pas un gage de la vérité parce que, du point de vue subjectif, il n'y a pas de différence entre une opinion qui est fondée en raison et une opinion qui n'est pas suffisamment fondée[2]. Aussi Mill nous met-il en garde contre notre tendance à suspecter la fausseté dans les opinions d'autrui et à ne pas appliquer, méthodologiquement, la même réserve à nos opinions.

Le raisonnement de Mill est puissant, mais le dogmatique peut encore faire l'objection suivante : certes, nous sommes faillibles, mais nous pouvons être assurés de la vérité d'une proposition lorsqu'elle a été reconnue par des personnes compétentes, sinon à l'unanimité, du moins à la majorité. Aussi ne pouvons-nous pas accepter d'avoir à les discuter avec des personnes incompétentes ni d'avoir à les justifier en permanence. Il est nécessaire de protéger la vérité contre la fantaisie, la provocation, ou l'incompétence, et nous devrions défendre certaines propositions comme des vérités définitives et indiscutables. Cependant, l'idée de « personne compétente » introduit davantage de difficultés qu'elle n'en résout : dans le cas du procès du Singe, quelles sont les personnes compétentes pour trancher la question des origines de l'homme ? Est-ce les scientifiques, les biologistes et les géologues, ou les théologiens ? Et qui en décidera ? Lors du procès du Singe, pour l'assistant du procureur, Bryan, les personnes compétentes étaient les théologiens; pour l'avocat de la défense, Darrow, c'était les scientifiques.

Mill reconnaît pourtant qu'il existe un domaine où la raison individuelle coïncide avec la raison universelle, et dans lequel il est possible de parvenir à des énoncés indubitables qui recueillent le suf-

1. Gotthold Lessing a donné une belle image de cette incertitude qui invite à la tolérance, sous la forme de la parabole de l'anneau dans la pièce publiée en 1779, *Nathan le sage*. Voir le commentaire d'Hannah Arendt dans *Vies politiques* (Paris, Gallimard, 1974).

2. Les distinctions que Kant établit entre conviction et persuasion, et entre opinion, foi et savoir nous permettraient de nuancer et de préciser cette affirmation. Mais Mill n'a pas besoin de recourir à ces distinctions. *Cf.* Kant, *Critique de la raison pure* (1781), trad. fr. A. Delamarre et F. Marty, Paris, Gallimard, 1980 (« Théorie transcendantale de la méthode », chapitre II, troisième section, p. 682 *sq.*).

frage de tous pour peu qu'on ait pris le temps de les former correctement. Toutefois, Bryan ne pourrait pas tirer parti de cette concession car, selon Mill, seul le domaine des mathématiques peut être exempt d'erreurs. En revanche, dans le cas des propositions de la philosophie naturelle, nos connaissances sont susceptibles d'être corrigées et amendées en raison de la nature inductive et interprétative de notre raisonnement et de la nature contingente des faits sur lesquels porte notre raisonnement. Ainsi, pour ce qui est des énoncés des sciences de la nature, la contestation est toujours possible car les faits naturels font l'objet de diverses interprétations. Quant aux doctrines morales et religieuses, elles suscitent d'incessantes controverses qui prennent la forme de joutes verbales et d'échanges rhétoriques[1]. La raison tient à leur complexité interne : en effet, elles agrègent des énoncés de nature très différente (métaphysiques et empiriques, descriptifs et normatifs) et recourt à une variété de méthodes pour les justifier. Par conséquent, la nature même des conceptions discutées interdit l'unanimité. On ne peut espérer que la conception créationniste qui appartient à cette dernière catégorie puisse faire l'objet d'un accord.

Pour autant, même si l'on fait l'hypothèse forte que certaines propositions de la philosophie naturelle, de la morale ou de la religion sont vraies de manière indubitable, nous avons encore de bonnes raisons de tolérer l'expression publique d'opinions erronées[2]. La première raison est que pour soutenir qu'une opinion est indiscutable il faut montrer à ceux qui la contestent que l'on a épuisé tous les recours argumentatifs. Cela implique naturellement que l'on soit toujours prêt à discuter et à réfuter les opinions concurrentes. Cet argument ne dit pas que la bonne méthode pour établir des propositions indubitables est dialogique, mais qu'on ne saurait attendre d'autrui qu'il adhère à la vérité d'une proposition si l'on n'a pas tenu compte de ses objections. Bien sûr, l'intolérant peut considérer que le point de vue d'autrui n'est pas pertinent et que ses objections ne méritent pas d'être discutées. Dans ce cas, sa démarche s'avère tout à fait contradictoire : s'il ne lui importe pas que les autres reconnaissent la vérité, pourquoi l'intolérant

1. J. S. Mill, *De la liberté*, *op. cit.*, p. 114-115.

2. McCloskey suggère pourtant que sans l'hypothèse de la faillibilité l'argument en faveur de la liberté de pensée serait fortement affaibli. *cf.* H. J. McCloskey, « Liberty of Expression : its Grounds and Limits (I) », *in* G. W. Smith (ed.), *John Stuart Mill's Social and Political Thought*, London, Routeldge, 1998, t. II p. 306-312.

s'efforce-t-il de promouvoir ce qu'il croit vrai et d'empêcher la diffusion des opinions qu'il croit erronées? Au moyen de la censure, il cherche à faire reconnaître la vérité par le plus grand nombre – peu importe ses raisons du reste, que ce soit l'amour de la vérité pour la vérité, le salut des âmes égarées, ou encore l'autonomie de ceux qu'il estime manipulés intellectuellement. La censure s'avère donc en contradiction avec les buts recherchés par l'intolérant.

Refuser la discussion constitue donc une erreur, mais c'est également une faute. En effet, dans le cas où l'opinion interdite est fausse, on manque l'occasion de renforcer notre foi dans la vérité de nos affirmations; les hommes perdent le bénéfice d'avoir « une perception plus claire et une impression plus vive de la vérité que produit sa confrontation avec l'erreur »[1]. Cette idée complète la précédente; si l'on élimine les opinions concurrentes dans et par la discussion, on donne une assise plus grande à notre assentiment à la vérité. C'est que la vérité ne vit que par la discussion qui permet à chacun de se l'approprier. Bien sûr, en elle-même, la vérité n'est pas changée parce qu'elle est débattue. Mais, lorsqu'on considère la valeur de la vérité, nous devons reconnaître qu'elle est pour ainsi dire nulle quand la vérité ne fait plus l'objet d'aucun débat. Mill déclare ainsi :

> Quelque peu disposé qu'on soit à admettre la possibilité qu'une opinion à laquelle on est fortement attaché puisse être fausse, on devrait être touché par l'idée que, si vraie que soit cette opinion, on la considérera comme un dogme mort et non comme une vérité vivante, si on ne la remet pas entièrement, fréquemment, et hardiment en question[2].

Si nous sommes incapables de justifier une proposition qui est par ailleurs vraie – peu importe les critères de vérité retenus, cette proposition n'est pas vraie pour nous et sa valeur de vérité est nulle. Ce n'est pas assez d'adhérer à la vérité d'une proposition parce qu'on y a été accoutumé, ou parce qu'on fait confiance à des autorités reconnues, il faut encore se l'approprier en étant capable de la justifier rationnellement. Mill rend ici hommage à la pensée des Lumières, et on sera tenté de juger ses arguments peu originaux : l'exercice de la raison dialogique est l'épreuve qui permet d'éviter l'erreur de raisonnement

1. J. S. Mill, *De la liberté*, *op. cit.*, p. 85.
2. J. S. Mill, *De la liberté*, *op. cit.*, p. 113.

– voici une thèse qui doit tout à Socrate[1]; l'examen critique change le dogme reçu en vérité conquise et assurée, et la croyance en savoir – voilà une thèse tout à fait kantienne[2]. En fait, l'originalité de Mill tient en ce qu'il importe ces thèses dans le domaine politique. Si la vérité est un bien que l'on *doit* rechercher, et s'il est vrai que les individus ne peuvent s'estimer en possession de la vérité qu'à la condition de faire un usage critique de leur raison, l'État doit favoriser le développement des croyances justifiées de manière critique[3] et pour cela, il doit protéger l'accès à un éventail d'opinions le plus large possible. Ainsi, la protection de la liberté de pensée, qui institutionnalise l'exigence de tolérance, est l'acte fondamental de l'État libéral soucieux de promouvoir la vérité. Mill semble disposer ainsi d'un argument décisif en faveur de la tolérance, contre la loi Butler.

## KARL POPPER ET L'UTOPIE DE LA TOLÉRANCE

La conception faillibiliste de la tolérance, quoiqu'elle paraisse séduisante et intuitive pour décider du cas Scopes, s'avère pourtant inapplicable politiquement. Elle ne permet pas de penser un cadre institutionnel dans lequel se développent les différences d'opinions, de pratiques et de mœurs, mais seulement d'établir une éthique de la connaissance. Aussi, même dans le cas du procès du Singe, ne peut-elle pas fournir des principes d'arbitrage entre des revendications conflictuelles sur l'utilisation des ressources publiques : faut-il financer des écoles qui dispensent un enseignement évolutionniste ? La question se pose différemment aujourd'hui puisqu'il s'agit de savoir s'il est légitime de financer des écoles qui refusent de le dispenser[4]. Le véritable problème dans notre cas, outre les limites légitimes de la liberté d'opinion, c'est l'utilisation des institutions et des biens publics pour promouvoir une conception particulière de la vérité qui porte en

1. Mill revendique très explicitement cet héritage socratique ; *ibid.*, p. 127.

2. *Cf.* Kant, *Logique* (1800), trad. fr. L. Guillermit, Paris, Vrin, 1989, p. 77-78.

3. *Cf.* H. J. McCloskey, « Mill's Liberalism », *The Philosophical Quaterly* 13 (51), 1963, p. 146.

4. Dans l'actualité récente, notons que le ministère britannique de l'Éducation a modifié, début janvier 2012, l'accord de financement des écoles libres (*Free Schools model Funding Agreement*) afin d'interdire l'enseignement du créationnisme dans les établissements recevant des fonds publics.

elle, comme pour le créationnisme, des considérations morales et religieuses controversées.

Poursuivons donc notre dialogue fictif entre Mill et Butler. Ce dernier ne conteste pas le principe fondamental de la liberté de pensée mais il se demande si ce principe peut gouverner l'institution scolaire. L'éducation, selon lui, ne peut tolérer l'erreur manifeste et ne doit pas saper les valeurs morales qui donnent sens à l'existence humaine. Le philosophe faillibiliste n'aurait pas de difficulté à accepter la première proposition, mais il ferait remarquer qu'en l'occurrence c'est la théorie créationnisme qui est erronée ou du moins hautement contestable. Par conséquent, il est illégitime d'interdire l'expression de conceptions concurrentes qui sont potentiellement plus proches de la vérité. Butler n'aurait aucun mal à répondre à cette objection en reprenant les prémisses faillibilistes : dès lors que l'on admet que toute conception est incertaine puisqu'il est toujours possible que l'on se trompe, pourquoi privilégier l'évolutionnisme plutôt que le créationnisme qui a l'avantage d'être plus conforme à la morale ? Butler affirmerait alors sa conviction que le récit biblique en tant que révélation divine est véridique, et qu'en l'absence d'argument décisif pour adopter l'évolutionnisme il est raisonnable de promouvoir l'enseignement exclusif du créationnisme. Il ajouterait que sa proposition de loi n'a pas été imposée par la force mais qu'elle a été soumise au vote libre et informé d'une assemblée de représentants qui l'a adoptée. Par conséquent, il ne considère pas que sa loi soit plus illégitime qu'une loi qui privilégierait l'enseignement de l'évolutionnisme. Enfin, il se demanderait comment on pourrait encore concevoir l'éducation publique s'il fallait tolérer toutes les conceptions et les enseigner au motif qu'étant faillibles nous ne pouvons affirmer la vérité définitive de nos conceptions.

Le philosophe faillibiliste doit donc s'engager davantage et mettre en cause la thèse créationniste elle-même à partir de critères épistémologiques précis. Une version raffinée du faillibilisme, le falsificationnisme, a été élaborée par Karl Popper dans *La logique de la découverte scientifique*[1]. Elle permet de disqualifier la scientificité du création-

1. K. Popper, *La logique de la découverte scientifique* (1959), trad. fr. N. Thyssen-Rutten et Ph. Devaux, Paris, Payot, 1973. Bien que Popper s'oppose à Mill sur le principe d'induction, les points de convergences entre la thèse de la faillibilité de Mill et celle de Popper sont suffisamment nombreux pour établir un rapprochement.

nisme et de fournir un cadre déontologique pour la recherche de la vérité Résumons les éléments de cette doctrine qui intéressent notre sujet : les propositions scientifiques ne sont pas des propositions inductives au sens où elles seraient la généralisation d'observations particulières, mais des hypothèses déductives sur le monde. L'expérience permet de *corroborer* les lois de la nature, c'est-à-dire de les confirmer provisoirement [1], et non de les prouver, c'est-à-dire de les *vérifier*, dans le langage de Popper; en revanche, un seul contre-exemple permet de les invalider ou, pour utiliser le terme adéquat, de les *falsifier*. Une hypothèse est falsifiable quand elle admet une classe d'occurrences, d'événements susceptibles de la contredire, ce que Popper appelle des « falsificateurs virtuels » [2]. Inversement, une proposition qui n'admet pas une telle classe d'occurrences ne peut pas faire l'objet d'une confirmation (corroboration), ni d'une réfutation (falsification) : par exemple, lorsque la théorie de la relativité générale affirme que la constante physique *c*, qui correspond à la vitesse de la lumière, constitue une limite absolue, elle admet la possibilité d'être falsifiée par l'expérience ; en revanche, lorsque la cosmologie aristotélicienne affirme que le bas est le lieu naturel des corps lourds, elle se met à l'abri de toute falsification (un corps qui ne descend pas n'est pas lourd mais léger, par définition). Or, pour nous apprendre quelque chose sur le monde, une théorie scientifique doit paradoxalement être falsifiable, et non vérifiable; elle doit être un ensemble d'hypothèses ouvertes sur la réfutation. Cela met en lumière le rôle créateur de la science dans la compréhension du monde : une hypothèse est une « thèse » falsifiable sur le monde. La conclusion de Popper est que la scientificité d'une théorie augmente avec son degré de falsifiabilité, et que cette théorie ne peut être dite « vraie » que si l'expérience la corrobore et pour autant qu'elle la corrobore.

On doit conclure de ce qui précède que le créationnisme n'est pas une doctrine scientifique et qu'elle ne nous enseigne pas la vérité concernant les origines de l'homme. En effet, dès lors que la vérité de la conception créationniste dépend uniquement de la révélation divine, il est impossible de la corroborer ou de la falsifier. La cause semble donc entendue : le créationnisme est condamné, l'évolutionnisme consacré

1. K. Popper, *La logique de la découverte scientifique*, *op. cit.*, p. 251 *sq.*
2. *Ibid.*, p. 88-89.

et la tolérance justifiée en tant qu'auxiliaire pour découvrir la vérité scientifique. Le développement scientifique requiert deux instances de réfutation, l'expérience qui permet de falsifier une théorie, et la discussion qui permet d'éliminer les erreurs de raisonnement. Sur ce point, Popper ne fait que reprendre Mill selon lequel « la discussion est nécessaire pour montrer comment interpréter l'expérience »[1]. Popper définit alors un cadre déontologique qui met en œuvre la tolérance selon les principes suivants :

1. Il est possible que j'aie tort et que vous ayez raison.
2. Discutons de manière rationnelle.
3. Nous pourrions nous rapprocher de la vérité [en discutant] même si nous ne parvenons pas à nous mettre d'accord.

Ces principes sont précisés au sein d'une profession de foi du scientifique (*professional ethic*) en six articles dont nous restituons ici l'essentiel :

1. Notre connaissance dépasse ce qu'aucun individu ne peut maîtriser seul.
2. Cela s'applique même aux experts d'un domaine particulier.
3. Notre connaissance ne peut être que conjecturale, c'est-à-dire incertaine et finie.
4. On commet des erreurs tous les jours dans tous les domaines du savoir.
5. Puisqu'il est inévitable que nous fassions des erreurs, nous devons réformer notre attitude à leur égard.
6. Le premier commandement devrait être : « Apprends de tes erreurs ».

Cette déclaration met en évidence un trait du faillibilisme qui était moins marqué dans l'œuvre de Mill et qui constitue l'une de ses principales faiblesses pour penser la tolérance d'un point de vue politique : le faillibilisme est une éthique de la connaissance scientifique qui, en tant que telle, s'adresse aux scientifiques, aux « experts en sciences de la nature »[2]. Appliquée au domaine politique, cette éthique ne peut au

1. J. S. Mill, *De la liberté*, *op. cit.*, p. 90 ; *cf.* K. Popper, « Toleration and Intellectual Responsibility », *in* S. Mendus, D. Edwards, *On Toleration*, Oxford, Clarendon Press, 1987, p. 28 *sq*.

2. Sur l'éthique de l'épistémologie poppérienne, *cf.* M. Artigas, *The Ethical Nature of Karl Popper's Theory of Knowledge*, Bern, Peter Lang, 1999, en particulier p. 121-131.

mieux qu'être le fondement d'une utopie politique, une « utopie de la tolérance » qui régit la société des citoyens-scientifiques :

> Si j'imagine une Utopia démocratique, je vois une société dans laquelle les candidats politiques ne peuvent espérer recueillir les suffrages des citoyens qu'en se prévalant d'avoir découvert, parmi les erreurs qu'ils ont commises au cours de l'année précédente, trente-et-une erreurs et d'être parvenus à en corriger treize [1].

Cette Utopia gouvernée par les principes de la profession de foi du scientifique abrite une société apolitique d'experts qui discutent d'opinions afin de s'élever dans la connaissance du monde. La tolérance règne dans ce grand laboratoire, mais uniquement parce qu'il n'y a plus d'enjeu politique.

Bien sûr, si l'on retient la falsifiabilité comme critère de scientificité, le créationnisme n'est pas une théorie scientifique mais, dirait Butler, on ne voit pas pourquoi il faudrait réduire le domaine de la vérité à celui de la vérité scientifique, et pourquoi on ne devrait enseigner que la vérité scientifique. Il poursuivrait ainsi : « La révélation nous indique ce que nous devons croire, que le contenu de notre croyance soit ou non identique au résultat d'une enquête scientifique. La tolérance que prône Popper vaut bien dans le domaine de la recherche scientifique, mais elle n'est justifiée que pour ce domaine. Aussi, hors de ce domaine, n'y a-t-il pas lieu de tolérer l'enseignement de théories qui sont contraires à nos croyances, en particulier quand elles portent atteinte à la morale. » Historiquement, le procès du Singe a été le champ de bataille d'une « guerre des dieux » totale qui ne portait pas seulement sur les valeurs mais aussi sur les méthodes d'accès à la vérité : la raison scientifique contre la foi, la méthode falsificationniste contre l'exégèse, l'expérience contre la révélation. D'une telle guerre sort victorieux celui qui a été le plus persuasif et a remporté le suffrage de la majorité. Il aura sans doute le sentiment d'avoir fait triompher la vérité elle-même, mais il ne pourra compter sur la reconnaissance de sa victoire par le vaincu qui se voit en victime de l'intolérance de son adversaire. L'histoire récente nous enseigne que les succès sont

1. K. Popper, « Toleration and Intellectual Responsibility », *in* S. Mendus, D. Edwards (eds), *On Toleration*, *op. cit.*, p. 34.

partagés : le créationnisme l'emporte au procès du Singe en 1925, mais il échoue en 1968 dans l'affaire *Epperson v. Arkansas*[1].

De quelle ressource le faillibilisme dispose-t-il encore pour convaincre le fondamentaliste d'adopter une attitude tolérante? En faisant l'hypothèse que la révélation divine telle qu'elle est consignée dans la Bible est dépourvue de fausseté, le partisan du faillibilisme peut néanmoins faire remarquer que l'interprétation des textes religieux n'est pas protégée contre l'erreur, car elle est le fait d'hommes faillibles[2]. Cela permettrait de concilier la croyance en l'authenticité de la révélation biblique avec l'exigence selon laquelle toute conception doit rester ouverte à la réfutation. Même fondamentaliste, le croyant peut ainsi renoncer à imposer sa conception et tolérer les autres conceptions sans trahir ses convictions. Cependant, l'argument de la faillibilité de l'interprétation est loin d'être décisif, car on introduit de nouveau des considérations épistémologiques qui nourrissent la guerre des méthodes. Le fondamentaliste n'est pas prêt à accepter que la révélation divine soit un fait complexe qui exige des méthodes d'analyse et d'interprétation sophistiquée. Le propre du fondamentalisme religieux est d'affirmer la simplicité de la révélation et de promouvoir une lecture littérale des textes religieux qui manifestent clairement et distinctement les intentions de Dieu. On serait bien en peine de les convaincre qu'ils ont tort et devraient adopter une autre méthode de lecture.

En fait, toute argumentation faillibiliste en faveur de la tolérance manque sa dimension politique : le problème n'est pas de savoir si on se rapproche de la vérité par la discussion libre et par la tolérance de conceptions concurrentes, mais si on peut prendre une décision politique sur la base d'une conception particulière de l'existence humaine et de la vérité absolue. Le procès du Singe pose de manière exemplaire cette question politique. Or le faillibilisme ne permet pas d'arbitrer des revendications conflictuelles sur l'utilisation des ressources publiques car, en maintenant la vérité comme finalité politique, il exacerbe le conflit des conceptions, des valeurs, des méthodes de connaissance, et rend impossible la réconciliation des citoyens autour de normes communes. Mais le plus grave est que, théoriquement, il nous interdit même de prendre la moindre décision pratique qui a des

1. *Epperson v. Arkansas*, 393 U.S. 97 (1968).

2. C. J. Eberle, *Religious Conviction in Liberal Politics*, Cambridge, Cambridge University Press, 2002, p. 265.

conséquences sur autrui car, le fondement théorique de nos décisions étant toujours incertain, nous pourrions être responsables de torts faits à autrui pour de mauvaises raisons, ce qui est inacceptable. Les partisans du créationnisme aux États-Unis ont exploité cette faille pour proposer que l'enseignement de l'évolutionnisme soit systématiquement accompagné de celui du créationnisme; on peut mentionner, parmi les plus connues, la loi du Créationnisme (*Balanced Treatment for Creation-Science and Evolution-Science Act*) promulguée par l'État de Louisiane en 1981. Que peut répondre le partisan d'une tolérance faillibiliste à la demande de traitement égal des deux théories? Faut-il renoncer à enseigner l'une et l'autre au nom de la prudence faillibiliste? La réponse est pour le moins incertaine, surtout si le créationnisme se présente sous la forme d'une conception scientifique en cours d'élaboration, comme l'est le Dessein intelligent.

Nul doute que l'expérience historique, avec les crimes de l'Allemagne nazie et des régimes staliniens, a été déterminante dans la formation des convictions de Popper – il en est de même avec la mise à mort de Socrate et du Christ pour Mill. Mais tenter de justifier la tolérance, dont la mise en œuvre aurait peut-être permis d'éviter ces crimes, à partir d'une éthique de la recherche de la vérité nous paraît une erreur philosophique. Admettons pour l'argument que les théories sociales et politiques soient falsifiables et que l'expérience puisse démontrer que certains jugements moraux sont mauvais, pour ne pas dire faux. Quelle conclusion devrions-nous en tirer pour la conduite des affaires humaines? S'il y a en une, elle ne peut être que décevante, car de deux choses l'une: ou bien l'on considère qu'il faut discuter indéfiniment des principes de l'action et, dans la mesure où l'on ne peut jamais être assuré de leur bien-fondé, on se prive de toute possibilité d'action. Ou bien, inversement, on considère que la décision repose de toute façon sur une hypothèse falsifiable, mais que la nécessité d'agir nous contraint à prendre des décisions dont le fondement est incertain; on ne peut falsifier l'hypothèse qui a servi de fondement à l'action qu'*a posteriori*. Mais alors, pour le dire simplement, le mal est déjà fait.

L'exemple de l'échec du marxisme est très instructif[1]. Popper estime que l'expérience soviétique permet de falsifier le matérialisme

1. Sur la critique du marxisme, *cf.* K. Popper, *Misère de l'historicisme*, trad. fr. H. Rousseau, Paris, Plon, 1956; *La société ouverte et ses ennemis*, (1945), trad. fr. J. Bernard

historique qui prophétise l'émancipation des classes exploitées par la lutte des classes et la dictature du prolétariat[1]. Inutile pour notre propos d'entrer dans le détail de son argumentation; il suffit de retenir que, selon Popper, la révolution soviétique invalide la thèse marxiste selon laquelle la transformation sociale est une opération effectuée par les classes exploitées dans sa lutte contre les détenteurs du capital, qui finit par modifier l'idéologie dominante. Selon Popper, la révolution a été le résultat de la maturation idéologique de la société qui a été transformée matériellement par le gouvernement révolutionnaire, c'est-à-dire l'État, et non par les classes exploitées[2]. Quant à la violence révolutionnaire qui accompagne la réalisation de transformation sociale, elle a anéanti les espoirs humanistes contenus dans la théorie marxiste de l'émancipation. Admettons qu'il en soit ainsi – il est tout à fait indifférent que Popper ait raison ou non sur le fond. Si nous devons admettre « après coup », *ex post*, que la théorie marxiste était fausse, nous n'avions aucune raison d'anticiper ce résultat ni de renoncer à la théorie en l'absence d'une théorie meilleure; certains peuvent soutenir qu'il y en avait une et d'autres le contraire, mais, dans tous les cas, le partage ne devait se faire qu'après la mise en œuvre concrète de la théorie. Par conséquent, même en adoptant un principe de tolérance fondé sur l'idée que nous sommes faillibles, il n'est pas évident que nous aurions pu éviter les crimes des révolutions socialistes.

Nous sommes de nouveau ramenés à l'alternative suivante : ou bien toute théorie est falsifiable et, en l'absence de certitude, nous devons suspendre toute action; ou bien nous agissons en sachant que notre conception est falsifiable et nous nous exposons précisément au risque de la falsification.

et Ph. Monod, Paris, Seuil, 1979, t. 2, chapitres 18 à 21; *La quête inachevée*, trad. fr. R. Bouveresse et M. Bouin-Naudin, Paris, Calmann-Lévy, 1981.

1. Popper a cependant hésité dans sa critique du marxisme : il soutient d'un côté que le marxisme n'est pas une théorie scientifique parce qu'elle reste une herméneutique des faits sociaux et n'est donc pas falsifiable; d'un autre côté, il considère que l'expérience historique a permis de falsifier le marxisme. *cf.* J. G. Ruelland, *De l'épistémologie à la politique. La philosophie de l'histoire de Karl R. Popper*, Paris, P.U.F., 1991, p. 151-180; J. Baudoin, *La philosophie politique de Karl Popper*, Paris, P.U.F., 1994.

2. K. Popper, *La quête inachevée*, *op. cit.*, p. 65-66.

### *L'intolérance au nom de la tolérance : Marcuse lecteur de Mill*

Pertinents dans le domaine de la recherche scientifique, les arguments faillibilistes en faveur de la tolérance perdent leur clarté et leur fécondité dans le domaine de l'action. Les arguments de Mill et de Popper font de la tolérance un bien purement instrumental au service de la vérité. Le problème est que si l'intolérance devait garantir cette finalité plus sûrement que la tolérance il faudrait alors renoncer à la tolérance[1]. C'est la conclusion à laquelle parvient Herbert Marcuse qui exploite l'idée millienne selon laquelle la libre discussion contribue à la réduction du nombre d'opinions controversées mais peut conduire à l'hégémonie d'opinions erronées. Nous allons précisément voir comment Marcuse parvient à retourner le faillibilisme contre lui-même.

Mill considère que, malgré notre faillibilité, il y a des énoncés qu'il est inutile ou futile de discuter. Outre les énoncés mathématiques, il existe des propositions de la philosophie naturelle comme de la philosophie morale en faveur desquelles on a si bien argumenté qu'il ne reste pour ainsi dire plus de doute. Étrangement, Mill ne donne pas d'exemple dans *De la liberté*, mais on peut songer au principe d'utilité selon lequel « les actions sont moralement bonnes dans la mesure où elles tendent à promouvoir le bonheur »[2]. Certes, il est toujours possible qu'un contre-argument ait été négligé – il n'y a de toute façon aucun moyen de prouver qu'il n'existe pas de contre-argument possible – mais cette issue tient de l'improbable :

> À mesure que l'humanité progressera, le nombre des doctrines qui ne sont plus objet ni de discussion ni de doute ira croissant[3].

Rompant avec ses prémisses faillibilistes, Mill finit donc par reconnaître que l'on peut épuiser, par la discussion bien menée, les erreurs de raisonnement au point que certaines conceptions puissent être admises de manière définitive. Pour autant, cela ne doit pas avoir d'effet sur l'étendue de la liberté de pensée sans laquelle on aurait pu parvenir à ces vérités incontestables; la liberté de pensée et d'expres-

1. *Cf.* McCloskey, « Mill's Liberalism », *op. cit.*, p. 146.
2. J. S. Mill, *L'utilitarisme* (1863), trad. fr. C. Audard et P. Thierry, Paris, P.U.F., 1998, p. 31
3. J. S. Mill, *De la liberté*, *op. cit.*, p. 126-127.

sion doit être maintenue, et nous ne devons surtout pas pénaliser l'expression des opinions que nous jugeons erronées et fantaisistes. Cependant, si nous ne devons pas condamner l'expression de ces opinions erronées, nous ne devons pas non plus perdre de temps à les examiner. Le résultat de ce phénomène de rétrécissement du domaine des opinions contestables est ce que Mill appelle la « consolidation de l'opinion » (*consolidation of opinion*). Mais ce phénomène présente deux faces bien différentes :

> L'abandon progressif des différents points d'une controverse sérieuse est l'un des aléas nécessaires de la consolidation de l'opinion, consolidation aussi salutaire dans le cas d'une opinion juste que dangereuse et nuisible quand les opinions sont erronées [1].

Alors que la consolidation de l'opinion doit résulter de l'épuisement des objections et de l'élimination des erreurs de jugements par le dialogue, Mill suggère qu'elle pourrait aussi résulter d'une forme de paresse intellectuelle, d'habitude, de lassitude ou de faiblesse : ce qui a fait l'objet de nombreuses controverses vives peut finir par emporter la majorité des suffrages sans pour autant être assuré. La majorité tiendra alors indifféremment pour vraie la doctrine fausse comme la doctrine vraie. Aussi devons-nous nous méfier de ce phénomène de consolidation de l'opinion qui énerve, au sens propre, notre faculté de connaissance et notre aptitude à faire l'examen critique des opinions. La tolérance des opinions aboutit donc inévitablement à la situation où la diversité des opinions est réduite et où il n'y a aucune certitude que les opinions vraies l'emportent sur celles qui sont erronées. Dans ce cas, le bénéfice de la tolérance est pour le moins discutable.

De manière imprévue, c'est à Marcuse que l'on doit d'avoir tiré les conséquences de la thèse de la consolidation de l'opinion[2]. Marcuse, s'inspirant de Mill, commence par déclarer que « le *telos* de la tolérance

1. *Ibid.*, p. 127.

2. H. Marcuse, « La tolérance répressive », *Critique de la tolérance pure* (1965), trad. fr. L. Roskopf et L. Weibel, Paris, Les Éditions John Didier, 1969, p. 13-55. Sur la conception de la tolérance chez Marcuse, *cf.* R. P. Wolff, « Marcuse's Theory of Toleration », *Polity* 6(4), 1974, p. 469-479. Sur les différences entre Marcuse et Popper, *cf.* A. T. Ferguson (ed.), *Revolution or Reform? A Confrontation. Herbert Marcuse and Karl Popper*, Chicago, New University Press, 1976.

est la vérité »[1]. Il reconnaît tout d'abord les vertus du débat contradictoire. Il souligne, en citant *De la liberté*, que l'histoire nous a enseigné que les persécutions ont retardé l'éclosion de la vérité et fait souffrir des innocents, et que la vérité ne pouvait être atteinte que par la pratique de la tolérance :

> Tolérer la liberté de parole demeure un moyen de développer et de faire progresser la cause de la libération, non parce qu'il n'existe pas de vérité objective, et tout progrès serait nécessairement un compromis entre des opinions diverses, mais parce qu'il y a une vérité objective, qu'on peut la découvrir et la vérifier seulement en apprenant et en comprenant ce qui est, ce qui peut et doit être fait pour le progrès humain[2].

Or Marcuse insiste sur le fait que la tolérance, dont la finalité est la vérité, ne peut adéquatement s'adresser qu'aux individus dont les capacités intellectuelles sont suffisamment développées. Il reprend explicitement les déclarations de Mill sur l'avancement des sociétés et sa distinction entre hommes mûrs et barbares : la tolérance convient aux premiers, le despotisme (éclairé) aux seconds[3]. C'est qu'il existe un lien interne entre la liberté et la vérité, entre la capacité à faire des choix et la capacité à déterminer ses choix en fonction de buts raisonnables ; il s'agit de « pouvoir déterminer ce qu'il faut faire et ne pas faire, ce qu'il faut supporter et ne pas supporter »[4]. Par conséquent, ajoute Marcuse, le « fondement rationnel » de la liberté, c'est le développement des facultés intellectuelles humaines qui permettent aux individus de « penser par eux-mêmes » et de défendre leurs droits. On retrouve l'idéal de la raison autonome des Lumières si bien exprimé par les maximes du sens commun de Kant[5].

1. H. Marcuse, « La tolérance répressive », *op. cit.*, p. 22 ; sur le lien entre la vérité et la liberté, *cf.* aussi H. Marcuse, *L'homme unidimensionnel* (1964), trad. fr. M. Wittig et H. Marcuse, Paris, Minuit, 1968, p. 145. Le rapprochement entre Marcuse et Mill est justifié par les nombreuses références de Marcuse à *De la liberté*.

2. H. Marcuse, « La tolérance répressive », *op. cit.*, p. 21.

3. Marcuse citera aussi en conclusion de son article les *Considérations sur le gouvernement représentatif* (1861) de Mill, insistant sur le rôle de l'élite et sur le poids plus important qu'on doit attribuer à certaines voix dans la discussion publique ; *cf.* le « Post-scriptum 1968 » dans « La tolérance répressive », *op cit.*, p. 53.

4. *Ibid.*, p. 18.

5. *Cf.* Kant (1790), *Critique de la faculté de juger*, trad. fr. A. Philonenko, Paris, 1986, § 40, p. 126 *sq*.

L'objectif poursuivi par Marcuse est de conditionner la tolérance à l'exercice de la raison critique, et par conséquent de justifier l'intolérance en l'absence de raison critique. Ainsi, il peut soutenir que « la tolérance universelle est contestable quand il lui manque ce fondement rationnel, quand elle sert à manipuler, à endoctriner des individus qui répètent comme des perroquets les opinions de leurs maîtres, comme si c'étaient les leurs, et pour lesquels l'hétéronomie s'est changée en autonomie »[1]. Remarquons le tour de force de Marcuse : chez Mill, la censure était à l'origine de l'apprentissage mécanique, sans réflexion, des dogmes; chez Marcuse, c'est la tolérance qui en est l'origine. Il convient néanmoins de préciser le type de tolérance qui est mis en cause dans son argumentation. Marcuse distingue de la tolérance véritable – qu'il reste à définir – la tolérance « pure », c'est-à-dire la tolérance « impartiale », ou « indiscriminée »; en adoptant le point de vue impartial, cette forme de tolérance consiste à niveler les opinions, à donner autant de poids aux opinions vraies qu'aux opinions fausses, aux conceptions justes qu'aux conceptions injustes sous prétexte qu'il n'y a pas lieu d'arbitrer entre les différentes conceptions morales. Cette tolérance « pure » laisse libre l'expression des idées les plus nuisibles à la société, c'est-à-dire les idées qui menacent la liberté même, la recherche de la vérité, la paix et la tolérance :

> [J]'appelle cette tolérance impartiale (*non-partisan*) "abstraite" ou "pure" dans la mesure où elle empêche de prendre parti – mais, ce faisant, elle protège en fait le mécanisme social de discrimination déjà en place[2].

L'idée de Marcuse est que, dans une société libérale, la consolidation de l'opinion laisse triompher les opinions qui servent les intérêts dominants. La tolérance perd alors sa raison d'être puisqu'elle ne favorise plus du tout l'examen critique de ces opinions mais consiste simplement à protéger l'expression de toutes les opinions, sans « discernement », laissant hors d'atteinte de la critique véritable les opinions de la majorité[3]. Ainsi, la tolérance pure apparaît comme le plus sûr moyen de conserver les intérêts des dominants.

1. H. Marcuse, « La tolérance répressive », *op. cit.*, p. 22. (Trad. remaniée).
2. H. Marcuse, « La tolérance répressive », *op. cit.*, p. 17. (Trad. remaniée).
3. *Ibid.*, p. 29.

Marcuse observe alors que les moyens de diffusion des opinions, détenus par l'élite capitaliste, sont utilisés en vue de l'homogénéisation des comportements des individus, eux-mêmes réduits par la science économique libérale à n'être que des consommateurs. Il dénonce alors la crétinisation des esprits par la publicité, la société du gaspillage avec l'obsolescence programmée des biens de consommation, et la violence d'État jugée nécessaire par les masses notamment pour mener des guerres à l'étranger. Il est certain que Mill partagerait cette critique de la société de consommation; rien n'est plus opposé à l'idéal libéral de Mill que la société composée d'individus « unidimensionnels », pour reprendre le terme forgé par Marcuse. Cette société n'a plus de libéral que le nom, mais elle ne l'est ni dans ses effets ni dans ses fondements : la diversité des opinions et l'autonomie critique.

Quelle stratégie doit-on alors adopter pour faire obstacle à la consolidation de l'opinion dans la société capitaliste de consommation ? Cette société n'est en fait que le résultat historique de la société industrielle dont Mill décrivait les puissantes forces d'érosion de la différence et du pluralisme; loin d'offrir des perspectives différenciées pour le développement original des individus, la standardisation des biens de consommation engendre un appauvrissement des caractères individuels et une homogénéisation des comportements. Cependant, contrairement à Marcuse, Mill maintient l'idée que la liberté comme autonomie, c'est-à-dire comme faculté de suivre ses propres règles, ne peut sortir que de la liberté comme non-interférence, c'est-à-dire comme capacité à faire des choix non contraints.

Marcuse n'est pas prêt à ce type de concession; il paraît de ce point de vue plus cohérent que Mill dans la mesure où ce dernier maintient l'espoir d'un progrès de la liberté authentique alors qu'il reconnaît par ailleurs que la consolidation de l'opinion est un « fait inévitable »[1]. Or, puisque les opinions qui finissent par faire l'objet d'un consensus sont celles qui servent les intérêts dominants, et puisque la réalisation d'une tolérance toute formelle s'avère être un obstacle à l'éclosion de nouvelles vérités, il convient de rompre avec l'impartialité ou la neutralité de façade de la société capitaliste afin de promouvoir les intérêts humains fondamentaux :

1. J. S. Mill, *De la liberté*, *op. cit.*, p. 127.

> Cette tolérance sans discernement trouve sa justification dans des débats inoffensifs, dans la conversation, dans les discussions académiques; elle est indispensable à l'entreprise scientifique, et à la religion privée. Mais la société n'a pas le droit de renoncer à exercer sa faculté de discernement quand la pacification de l'existence, la liberté et le bonheur eux-mêmes sont en jeu; désormais certaines choses ne peuvent être dites, certaines idées ne peuvent être exprimées, certaines politiques ne peuvent être proposées, certaines conduites ne peuvent être permises sans faire de la tolérance un instrument qui perpétue la servitude[1].

Ce que l'on pouvait précisément reprocher à la conception faillibiliste de la tolérance, c'était de privilégier un principe de tolérance qui faisait office d'éthique professionnelle de la recherche scientifique. Nous avons soutenu que cette tolérance éthique n'avait pas de traduction possible dans le domaine politique où les citoyens doivent prendre des décisions en vue de l'action. Marcuse avance plutôt le fait que la tolérance «pure» qui prévaut dans les discussions académiques prive les individus de l'énergie de transformation sociale requise pour promouvoir une conception de l'existence humaine émancipée. Ainsi, quand des intérêts fondamentaux comme la paix, la liberté, la tolérance et le bonheur humains sont en jeu, les décisions politiques doivent être prises contre les opinions et les comportements qui menacent ces intérêts. Autrement dit, il est nécessaire, pour l'avancement de la liberté et de la tolérance véritables, d'être intolérant à l'égard des individus dont les opinions empêchent l'éclosion de la vérité et dont les intérêts particuliers sont opposés à la satisfaction des intérêts universels. Afin que les individus puissent satisfaire de leurs intérêts fondamentaux, se développer et s'émanciper, il convient d'interdire l'expression des opinions qui soutiennent l'état de servitude des individus dans la société de consommation.

Ainsi, dans la phase de consolidation de l'opinion, il ne s'agit pas de se demander en quel sens l'État peut tolérer les minorités radicales, mais si les minorités peuvent tolérer les opinions de la majorité, des dominants et des représentants des institutions politiques; or, dans une situation historique aussi catastrophique pour le développement humain qu'est la période post-fasciste, les minorités radicales éclairées

1. *Ibid.*, p. 20. (Trad. remaniée.)

détiennent la vérité et doivent prendre le pouvoir de manière insurrectionnelle afin d'imposer, d'abord par la force puis par la raison, la vérité à la majorité. Les groupes qui sont dépositaires de cette vérité émancipatrice appartiennent à ce que l'on appelle aujourd'hui l'extrême-gauche. Par conséquent, pour mettre fin à la violence de l'État capitaliste qui pratique l'endoctrinement des masses, il faut interdire les mouvements de droite et l'expression de ses idées :

> La tolérance libératrice (*liberating tolerance*) signifiera alors l'intolérance de tous les agissements de la droite, et la tolérance des mouvements de gauche. Quant à l'étendue de cette tolérance et de cette intolérance, elles interviendront sur le plan de l'action comme à celui de la discussion, des faits comme des paroles [1].

Marcuse soutient que la période de consolidation de l'opinion dans la société capitaliste post-fasciste représente un « danger manifeste et imminent » (*clear and present danger*), ce qui signifie alors que nous touchons aux limites de la tolérance et que nous sommes autorisés à suspendre la liberté d'expression [2]. Les partis de droite représentent ce danger en soutenant l'ordre de la consommation, l'armement et le conflit permanent sous la forme d'une concurrence des individus sur le marché à l'intérieur et de la guerre impérialiste à l'extérieur.

Il ne fait pas de doute que Marcuse aurait pris la défense de Scopes contre l'État du Tennessee, contre la loi Butler conservatrice, aliénante et motivée par une conception erronée de l'existence humaine. Cependant, contrairement à la démarche de l'ACLU qui a initié le procès du Singe, Marcuse aurait soutenu que ce n'est certainement pas dans un tribunal chargé de faire appliquer des lois iniques qu'il aurait fallu mener la lutte contre l'État soutenu par une majorité d'aliénés, mais au contraire dans l'arène politique par la contestation, la manifestation et l'insurrection. Il aurait également condamné la démarche de l'ACLU qui consiste à promouvoir une « tolérance pure » afin que Scopes puisse enseigner aussi bien l'évolutionnisme que le créationnisme. À ses yeux, une telle tolérance dévalorise la vérité scientifique en la traitant avec la même considération que la croyance religieuse irrationnelle. La tolérance libératrice qu'il prône ne peut advenir qu'à

1. J. S. Mill, *De la liberté*, *op. cit.*, p. 41. (Trad. remaniée).

2. *Ibid.*, p. 40-41. Nous reviendrons sur la doctrine juridique du danger manifeste et imminent; cf. *infra*, p. 91.

partir du moment où les individus ont été soustraits, par la force s'il le faut, à l'influence aliénante des croyances religieuses. Ce n'est qu'à cette condition que le débat contradictoire entre des interlocuteurs faisant usage de la raison critique permet de progresser vers la vérité.

Toutefois, la distinction entre tolérance libératrice et tolérance pure est loin d'être évidente et paraît même tout à fait confuse[1]. En effet, ce que Marcuse appelle tolérance libératrice n'est que la promotion intolérante d'une vérité ignorée par la majorité. On se demande dans ce cas pourquoi maintenir la référence à la tolérance, si ce n'est pour des raisons purement rhétoriques. Finalement, moins désireux de maintenir la référence à Mill, certains héritiers de la théorie marxiste ont développé une critique de la tolérance libérale plus cohérente que celle de Marcuse. Citons par exemple Slavoj Zizek qui ne s'embarrasse pas de précautions philosophiques dans son *Plaidoyer en faveur de l'intolérance*[2]. Il soutient que « la tolérance multiculturelle est l'idéologie hégémonique du capitalisme global » et que « la seule manière de sortir de cette impasse [...] est la réaffirmation d'une critique virulente, fortement intolérante, de la civilisation capitaliste globale. »[3]. On retrouve dans le *Plaidoyer* de Zizek, comme chez Marcuse, la critique de la tolérance libérale comme gestion « neutralisante » des différences et comme frein à tout mouvement d'émancipation, à la nuance près qu'il abandonne toute référence à l'idéal millien de tolérance[4].

Affirmons donc que si la tolérance a une pertinence politique, ce n'est pas en tant qu'elle permet d'atteindre la vérité. Toute justification philosophique de la tolérance qui repose l'affirmation que la politique consiste dans la promotion de la vérité nous paraît inconsistante. Bien entendu, les projets de Marcuse et de Mill sont radicalement différents,

1. Pour une critique de la conception de la tolérance de Marcuse, *cf.* A. MacIntyre, *Herbert Marcuse : An Exposition and a Polemic*, New York, The Viking Press, 1970, p. 102-106; P. King, *Toleration*, *op. cit.*, p. 131, 133-5, 221-3; P. Gardner, « Toleration and Education », *in* J. Horton (ed.), *Liberalism, Multiculturalism and Toleration*, Basingstoke, Macmillan, 1993, p. 91.

2. S. Zizek, *Plaidoyer en faveur de l'intolérance*, trad. fr. Fr. Joly, Castelnau-le-Lez, Climats, 2004.

3. S. Zizek, *Plaidoyer en faveur de l'intolérance*, *op. cit.*, p. 15.

4. On peut aussi penser à la critique de la politique de l'opinion, sous la forme du parlementarisme, élaborée par Alain Badiou. Fidèle à l'inspiration platonicienne, Badiou affirme que la politique véritable est une politique de la vérité et non de l'opinion; *cf.* A. Badiou, *Abrégé de métapolitique*, Paris, Seuil, 1998, p. 22 *sq.*

même si le raisonnement du premier emprunte certaines prémisses au second. Marcuse ne peut pas faussement réclamer le progrès de la tolérance en défendant une politique d'intolérance à l'égard des opinions qu'il estime erronées et dangereuses. Et quoique le libéralisme de Mill promeuve une vérité du politique ou de la morale publique (c'est tout un chez Mill), il continue d'affirmer que la tolérance des opinions doit être absolue afin que les individus puissent développer par eux-mêmes, sans tuteur, leurs capacités rationnelles. Il reste, malgré ces différences fondamentales, que les contradictions patentes de l'entreprise de Marcuse ne font que révéler les contradictions non apparentes de la conception faillibiliste de Mill, mais aussi de Popper.

### La tolérance comme expression du raisonnable : John Rawls

La tentative faillibiliste pour justifier la tolérance nous paraît clairement un échec. Ce n'est pas parce qu'elle repose sur une conception erronée de l'origine de l'homme, ni parce qu'elle fait obstacle à la recherche de la vérité que la loi Butler est intolérante et illégitime, mais parce qu'elle fait la promotion d'une conception de la vérité comme totalité qui ne peut constituer une base théorique acceptable pour arbitrer les conflits entre les citoyens. Cette thèse défendue par John Rawls caractérise le libéralisme politique qu'il l'a élaborée d'abord dans son œuvre maîtresse *Théorie de la justice* (*TJ*), publiée en 1971, et puis dans l'ouvrage *Libéralisme politique* (*LP*), paru en 1993. L'idée principale est que les règles politiques légitimes sont celles qui sont susceptibles de faire l'objet d'un accord raisonnable entre des citoyens par ailleurs divisés sur les valeurs, les interprétations du monde et le sens de l'existence humaine. Selon cette thèse, la loi Butler ne pourrait être *légitimement* adoptée dans un régime démocratique de tolérance, même si elle recueillait factuellement le suffrage de tous. Dans le contexte du pluralisme axiologique propre à la démocratie contemporaine, la justification de la tolérance passe par la séparation de l'ordre du politique et de l'ordre de la vérité. Il s'agit de rompre avec toute forme de nostalgie pour une politique de la vérité. Le problème n'est pas de savoir si la vérité est accessible ou non, s'il faut être faillibiliste, sceptique ou dogmatique, car même si la vérité était accessible la question de la tolérance ne serait pas résolue pour autant.

Dans cette section, nous allons nous contenter de présenter l'idée séminale du libéralisme politique de Rawls selon laquelle la politique doit être indépendante des controverses sur la vérité. Cette idée se déploie alors sur deux niveaux : tout d'abord, l'indépendance à l'égard de la vérité doit valoir pour la théorie politique elle-même. En ce sens, le philosophe politique doit s'efforcer de ne pas recourir à des conceptions métaphysiques ou morales englobantes quand il propose une conception de la justice; l'élaboration théorique du principe de tolérance est inscrite dans ce programme général. Ensuite, l'indépendance doit se manifester dans les délibérations politiques réelles au cours desquelles les acteurs publics doivent renoncer à utiliser, promouvoir, ou défavoriser intentionnellement une conception particulière de la vérité. Comme Rawls l'affirme d'une sentence limpide, « la conception politique se passe du concept de vérité »[1]. La formule est brutale, excessive même parce qu'elle laisse entendre que la conception politique ne met en œuvre aucune proposition de vérité comme celles qui renvoient à des données empiriques, à des lois sociales, etc. Ce n'est pas le cas; comme nous l'avons dit dans la présentation du voile d'ignorance, les lois générales de l'économie et de la société sont des informations accessibles. Mais même lorsqu'elles sont vraies, ces propositions doivent passer le test de l'acceptabilité raisonnable. Nous laissons volontairement cette condition indéterminée, car elle requiert une délimitation du domaine politique où elle s'applique; nous nous contenterons pour l'instant d'indiquer le type de conception, au sens d'ensemble cohérent de propositions, dont on ne peut prétendre qu'il peut être accepté raisonnablement.

Ce que vise Rawls en particulier, ce sont les conceptions complexes que nous formons – ou dont nous héritons – pour donner une cohérence morale et un sens à notre existence; elles intègrent des considérations sur le bien, sur ce qui fait le succès d'une vie. Ces conceptions, qui incorporent des ingrédients philosophiques, moraux et religieux, sont qualifiées de « compréhensives » (*comprehensive*) par Rawls dans la mesure où elles englobent les différents aspects de la vie humaine. Est compréhensive une conception dont la validité n'est pas limitée à un domaine *spécial* et qui a une portée *générale*. Les conceptions compréhensives sont des conceptions de la vérité comme totalité en ce sens qu'elles donnent une vision cohérente du monde et spécifient ce qu'il faut croire – ce qui est vrai, juste et bon – quel que soit le domaine

1. J. Rawls, *LP*, p. 128.

envisagé. Il en est ainsi des conceptions religieuses qui tendent à régir tous les domaines de l'activité humaine : il ne faut pas s'étonner que les religions ne portent pas en elles le principe de laïcité comme séparation du politique et du religieux puisqu'il est dans leur nature de chercher à satisfaire la totalité des besoins de sens des hommes. Butler pourrait dire que le créationnisme qu'il défend n'est pas de cet ordre car la conception créationniste porte uniquement sur la question de l'origine de l'homme et non de sa destination terrestre, du sens de sa vie mondaine. Il est difficile néanmoins de soutenir un tel argument, car le créationnisme n'est qu'un élément d'une conception religieuse plus générale et ne peut se comprendre que si l'on tient à la conception religieuse dans laquelle il s'inscrit. Du reste, la controverse autour du procès du Singe montrait bien que ce qui était en jeu dépassait la simple enquête factuelle sur l'origine de l'homme : les partisans de l'explication créationniste étaient inquiets de la portée morale de la théorie de l'évolution, comme l'atteste l'ouvrage *Hell and the High Schools* (1923) de l'évangéliste T. T. Martin, héraut du créationnisme moderne.

Il faut noter que les conceptions religieuses ne sont pas les seules conceptions compréhensives, lesquelles peuvent être d'ordre philosophique et moral comme le libéralisme substantiel de Kant ou de Mill, que l'on doit distinguer du libéralisme politique rawlsien. Selon Rawls, chez ces auteurs, la valeur morale de liberté comme autonomie fondent les normes qui doivent s'appliquer dans toutes les sphères de l'activité humaine : les devoirs moraux à l'égard de soi et d'autrui, les principes politiques et juridiques[1]. Or, si l'autonomie peut avoir une validité dans le domaine politique, elle ne doit pas tenir sa valeur de son application dans les autres domaines de l'activité humaine : ce n'est pas parce que l'on croit qu'il est important de réaliser l'autonomie pour réussir sa vie que l'on doit défendre cette valeur dans le domaine politique ; mais ce n'est pas non plus parce que l'autonomie vaut en politique qu'elle doit être mise en œuvre dans les rapports non politiques, ou promue comme la condition d'une vie réussie. Les doctrines épistémologiques, comme certaines formes de scepticisme ou de faillibilisme, et même les conceptions strictement scientifiques peuvent également devenir compréhensives quand on les érige en doctrines politiques afin de

1. *Ibid.*, p. 64, 110. *Cf.* T. Nagel, « Rawls and Liberalism », *in* S. Freeman (ed.), *Cambridge Companion to Rawls*, Cambridge, Cambridge University Press, 2002, p. 75.

régler la vie publique[1]. L'évolutionnisme darwinien a pu être utilisé, contre les convictions de son auteur d'ailleurs, pour défendre des politiques de laissez-faire faisant la promotion de la survie du plus apte dans la sphère sociale et économique, ou des politiques eugénistes[2]. Notons que William J. Bryan, pacifiste engagé, s'opposait vivement à l'enseignement de la théorie de Darwin en raison non seulement de ses croyances créationnistes mais plus encore parce qu'il refusait ses interprétations sociales qui encourageaient le capitalisme du laissez-faire, l'impérialisme et le militarisme[3].

Les individus doivent éviter de promouvoir ce type de conception compréhensive, conception de ce qu'est la vérité dans sa totalité (*truth as a whole*), car une telle conception ne peut servir de fondement commun et public aux principes de justice et aux institutions politiques[4]. Le bénéfice de cette stratégie d'évitement sur laquelle nous reviendrons n'est pas négligeable puisqu'elle permet de laisser la délibération publique se développer de manière pluraliste à l'abri des controverses les plus violentes sur la vérité, sans dégénérer ainsi dans une guerre des mondes moraux. L'autre bénéfice net pour les citoyens est qu'en renonçant à mettre la politique sous condition de la vérité le libéralisme politique n'exige pas des citoyens qu'ils abandonnent leurs croyances au nom d'une conception épistémologique particulière (faillibiliste, sceptique), ni qu'ils reconnaissent leur faillibilité. Le libéralisme politique laisse intactes les croyances des individus ou du moins ne cherche pas à les modifier à partir d'une conception compréhensive rivale.

Le geste inaugural de Rawls, dans *LP*, consiste donc à placer la conception politique au-dessus des disputes philosophiques sur la vérité. Mais qu'est-ce qui justifie ce geste ? Les bénéfices escomptés en ce qui concerne la paix sociale ne suffisent pas à justifier que les acteurs

1. *Cf.* la discussion entre Brian Barry et Charles Larmore, dans B. Barry, *Justice as Impartiality*, Oxford, Oxford University Press, 1995, section 28, p. 173 *sq*.

2. *Cf.* R. C. Bannister, *Social Darwinism : Science and Myth in Anglo-American Social Thought*, Philadelphia, Temple University Press, 1989 ; M. Hawkins, *Social Darwinism in European and American Thought, 1860-1945 : Nature as Model and Nature as Threat*, Cambridge, Cambridge University Press, 1997.

3. *Cf.* J. T. Noonan, E. Gaffney, *Religious Freedom : History, Cases and Other Materials on the Interaction of Religion and Government* (University Casebooks), New York, Foundation Press, p. 822.

4. J. Rawls, *LP*, p. 93.

politiques et les citoyens renoncent à promouvoir leur conception de la vérité alors même qu'on ne leur demande pas de renoncer à leurs croyances. Rawls soutient deux arguments qui débordent le simple constat de l'existence de désaccords moraux profonds entre individus : il affirme que l'usage libre de la raison dans le cadre d'une démocratie libérale engendre une pluralité irréductible d'opinions et de conceptions; et il défend l'idée que la légitimité politique repose sur le caractère acceptable des propositions de justice émises par des citoyens raisonnables – ce qui sous-tend sa démarche contractualiste que l'on présentera dans la prochaine partie. Si l'on ne peut parvenir à un accord sur une conception compréhensive particulière, il est illégitime de vouloir imposer une conception qui, par définition, ne peut être acceptée par tous. Autrement dit, si l'on ne met pas en place des mesures intolérantes et violentes, il n'est pas raisonnable d'espérer une réconciliation des points de vue sur la vie bonne ou la vérité dans sa totalité.

Les deux arguments s'appuient sur une analyse de deux facultés humaines, le rationnel et le raisonnable, dont le conflit constitue la source des désaccords moraux. Par « rationnel », Rawls entend la rationalité instrumentale que les individus mettent en œuvre pour favoriser leurs intérêts propres et satisfaire leurs préférences :

> On se représente un individu rationnel comme ayant un ensemble cohérent de préférences face aux options disponibles. Il hiérarchise ces options selon la façon dont elles réalisent ses buts; il suit le projet qui satisfait le plus grand nombre de ses désirs et dont la réalisation a le plus de chances de succès [1].

La définition de la rationalité adoptée par Rawls dans cet extrait de *TJ* est issue de la théorie sociale et n'implique pas à ce niveau de développement métaphysique. C'est un concept faible de la rationalité qui permet d'expliquer ce qu'est une délibération rationnelle entre individus soucieux de promouvoir leur avantage personnel [2]. Ce point est évidemment discutable, car on pourrait objecter que cette notion de rationalité s'appuie sur une compréhension métaphysique de l'homme, sur une anthropologie contestable. Certains pourront

1. J. Rawls, *TJ*, p. 175.

2. Sur la définition de la rationalité chez Rawls, voir la présentation précise d'Emmanuel Picavet, *Théorie de la justice. Première partie, John Rawls*, Paris, Ellipses, 2001, p. 34-35.

soutenir, ouvrages de philosophie à l'appui, que l'homme est un être de passions, de sentiments, et qu'il est non seulement réducteur de privilégier en lui la faculté rationnelle, mais encore erroné de lui en attribuer une.

Rawls aimerait sans doute éviter ces complications, mais dès lors qu'il affirme que la conception politique se passe du concept de vérité, il est inévitable qu'on lui demande de défendre ses propositions sans développer une conception métaphysique controversée et sans recourir à une théorie épistémologique particulière. Pour couper court à ces objections, Rawls dirait que le problème de la justice ne se pose que lorsqu'il y a des revendications conflictuelles portant sur la distribution des biens et que, pour émettre de telles revendications, les hommes manifestent bien cette faculté rationnelle qui leur permet de concevoir un projet de vie et de réclamer les moyens adéquats pour le réaliser. C'est en quelque sorte une condition de possibilité du problème de la justice. Dans la théorie de la justice comme équité, la rationalité est d'abord entendue comme la faculté de hiérarchiser les fins afin de former un projet de vie cohérent, d'ajuster les fins et les moyens et, le cas échéant, de réviser les fins en fonction des moyens [1]. La rationalité dont il est question est donc strictement technico-pragmatique ou instrumentale. Certes Rawls l'emprunte à la théorie du choix social [2], mais il n'est donc pas nécessaire de mettre en œuvre une conception métaphysique pour rendre compte de cette faculté, puisqu'elle n'implique rien de plus que ce que chacun entend par raison.

Cependant, ce concept de rationalité s'avère insuffisant pour rendre compte de la motivation des individus en matière de justice. Les individus doivent manifester le désir de coopérer selon des principes de justice, désir qui ne peut être dérivé de celui de favoriser son seul intérêt, fût-il bien compris. Pour le dire autrement, à partir de l'intérêt individuel, nous ne pouvons pas construire un concept de l'intérêt commun. Il faut donc admettre que les individus ont un sens de la justice, une disposition raisonnable, qui les conduit à s'engager dans la coopération sociale et à respecter des règles qui sont acceptables pour

1. J. Rawls, *LP*, p. 79. Cette faculté ne prive pas les agents rationnels de sentiments.

2. *Ibid.* Il s'agit en fait d'une conception de la rationalité que l'on trouve chez les économistes comme Kenneth Arrow et Amartya K. Sen. Voir K. J. Arrow, *Social Choice and Inidividual Values*, New York, John Wiley and Sons, 1963 ; A. K. Sen, *Collective Choice and Social Welfare*, Edinburgh, Oliver and Boyd, 1970.

tous. Rawls introduit ainsi, dans *Libéralisme politique*, l'idée du « raisonnable »[1] :

> Ce qui manque aux agents rationnels, c'est la forme particulière de sensibilité morale qui sous-tend le désir de s'engager dans une coopération équitable comme telle, et de le faire dans des termes que d'autres en tant qu'égaux pourraient raisonnablement approuver[2].

Cette formule a une double portée : elle pose que les agents rationnels doivent avoir le désir de la justice, ce qui fait référence au problème de la motivation (*agreement motive*) ; en outre, elle indique que des agents ayant le désir de justice ont aussi le désir de coopérer sur une base acceptable pour tous. Ce qui unit les deux problématiques, c'est la notion de « raisonnable » ou de « raisonnabilité » (*reasonableness*). Parce que les agents rationnels sont aussi des agents raisonnables, ils ont le désir de coopérer selon des règles qui sont publiques, c'est-à-dire selon des règles qu'ils s'engagent publiquement à respecter et qui sont acceptables pour tous. La notion de raisonnabilité correspond à ce que Rawls appelle dans *TJ* le sens de la justice défini comme « désir efficace de respecter les règles existantes et de s'accorder les uns aux autres ce à quoi ils ont droit »[3].

Néanmoins, la notion de raisonnabilité semble non seulement plus obscure mais aussi plus contestable que l'idée de rationalité. En effet, ne pénétrons-nous pas trop profondément dans le domaine de l'anthropologie, en remettant alors en cause l'impératif politique de rompre avec la question de la vérité ? En fait, l'idée de Rawls est que, de la même manière que les individus ne peuvent accéder à la personnalité morale qu'en ayant « l'aptitude à ressentir le respect de la loi morale en

1. On trouve l'idée de « *reasonableness* » au sens d'attitude raisonnable qui consiste à convaincre plutôt qu'à persuader ou à contraindre autrui, dans la conférence de Karl Popper donnée à l'Institut des Arts de Bruxelles en juin 1947, publiée sous le titre « Utopie et violence » (K. Popper, *Conjectures et réfutations*, trad. fr. M. Irène et M. B. de Launay, Paris, Payot, 1985, p. 518-519). À notre connaissance, chez Rawls, cette notion de *reasonableness* apparaît pour la première fois dans les *Dewey Lectures*, série de leçons données en 1980 à l'université de Columbia sur le constructivisme kantien, mais l'idée est en fait déjà présente dans *TJ*.; *cf.* J. Rawls, « Kantian Constructivism in Moral Theory », *Collected Papers*, Cambridge, Havard University Press, 1999, p. 316.

2. J. Rawls, *LP*, p. 79.

3. J. Rawls, *TJ*, p. 350. Le lien entre raisonnabilité et sens de la justice est explicite dans « Kantian Constructivism in Moral Theory » (*op. cit.*, p. 317).

tant que motif en soi suffisant du libre arbitre »[1], ils ne peuvent être des citoyens qu'en ayant l'aptitude à éprouver du respect pour des règles de coopération équitables, indépendamment des avantages personnels qu'ils peuvent en retirer. C'est cette capacité à vouloir coopérer de manière équitable, en respectant les termes de la coopération, que Rawls appelle faculté raisonnable et qui est une forme de « sensibilité morale ». Mais cette idée d'une sensibilité morale, que Rawls met en rapport avec le sentiment moral chez Kant, semble reposer sur une compréhension de la nature humaine qui contredit l'effort de Rawls pour éviter toute conception philosophique controversée qui tende à s'ériger en conception compréhensive. La référence à l'œuvre de Kant, avec toute la métaphysique qu'elle charrie, brouille la signification de la notion rawlsienne de raisonnabilité, et il devient aisé d'objecter à Rawls qu'il ne tient pas ses promesses méthodologiques.

Pour éviter cette objection, il suffit de revenir au problème de la justice, comme nous l'avons fait au sujet de la notion de rationalité : pour que la question de la justice se pose, il faut que les individus aient un projet de vie, une conception du bien qui oriente ce projet, ainsi que les moyens pour le réaliser. En outre, la question de la justice requiert que les individus désirent coopérer selon des principes qu'ils veulent respecter. Nous n'affirmons rien, en disant cela, au sujet de la conception de la justice qu'il convient d'adopter; nous indiquons seulement qu'il n'y a pas de problème de justice sans désir de justice. Cependant, il faut ajouter que Rawls fait l'hypothèse que les individus ne respecteront les principes de la coopération que si deux conditions sont satisfaites : la condition d'acceptabilité et celle de réciprocité. Cela signifie que les individus ne se soumettront aux règles de justice que s'ils les considèrent comme acceptables et s'ils savent que les autres les respecteront. La synthèse de ces deux conditions nous conduit alors à l'idée que les individus sont raisonnables s'ils sont « prêts à proposer des termes équitables de la coopération dont il est raisonnable de penser que d'autres les adopteront également »[2]. Les individus sont ainsi déraisonnables s'ils proposent des principes dont ils savent par avance qu'ils ne sont pas acceptables pour d'autres.

1. Kant, *La religion dans les limites de la simple raison* (1794), trad. fr. J. Gibelin, Paris, Vrin, 1965, p. 47. Cet ouvrage est d'ailleurs cité par Rawls dans *LP* (p. 79).

2. J. Rawls, *LP*, p. 114.

On comprend alors que le rationnel et le raisonnable ne sont pas des notions issues d'une conception anthropologique substantielle, mais qu'ils sont des conditions de possibilité du problème de la justice. Pris ensemble, ils forment ce que Rawls appelle « raison humaine commune » (*common human reason*)[1]. Pour soutenir cette idée d'une raison commune sans recourir à une conception philosophique substantielle, Rawls recourt à des exemples de la langue ordinaire. Ainsi, il écrit dans *LP* :

> Nous disons, par exemple, que "leur proposition était parfaitement rationnelle étant donné leur position de force, mais elle n'en était pas moins extrêmement déraisonnable, scandaleuse même"[2].

Citons aussi les cours de philosophie morale dans lesquels Rawls explicite les deux sens de l'adjectif *vernünftig* chez Kant, qui « couvre à la fois les termes "raisonnable" et "rationnel" dans leur usage courant en anglais ou en français » :

> Dans ces langues, quand quelqu'un nous dit : "Étant donné les circonstances, leur proposition est rationnelle, mais elle n'en est pas moins fort peu raisonnable", nous savons ce qu'il veut dire. À savoir en gros que les personnes en question nous font une proposition sans scrupules dont ils savent qu'elle est dans leur intérêt, mais dont ils peuvent supposer que nous ne l'accepterions pas s'ils ne se trouvaient pas en position de force[3].

Rawls souligne le fait que nous savons qu'il existe une différence entre des propositions rationnelles mais injustes et donc inacceptables, et des propositions qui, tout en étant rationnelles, sont aussi raisonnables, c'est-à-dire justes et acceptables ; notre utilisation du langage ordinaire manifeste ce savoir commun. Reconnaître qu'il existe une différence entre rationnel et raisonnable, et s'efforcer de proposer des termes acceptables de la coopération, c'est simplement être disposé à la justice.

La distinction de ces deux facultés, la rationalité et la raisonnabilité, nous permet d'identifier les sources des désaccords axiologiques qui divisent les individus, dans le conflit des facultés. Rawls désigne ces

1. *Ibid.*, p. 84, 175.
2. *Ibid.*, p. 76.
3. J. Rawls, *Leçons sur l'histoire de la philosophie morale* (2000), trad. fr. M. Saint-Upery et B. Guillarme, Paris, La Découverte, 2002, p. 165.

sources par l'expression de « difficultés du jugement » (*burdens of judgment*). En tant qu'êtres rationnels, nous devons évaluer les moyens adéquats pour réaliser nos buts, ainsi que nos finalités en fonction des options dont nous disposons; nous devons aussi hiérarchiser ces options, et ajuster nos finalités dans un projet de vie cohérent. Dans un monde moral fragmenté, les individus élaboreront des jugements différents, et une variété de conceptions du bien et de projets de vie en découlera. En outre, les facultés sont aussi en conflit l'une avec l'autre en ce sens que nos jugements rationnels doivent être révisés en fonction des intérêts d'autrui. Nous devons insérer notre projet rationnel de vie dans le cadre plus large de la coopération sociale et, par conséquent, prendre en considération les revendications des autres. Ainsi, nos jugements rationnels entrent nécessairement en conflit avec les exigences de la raisonnabilité. Il ressort de ce conflit des facultés des difficultés du jugement qui ne doivent rien aux préjugés, aux intérêts ni aux engagements particuliers des individus – même si ces éléments interviennent souvent et rendent encore plus complexes les jugements théoriques et pratiques[1]. Rawls propose la liste des difficultés du jugement suivante[2] :

(a) La complexité de la preuve empirique et scientifique relative à une question donnée.

(b) La complexité de la pondération des considérations pertinentes au sein d'un jugement.

(c) L'indétermination de nos concepts qui doivent être interprétés.

(d) L'influence de notre expérience totale en tant que citoyen situé.

(e) La difficulté d'établir une évaluation d'ensemble dans un débat qui fait intervenir de nombreuses considérations de poids inégal.

(f) La nécessité de faire des choix axiologiques dans une gamme de valeurs que l'on ne peut pas toutes sélectionner[3].

On constate que les difficultés du jugement affectent à la fois les jugements théoriques et les jugements pratiques. Mais il est très important de rappeler que cette description des difficultés du jugement

1. J. Rawls, *LP*, p. 86-87.

2. *Ibid.*

3. Rawls reprend explicitement la thèse du pluralisme de la valeur d'Isaïah Berlin ; Isaïah Berlin, « Deux concepts de la liberté », *Éloge de la liberté*, trad. fr. J. Carnaud et J. Lahana, Paris, Calmann Lévy, 1988, p. 167-218.

ne s'appuie pas sur une épistémologie particulière, qu'elle soit de type sceptique ou faillibiliste. Rawls insiste sur cet aspect de la théorie :

> Observons qu'ici le fait d'être raisonnable n'est pas une idée épistémologique (bien que ce fait comporte des éléments épistémologiques). Il appartient plutôt à un idéal politique de la citoyenneté démocratique.

Et plus loin, il fait remarquer que « la présentation de ces difficultés ne doit pas ressembler à un raisonnement de type sceptique »[1].
Il est très tentant de s'appuyer sur une doctrine épistémologique particulière pour fonder la tolérance, mais nous avons vu que toutes ces tentatives échouent parce qu'elles sont autant de tentatives pour imposer une conception compréhensive particulière. Cependant, on mesure aussi l'écart entre l'exigence que pose Rawls et la manière dont il aborde le problème des *burdens of judgments*. Il est ainsi surprenant que la première difficulté porte sur la preuve empirique et scientifique puisque l'on quitte dès lors le domaine politique pour décrire le domaine de la recherche scientifique de la vérité. Rawls paraît alors s'appuyer sur une doctrine épistémologique de type faillibiliste pour justifier l'idée de tolérance. La difficulté (c) sur l'indétermination de nos concepts tant éthiques et politiques que scientifiques semble confirmer cette interprétation.

Or il faut être tout à fait catégorique sur ce point : Rawls ne soutient pas, comme Mill ou Popper, que la vérité scientifique est difficile et qu'elle ne peut être obtenue que par un échange critique, ouvert et tolérant, dans lequel la validité des propositions affirmées est provisoire ou en attente d'une falsification. Cette question n'intéresse tout simplement pas la justice. Il n'affirme pas non plus que la tolérance est un bon moyen pour atteindre la vérité et ne se prononce pas du tout sur la vérité des conceptions des individus, ni sur la manière dont on peut parvenir à la vérité : « Dire que des croyances ne peuvent pas être publiquement et complètement prouvées par la raison ne veut pas dire qu'elles ne soient pas vraies »[2]. Par conséquent, nous sommes simplement invités à reconnaître que nos jugements, en général, sont complexes et que nos jugements moraux, en particulier, impliquent une distribution complexe de valeurs et de croyances rendant possible une pluralité de conceptions compréhensives. Par conséquent, on ne peut

1. J. Rawls, *LP*, p. 92.
2. *Ibid.*, p. 193.

espérer qu'ils soient également partagés par tous les individus. La reconnaissance des difficultés du jugement n'a de sens que politique, et non épistémologique.

Cela signifie que dans l'espace public où les questions politiques sont débattues la vérité comme totalité n'est pas pertinente. On ne dit pas qu'elle n'est pas pertinente en soi, mais qu'elle ne l'est pas quand on raisonne dans l'espace public sur des questions de justice. La recherche de la vérité est une finalité très importante de l'activité humaine, mais elle n'intéresse pas la sphère politique. En d'autres termes, il convient de distinguer le laboratoire du scientifique et l'*agora* comme espace public de délibération, distinction négligée par Popper, comme nous l'avons vu. Dans un laboratoire, les scientifiques ont réglé (même de manière provisoire) l'usage de la discussion en vue de la vérité : le type particulier de proposition qui est de leur compétence est soumis à des procédures de falsification, à des preuves expérimentales, etc. Ce n'est pas le cas dans la discussion politique au cours de laquelle les intervenants cherchent à s'entendre sur des normes de justice, des principes de décision qui peuvent être acceptés par tous et faire ainsi l'objet d'un consensus. Dans un tel contexte de délibération, on ne cherche pas à prouver la vérité de ses croyances, mais cela ne veut pas dire qu'elles soient fausses.

Il faut ici apporter une précision importante : les difficultés du jugement ne condamnent pas les individus à ne jamais appuyer leurs raisonnements publics sur des propositions de vérité. Les connaissances de la science ordinaire, les idées communes que l'on n'a pas de raison sérieuse de mettre en doute peuvent tout à fait être mobilisées dans une discussion politique. Rawls lui-même met en œuvre ces connaissances communes dans l'élaboration de sa conception de la justice qui doit bien reposer sur un certain nombre de faits pour être effective[1]. Le commentateur Burton Dreben rappelle avec justesse que les difficultés du jugement portent sur les doctrines compréhensives :

> Il est très clair que lorsque Rawls parle des difficultés du jugement, l'utilisation de ce qui est normalement accepté dans les sciences fait partie de la raison publique. C'est du bon sens. Le scientisme, en

1. J. Rawls, *TJ*, p. 189 : « Il n'y a pas d'objection à faire reposer le choix des premiers principes sur les faits généraux de l'économie et de la psychologie ».

> revanche, est une doctrine compréhensive. C'est peut-être une doctrine compréhensive laïque, mais cela reste une doctrine compréhensive [1].

Le recours à des vérités communes de la science ne pose pas de problème particulier; naturellement, on peut objecter que cette catégorie est indéterminée, et on opposera le fait que certains refusent d'admettre des propositions que d'autres considèrent comme des vérités scientifiquement démontrées. C'est pourquoi Rawls insiste sur l'idée que les connaissances autorisées dans le raisonnement sur les questions de justice doivent être simples et accessibles à tous. Quand les conceptions avancées par les individus sont complexes, ils sont alors soumis aux difficultés du jugement; cela signifie seulement que les individus doivent reconnaître la complexité de leur conception et l'impossibilité d'atteindre un consensus sur elle. Il en est ainsi de la conception créationniste que la loi Butler ne peut rendre acceptable dans le contexte d'une démocratie libérale.

Accepter les difficultés du jugement est une exigence de la raisonnabilité dans la mesure où cela revient à prendre en compte la revendication des autres à pouvoir chercher par eux-mêmes la vérité, sans pour autant tomber dans le scepticisme, ni abandonner notre propre prétention à détenir la vérité. Rawls semble même conditionner la tolérance à la reconnaissance des difficultés du jugement :

> Tenir compte de ces difficultés du jugement est de la plus haute importance pour une conception démocratique de la tolérance [2].

Pourtant, on peut légitimement se demander si, en incluant les difficultés du jugement, la condition de raisonnabilité ne devient pas trop exigeante pour des individus dont la conception compréhensive implique aussi la promotion de la vérité qu'elle contient [3] : les croyances créationnistes selon lesquelles la dignité humaine serait dégradée par la conception évolutionniste incitent les croyants à promouvoir leur conception dans l'espace public.

Il n'est pas inutile de rappeler que l'on n'attend pas des doctrines qu'elles soient « modestes » à l'égard de la vérité ni qu'elles concèdent

1. B. Dreben, « Rawls and Political Liberalism », *in* Freeman (ed.), *The Cambridge Companion to Rawls*, *op. cit.*, p. 345. (Nous traduisons).

2. J. Rawls, *LP*, p. 87.

3. *Cf.* L. Wenar, « Political Liberalism. An Internal Critique », *Ethics* 106(1), 1995, p. 41-46.

le fait que les autres doctrines pourraient contenir la vérité, même partiellement. Les individus eux-mêmes peuvent légitimement affirmer la vérité de leur conception et la fausseté des autres croyances :

> Quand nous allons plus loin que la simple reconnaissance du caractère raisonnable d'une doctrine et que nous affirmons notre croyance en elle, nous ne sommes pas déraisonnables [1].

Cependant, en reconnaissant les difficultés du jugement, nous acceptons que les autres puissent ne pas être d'accord avec nous sur ce qu'est la vérité dans sa totalité, et qu'ils puissent soutenir et défendre leur propre conception compréhensive, bien que nous n'y adhérions pas. Accepter l'existence de conceptions que nous croyons être fausses, accepter le fait que des personnes tiennent pour vrai ce que nous jugeons être une erreur, c'est à proprement parler faire preuve de tolérance [2]; il ne s'agit pas de déduire la tolérance de la conscience du faillibilisme, mais simplement de prendre au sérieux politiquement le pluralisme des conceptions compréhensives et de traiter autrui comme un égal dans la recherche de sens. C'est tout ce qui sépare l'individu raisonnable de l'individu déraisonnable que nous avons dépeint sous les traits de Butler. Pour le fondamentaliste déraisonnable, posséder la vérité nous autorise à l'imposer à celui qui est dans l'erreur, que ce soit par l'usage de la raison ou par l'usage de la force s'il refuse de l'accepter. De son point de vue, ne pas faire valoir son droit à faire connaître la vérité et à l'imposer à ceux qui l'ignorent, cela revient au contraire à reconnaître un « droit à l'erreur » aux ignorants ou aux hérétiques. C'est pourtant le premier sens de la tolérance qui consiste à « consentir un droit à l'erreur ». Cette définition de la tolérance est essentielle, et nous verrons dans la prochaine partie qu'elle constitue encore le noyau d'une conception démocratique de la liberté d'expression. Mais le droit à l'erreur est souvent perçu comme un droit au crime [3] et par conséquent comme un droit qui porte en lui les raisons de son abolition. C'est pourquoi la reconnaissance des difficultés du

1. L. Wenar, « Political Liberalism. An Internal Critique », p. 90.

2. *Cf.* E. Ritchie, « The Toleration of Error », *International Journal of Ethics* 14(2), 1904, p. 161-171.

3. On peut trouver chez Bossuet, par exemple, cette idée que la tolérance n'est qu'une faiblesse coupable à l'égard des hérésies ; *cf.* J. B. Bossuet, *Histoire des variations des Églises protestantes*, Paris, Garnier Frères, 1921.

jugement nous permet d'enrichir cette conception de la tolérance et de lui donner une expression positive.

En effet, en reconnaissant les difficultés du jugement, nous reconnaissons en même temps que les conceptions des autres sont tout aussi raisonnables que les nôtres, bien que nous ne les partagions pas et les croyions erronées. Comme le souligne Rawls, « le libéralisme politique reconnaît comme raisonnables de nombreuses doctrines – religieuses, philosophiques et morales – traditionnelles et bien connues, même si nous ne pouvons pas sérieusement les adopter nous-mêmes »[1]. Cela revient à dire que le raisonnable ne porte pas sur la vérité des doctrines compréhensives, ni même sur leur cohérence logique[2], mais sur la place qu'elles accordent aux valeurs politiques fondamentales, comme le refus de la violence ou la coopération équitable. Ce qui est important, c'est l'idée de réciprocité contenue dans la notion de raisonnabilité : être raisonnable consiste tout à la fois à tenir compte des revendications d'autrui et à lui reconnaître la même disposition à être raisonnable. Eamon Callan rappelle très justement que « Rawls présente la réciprocité et l'acceptation des difficultés du jugement comme deux aspects fondamentaux de l'idée de raisonnable »[3] ; et, plus loin, il ajoute que « l'acceptation des difficultés du jugement est plutôt une manifestation nécessaire de la réciprocité »[4]. En effet, accepter les difficultés du jugement consiste à reconnaître la raisonnabilité des personnes avec qui on s'engage dans la coopération sociale et, par conséquent, à reconnaître qu'il n'est pas scandaleux qu'elles défendent des conceptions compréhensives différentes des nôtres. Cette idée de réciprocité permet de donner un sens plus positif à la tolérance, qui ne consiste pas tant à octroyer aux personnes raisonnables un droit à l'erreur qu'à leur reconnaître ce que nous appellerons un *droit égal à la vérité*.

Cette idée paraîtra bien étrange dès lors qu'on affirme pouvoir continuer d'adhérer de manière exclusive à la vérité de sa propre conception. Rawls semble alors remettre en cause la possibilité d'être raisonnable et d'affirmer en même temps la vérité absolue de sa

1. J. Rawls, *LP*, p. 89.

2. J. Rawls, « The Idea of Public Reason Revisited » (1997), *CP*, p. 592.

3. E. Callan, *Creating Citizens – Political Education and Liberal Democracy*, Oxford, Oxford University Press, 1997, p. 25. (Nous traduisons).

4. *Ibid.*, p. 28. (Nous traduisons).

conception quand il écrit que nous « aimons à voir dans la raison ce qui nous conduit à la vérité et à penser que la vérité est une »[1]. Dès lors, pour être raisonnable, il faudrait admettre que la vérité est plurielle. Nombreux sont ceux qui voudraient voir là une contradiction de la théorie rawlsienne qui invalide le libéralisme politique. Mais c'est oublier que par vérité Rawls entend ici la vérité comme totalité, comme vision du monde, comme conception de la vie bonne. Prises comme des totalités morales et philosophiques, les conceptions de la vérité sont inévitablement multiples et irréductibles les unes aux autres en raison des difficultés du jugement. Or l'amour de la vérité tend à nous faire interpréter nos désaccords comme le résultat de l'ignorance ou de la mauvaise foi, et non de l'usage normal de la raison; nous aurions alors de bonnes raisons de vouloir éradiquer cette ignorance. Dans le passage suivant, Rawls souligne l'importance psychologique de la reconnaissance des difficultés du jugement :

> Il est irréaliste – ou pire, *source de suspicion et d'hostilité réciproques* – de supposer que toutes nos différences sont enracinées uniquement dans l'ignorance et la perversité ou bien dans des rivalités pour le pouvoir, le statut ou les avantages économiques[2].

Si les citoyens n'ont pas l'assurance que les autres ne les considèrent pas comme déraisonnables parce qu'ils défendent des conceptions différentes des leurs, alors ils développeront une méfiance à leur égard et vivront dans un rapport de paix armée. Cette conséquence menace gravement la stabilité de la société libérale. Ainsi, la tolérance démocratique ne consiste pas seulement dans l'acception du désaccord entre les individus comme un simple fait que l'on ne pourrait supprimer – et donc que l'on ne tolère pas non plus – mais elle exige, en outre, de l'accepter comme un désaccord raisonnable (*reasonable disagreement*)[3]. Le désaccord raisonnable oppose donc des personnes qui ne cherchent pas à imposer leurs conceptions compréhensives et dont les conceptions compréhensives elles-mêmes ne prônent pas la domination d'un groupe sur un autre (fidèles/infidèles, croyants/mécréants, initiés/profanes, orthodoxes/hérétiques, etc.). Il n'a de sens que politique.

1. J. Rawls, *LP*, p. 94.
2. *Ibid.*, p. 87. (Nous soulignons).
3. *Ibid.*, p. 84.

Alors comment défendre Scopes? Peut-on promouvoir l'enseignement de l'évolutionnisme à l'école sans reproduire le même tort que ceux qui soutiennent le créationnisme, c'est-à-dire sans tomber dans l'intolérance? Faut-il, quand des doctrines sont si controversées, n'en enseigner aucune ou les enseigner toutes? Toute argumentation faillibiliste en faveur de la tolérance manque sa dimension politique : le problème n'est pas de savoir si on se rapproche de la vérité par la tolérance de conceptions concurrentes (quoique ce soit un résultat souhaitable), mais si on peut prendre une décision politique sur la base d'une conception particulière de l'existence humaine et de la vérité absolue. Le procès du Singe pose de manière exemplaire cette question politique. Or le faillibilisme ne permet pas d'arbitrer des revendications conflictuelles sur l'utilisation des ressources publiques; il nous interdit même de prendre la moindre décision pratique qui a des conséquences sur autrui car, le fondement théorique de nos décisions étant toujours incertain, nous pourrions être responsables de torts faits à autrui pour de mauvaises raisons, ce qui est inacceptable. Dans l'ordre de la connaissance, le faillibiliste peut bien soutenir une conception qu'il sait par ailleurs précaire. Mais la chose est différente dans l'ordre de l'action politique où les décisions ont des conséquences sur l'existence concrète des individus.

Les partisans du créationnisme aux États-Unis ont exploité cette faille pour proposer que l'enseignement de l'évolutionnisme soit systématiquement accompagné de celui du créationnisme[1]. Que peut répondre le partisan d'une tolérance faillibiliste à la demande de traitement égal des deux théories? La réponse est pour le moins incertaine; en effet, en adoptant le point de vue faillibiliste, il devient aisé de soutenir que les partisans de l'évolutionnisme devraient se garder d'affirmer la supériorité de leur théorie, car les hommes qui pensaient détenir la vérité se sont déjà trompés.

Mais est-on mieux armé pour répondre à ce défi avec la thèse rawlsienne de la séparation du politique et de la vérité? Nous voudrions conclure en évoquant quelques bénéfices de cette thèse malgré les difficultés réelles qu'elle présente. L'indépendance de la conception politique signifie que l'État ne peut promouvoir une conception

1. C'est le sens de la loi. *Balanced Treatment for Creation-Science and Evolution-Science Act*, promulguée par l'État de Louisiane en 1981.

substantielle de la vie réussie, ni une vision du monde ou une conception de la vérité comme totalité. En ce qui concerne l'éducation, il ne peut poursuivre que le but de former des citoyens, exerçant leur jugement en vue de devenir membre à part entière de la communauté politique. Le contenu de l'éducation qui remplit cette fonction est sujet à discussion et à variation en fonction des lieux et des époques. Mais une chose est exclue : que l'État éduque les futurs citoyens en leur imposant une conception de la vérité comme totalité.

Il nous semble donc possible de rejeter le traitement égal du créationnisme et de l'évolutionnisme sans impliquer l'État dans une controverse sur la vérité. Il suffit d'identifier les disciplines auxquelles on souhaite voir former nos futurs citoyens, notamment en raison de leur utilité sociale. Si l'une de ces disciplines est la biologie, les conceptions enseignées devront satisfaire les critères retenus par les biologistes. Il n'appartient pas aux promoteurs du créationnisme de décider si cette théorie doit être enseignée au même titre que l'évolutionnisme car les deux théories n'appartiennent tout simplement pas au même registre de discours. Les juges de la Cour suprême des États-Unis [1] l'ont bien compris et ont rejeté le traitement égal dans l'affaire *Edwards* en 1987. C'est à partir de ce moment que le créationnisme a opéré sa mue pour acquérir ses titres scientifiques, sans que cela ne trompe personne. Mais le statut politique, et pas seulement scientifique, des deux doctrines sur l'origine des espèces est différent : l'enseignement de l'évolutionnisme ne porte pas en lui une conception de la vérité comme totalité et laisse tout à fait indéterminées les questions morales et politiques, et même le questionnement religieux. Ce n'est pas le cas de la théorie créationniste, de sorte que l'État peut refuser d'en faire l'objet d'un enseignement public, sans pour autant tomber dans l'intolérance. Ajoutons qu'une conception morale laïque qui voudrait donner un sens à l'existence humaine ne pourrait pas davantage être enseignée. Les déclarations du ministre français de l'Education nationale, M. Peillon, sur l'enseignement de la morale laïque sont exemplaires [2] : se référant à Ferdinand Buisson, qui conçoit la laïcité comme une « religion nouvelle », il affirme que « l'école de la républi-

1. Nous utiliserons désormais l'abréviation CS pour « Cour suprême » et CS (É.-U.) pour « Cour suprême des États-Unis ».

2. Entretien avec V. Peillon, « Qu'est-ce que la morale laïque ? », *Cités* 4(52), 2012, p. 95-99.

que est […] la mise œuvre d'un véritable pouvoir spirituel, portant et transmettant des valeurs »; et plus loin : « La laïcité […] c'est une volonté, un idéal et une foi, non la seule organisation d'un consensus ou d'une paix sociale comme coexistence de communautés. » Il est très clair que ce type de conception de l'enseignement moral est incompatible avec la tolérance fondée sur la séparation du politique et de la vérité.

CHAPITRE II

# LA LIBERTÉ D'EXPRESSION ET SES LIMITES

La célébrité internationale, Kåre Bluitgen la doit moins à la qualité littéraire et philosophique de son œuvre qu'à sa valeur polémique. Ce citoyen danois de 53 ans, militant d'extrême-gauche dans les années 1970, professeur des écoles, journaliste, romancier et essayiste, s'est fait connaître hors du Danemark en 2005 quand il rédigeait un livre pour expliquer l'Islam aux jeunes danois, *Koranen og profeten Muhammeds liv* (*Le Coran et la vie du prophète Mahomet*). Entre le moment de la rédaction et celui de la publication en 2006, éclate l'affaire desdites « caricatures de Mahomet » à laquelle Bluitgen n'est pas étranger. Rappelons brièvement la genèse de cette affaire[1].

À l'été 2005, Bluitgen se déclare dans l'impossibilité de trouver un illustrateur pour agrémenter son texte sur la vie de Mahomet. Un premier illustrateur contacté aurait refusé le projet par peur de représailles; il aurait été découragé par l'exemple du réalisateur néerlandais Théo Van Gogh assassiné quelques mois auparavant par un fondamentaliste musulman en raison de son court-métrage *Submission* (*Soumission*) sur les mauvais traitements subis par les femmes musulmanes. Après qu'un deuxième illustrateur a également décliné son invitation pour des motifs semblables, Bluitgen fait circuler l'idée qu'il existe désormais une « peur intense de la critique de

1. Nous renvoyons à deux ouvrages substantiels sur cette affaire : J. Klausen, *The Cartoons that Shook the World*, New Haven, Yale University Press, 2009; J. S. Nielsen (ed.), *Islam in Denmark : The Challenge of Diversity*, Plymouth, Lexington Books, 2011.

l'islam »[1] incitant les auteurs et illustrateurs à s'autocensurer pour ne pas provoquer la colère des musulmans. Cette idée n'est pas nouvelle dans le paysage politique et médiatique danois depuis le début de la décennie. Un quotidien en particulier, le *Jyllands-Posten*, que l'on compare généralement au *Figaro*, a joué un rôle majeur dans la diffusion de cette thèse, et c'est presque naturellement qu'il s'empare de l'histoire de Bluitgen.

Moins pour défendre la liberté d'expression contre l'intolérance islamique que pour mesurer le degré d'autocensure sur la question musulmane, la rédaction du *Jyllands-Posten* décide de lancer un appel à contribution auprès des membres de la société des dessinateurs sur le thème de la représentation du Prophète. Le 19 septembre 2005, Flemming Rose, responsable de la section Culture, leur envoie une lettre faisant état des difficultés rencontrées par Bluitgen et les invitant à « dessiner Mahomet tel qu'ils le voient ». Sur quarante-deux membres, douze rendent leur copie. Les illustrations sont publiées dans l'édition du 30 septembre 2005 sous le titre « Le visage de Mahomet ». Dans son éditorial, le rédacteur en chef du quotidien, Carsten Juste, s'en prend aux représentants officiels de l'islam qui font preuve d'une « sensibilité pathologique » à la moindre critique. L'article de Flemming Rose qui accompagne les dessins dénonce l'attitude obséquieuse à l'égard des musulmans qui satisfait leur exigence de traitement spécifique. Rose en vient même à comparer la société danoise à une société totalitaire dans laquelle on emprisonne les dissidents qui osent se moquer du dictateur. On trouve également ce motif idéologique dans l'œuvre Bluitgen. L'accord est parfait.

Les douze dessins publiés ne représentent pas tous le Prophète et ne caricaturent pas les musulmans. Plusieurs dessins étaient tout à fait neutres, comme celui qui dépeint Mahomet en bédouin marchant dans le désert; d'autres tournaient même en dérision l'entreprise du *Jyllands-Posten* : on voit par exemple Bluitgen gratifié d'une orange qui tombe dans son turban, symbole danois d'une fortune non méritée[2]. Cependant, d'autres vignettes sont explosives, comme celle, la plus controversée, qui montre le Prophète portant un turban en forme de bombe avec la profession de foi islamique (la « *Chahada* ») inscrite

1. C'est le titre même d'un article sur Bluitgen paru le 17 septembre 2005 dans le quotidien danois *Politiken* : « Dyb angst for kritik af islam ».

2. *Cf.* les précieux commentaires de Jytte Klausen (*op. cit.*, p. 20 *sq.*).

dessus; ou encore celle qui figure un Prophète menaçant, sabre à la main, et paraissant s'interposer entre le lecteur et deux jeunes femmes couvertes d'un voile intégral. Un lien entre Islam et violence est explicitement suggéré et, même si ce n'était pas l'intention du dessinateur du turban à la bombe[1], c'est cette interprétation que les lecteurs, musulmans ou non, ont spontanément retenue.

À peine publiés, les dessins du *Jyllands-Posten* sont l'objet d'une vive contestation de la part d'organisations musulmanes danoises. Des menaces de mort sont envoyées aux dessinateurs; on constate néanmoins que ce n'est que le fait d'adolescents isolés. Mais bientôt l'affaire prend une dimension internationale quand l'Organisation de la Conférence islamique adresse une lettre au Premier ministre Rasmussen pour lui faire part de leur consternation au sujet des dessins du *Jyllands-Posten*, mais aussi des propos insultants proférés par des hommes politiques danois. Dès le 17 octobre 2005, les dessins sont reproduits dans le journal égyptien *Al Fajr* qui leur donne une large audience dans les pays à majorité musulmane. En France, alors que les manifestations se multiplient dans le monde début 2006, le journal *France-Soir* décide de les publier le 1er février, suivi par l'hebdomadaire *Charlie Hebdo*, ce qui déclenchera une séquence judiciaire houleuse avec la plainte d'organisations musulmanes.

L'affaire des «caricatures de Mahomet» pose clairement la question de la tolérance des opinions offensantes, de la liberté d'expression et de ses limites. En l'occurrence, on peut se demander si la tolérance comprend le droit d'offenser: fallait-il publier ces dessins sachant qu'ils heurteraient des croyants, ou bien les interdire? Et les individus qui réclament la censure de ces dessins sont-ils des intolérants ou des victimes stigmatisées par une majorité hostile? Avant de répondre à ces questions pratiques, nous allons d'abord nous donner un cadre de réflexion qui respecte la contrainte de séparation du politique et de la vérité. Cette contrainte nous oblige à prendre au sérieux la diversité irréductible des conceptions du monde et de la vie bonne, et à renoncer à faire de la tolérance un instrument de recherche de la vérité.

Dans un premier temps, nous justifierons donc le principe de tolérance comme principe de liberté de conscience et d'expression en recourant à la méthode du contrat social renouvelée par John Rawls.

1. *Ibid.*, p. 21-22.

Cette méthode, qui consiste à dégager les termes d'une conception de la justice en faisant intervenir des raisons acceptables par tous dans une situation idéale d'équité, nous permet d'éviter l'écueil de la justification faillibiliste et de réaliser le programme d'une séparation du politique et de la vérité. Puis, nous discuterons les implications pratiques du principe de liberté de conscience en analysant le cas du blasphème. Nous défendrons l'idée que, même si l'expression d'une opinion peut heurter la sensibilité de certains individus, cela ne constitue pas une raison suffisante et légitime pour l'interdire. Enfin, en deux temps, nous essaierons de dégager les limites de l'application légitime du principe de tolérance en examinant le cas des discours extrêmes.

## UNE JUSTIFICATION DÉONTOLOGIQUE DE LA TOLÉRANCE

Comme question politique, la tolérance est indiscutablement liée au problème de la légitimité et de la justification de l'usage de la force publique dans un contexte de pluralité des conceptions de la vie bonne. La tolérance implique que le conflit initié par un désaccord substantiel sur la vie bonne ne soit pas résolu par l'exclusion d'un ensemble de conceptions du bien au moyen de la censure ou de la pénalisation. Une stratégie possible pour élaborer une théorie robuste de la tolérance consiste donc à éviter d'arbitrer philosophiquement entre les différentes conceptions du bien et d'en promouvoir une. Il s'agit ainsi de penser la tolérance et plus largement la justice sociale comme indépendantes d'une conception particulière du bien qui serait le but (*télos*) de l'organisation politique. Autrement dit, il faut renoncer à une théorie téléologique de la tolérance, comme le faillibilisme politique, au profit d'une théorie déontologique qui protège les droits sans les conditionner à la réalisation d'une finalité particulière.

La conviction de Rawls est que la méthode du contrat social permet seule de justifier des droits qui sont indépendants de finalités morales controversées, d'exprimer adéquatement les attentes de personnes qui se conçoivent comme libres et égales entre elles, et finalement de mieux tenir compte de la pluralité des conceptions du bien que les autres méthodes philosophiques. Cette idée a été bien perçue par ses contemporains comme Jean Hampton, Michael Sandel ou Paul Kelly qui ont pourtant sévèrement jugé la réalisation de l'entreprise rawlsienne[1]. Pour Kelly, ce qui rend attrayant l'artifice contractualiste, c'est sa capacité à fournir une base de justification de principes communs dans des circonstances où il n'existe pas de consensus sur le bien commun; le contrat permet alors de « réaliser le programme libéral dans une société caractérisée par le pluralisme »[2]. Quant à Jean Hampton, elle a insisté sur la condition de réciprocité et sur la prise en considération mutuelle des intérêts par les contractants, qui conditionnent le processus de négociation équitable[3]. Dans tous les cas, comme l'écrit Rawls, « le mot "contrat" suggère cette pluralité »[4]. La pluralité des points de vue rend nécessaire le contrat qui tient compte de cette pluralité, et le résultat du contrat doit refléter et maintenir la pluralité des points de vue qui l'a initié; c'est le cas avec l'adoption d'un principe de tolérance, comme nous allons à présent le montrer.

Prise très abstraitement, la théorie du contrat social est une méthode de justification des principes politiques dont la validité repose sur un accord unanime des individus dans une situation idéale. La méthode contractualiste consiste alors dans une formalisation des rapports entre individus conçus abstraitement. Cette formalisation prend d'abord la tournure d'une stylisation des rapports humains dans un récit des origines. Pour le dire simplement, les théoriciens du contrat social sont des scénaristes qui imaginent une situation fictive (l'état de nature) dans laquelle ils placent des personnages qui n'ont pas de lien politique et sont en proie à des conflits sérieux sur la répartition des ressources disponibles. Le scénario contractualiste décrit la manière dont les personnages vont parvenir à s'entendre sur des principes communs qui rendent possible leur coopération. Les représentants les plus importants de cette tradition philosophique sont sans aucun doute Hobbes, Locke,

1. J. Hampton, « Contracts and Choices : Does Rawls Have a Social Contract Theory ? », *Journal of Philosophy* 77, 1980, p. 315-338 ; M. Sandel, *Le libéralisme et les limites de la justice* (1982), trad. fr. J.-F. Spitz, Paris, Seuil, 1999, p. 187 ; P. Kelly, « Justifying "justice" », *in* D. Boucher, P. Kelly (eds), *The Social Contract from Hobbes to Rawls*, London, Routledge, 1994, p. 226-244.

2. P. Kelly, « Justifying "justice" », *op. cit.*, p. 232.

3. J. Hampton, « Contracts and Choices : Does Rawls Have a Social Contract Theory ? » *op. cit.*, p. 322.

4. J. Rawls, *TJ*, p. 43.

Rousseau et Kant; Rawls se présente comme le continuateur de l'œuvre de ces deux derniers auteurs [1].

L'imagination joue un rôle important dans le succès de la méthode contractualiste. Outre le plaisir esthétique qu'elle procure, elle assure une fonction cognitive. En effet, elle permet de rendre sensibles les contraintes d'un raisonnement moral en nous faisant prendre la place de l'autre et en nous projetant dans une situation où les injustices de la société réelle sont suspendues; ainsi, nous sommes libérés des habitudes et des attentes créées par l'organisation politique particulière de la société à laquelle nous appartenons, et notre jugement gagne en impartialité. La méthode du contrat social réalise alors deux conditions essentielles d'un raisonnement approprié sur les principes politiques: l'autonomie des individus et l'impartialité de leur jugement. Par ailleurs, la fiction de l'état de nature permet de maintenir un rapport étroit avec le réel, car nous pouvons nous reconnaître en ces personnages autant que nous nous reconnaissons en Robinson Crusoé, Madame Bovary, ou Hamlet. Cette remarque permet de nuancer une critique trop souvent adressée au contractualisme selon laquelle la théorie du contrat joue avec des simulacres d'êtres humains qui ne raisonnent pas comme nous et qui ne peuvent donc pas nous enseigner les règles légitimes d'une organisation politique effective.

Nous allons cependant nous passer de la fiction pour présenter uniquement les caractéristiques conceptuelles d'un raisonnement contractualiste. Nous suivons en cela Rawls qui explique vouloir « généraliser et porter à un plus haut degré d'abstraction la théorie traditionnelle du contrat social telle qu'elle se trouve chez Locke, Rousseau et Kant » [2]. Pour éviter tout malentendu, la méthode contractualiste ne requiert pas un contrat actuel entre des individus réels, ni même une pluralité de sujets qui délibèrent ensemble. Chacun – chaque citoyen, et d'abord chaque lecteur – est appelé à raisonner solitairement. Le raisonnement est contractualiste s'il cherche à dégager des principes politiques moralement acceptables par tous les citoyens, quelle que soit leur situation sociale. Acceptables dans la situation théorique du contrat social, les principes politiques sont légitimes et doivent être acceptés dans la réalité sociale. La théorie rawlsienne

1. Pour une étude synthétique et particulièrement claire du contractualisme classique, *cf.* J. Terrel, *Les théories du pacte social*, Paris, Seuil, 2001.

2. J. Rawls, *TJ*, préface, p. 20.

du contrat met en œuvre six éléments afin de donner un contenu à cette idée.

I) La position originelle : il s'agit de la situation théorique où a lieu le contrat. Elle équivaut à l'état de nature dans les théories classiques du contrat social. Les individus qui contractent sont les représentants des citoyens et sont eux-mêmes des citoyens qui retrouveront leur place dans la société une fois sortis de la position originelle. L'idée de position originelle est de créer les conditions d'un accord équitable en imposant des contraintes raisonnables sur l'argumentation en faveur de la justice. Le résultat de la procédure de sélection des principes tire son équité de l'équité de la procédure elle-même, et uniquement d'elle. Pourvu que le choix soit fait dans des circonstances équitables, la conception de la justice sélectionnée sera équitable[1]. Dans la position originelle, les individus raisonneront de manière strictement rationnelle et instrumentale, chacun désirant promouvoir ses intérêts et ceux des citoyens qu'ils représentent. Ce qui garantit l'équité du résultat, c'est qu'ils sont soumis à des contraintes raisonnables. En outre, la procédure dans la position originelle est contractualiste dans la mesure où les individus doivent parvenir à un accord sur les mêmes principes de justice, c'est-à-dire que leur raisonnement est contraint par l'idée que les autres doivent parvenir au même résultat ou doivent être d'accord avec le choix effectué de n'importe quel partenaire.

II) Les circonstances de la justice : les individus doivent tenir compte de deux circonstances de la justice qui rendent « à la fois possible et nécessaire la coopération humaine »[2]. Rawls distingue les circonstances objectives qui renvoient aux conditions extérieures du conflit entre les individus et de leur coopération : ils vivent sur un territoire délimité, et les ressources ne sont pas abondantes. Quant aux circonstances subjectives, elles spécifient les dispositions subjectives des individus : ils ont des besoins et intérêts semblables et complémentaires ; ils ont, enfin, des capacités intellectuelles limitées et semblables,

1. Sur les difficultés du procéduralisme rawlsien, voir en particulier la critique de Sandel, *Le libéralisme et les limites de la justice*, *op. cit.*, p. 165-167, 181 *sq.* On peut aussi se reporter à l'essai de Paul Ricœur, « John Rawls : de l'autonomie morale à la fiction du contrat social », dans *Lectures 1*, Paris, Seuil, 1991, en particulier p. 201-203.

2. J. Rawls, *TJ*, p. 159 *sq.* Rawls reprend cette idée à Hume ; *cf.* D. Hume, *Traité de la nature humaine* (1740), livre III *La morale*, trad. fr. Ph. Saltel, Paris, Flammarion, 1993, p. 84-103). Voir les commentaires de H. L. A. Hart, *The Concept of Law*, Oxford, Oxford University Press, 1961, p. 187 *sq.*

ce qui les conduit à développer des projets de vie différents ainsi que des conceptions philosophiques, morales et religieuses, variées et parfois en conflit.

III) Les facultés des contractants : bien que bornés intellectuellement, les individus dans la position originelle sont rationnels au sens où nous l'avons déjà vu[1] : ils ont des préférences cohérentes qui définissent un projet de vie rationnel[2], et cela implique qu'ils puissent réviser leur système de préférences s'il n'est pas cohérent, ou si le contexte et les possibilités réelles d'action l'exigent[3]. Par ailleurs, les contractants ne manifestent pas de passions particulières à l'égard d'autrui comme la sympathie, l'égoïsme ou l'envie. Ils n'ont d'intérêt que pour leur propre sort et ne manifestent pas d'intérêt pour autrui (ils sont mutuellement désintéressés). Ils ne comparent pas leur sort à celui d'autrui et, en particulier, ne prennent pas de satisfaction particulière à voir autrui dans une situation plus défavorable ; ils ne formulent pas non plus de revendications simplement parce qu'autrui a plus de biens mais uniquement s'ils considèrent qu'ils ne disposent pas des biens nécessaires à la réalisation de leur système de fins[4]. L'intérêt de soi et le désintérêt mutuel constitueraient finalement les formes d'un sentiment moral partagé par l'ensemble des contractants dans la position originelle[5]. Enfin, les individus dans la position originelle sont certes strictement rationnels et mutuellement désintéressés mais, pour pouvoir conclure un accord, il faut qu'ils aient de bonnes raisons de penser que l'accord conclu sera respecté. Or la condition de possibilité de l'accord réside dans le fait qu'ils sont capables d'avoir un « sens de la justice » et d'être « raisonnables », pour reprendre l'expression du *LP*. Dès lors, les contractants ne s'engagent pas à la légère, pensant

1. Cf. *supra*, p. 51 *sq*.

2. J. Rawls, *TJ*, p. 449 *sq*.

3. J. Rawls, *TJ*, p. 124. Sur la question cruciale de la révisabilité des préférences ou des plans de vie rationnels, voir en particulier A. Buchanan, « Revisability and Rational Choice », *Canadian Journal of Philosophy* 5, 1975, p. 395-408.

4. Sur l'envie, *cf.* J. Rawls, *TJ*, p. 175. Pour une lecture critique de ce thème chez Rawls, voir J.-P. Dupuy, *Le sacrifice et l'envie*, Paris, Calmann-Lévy, 1992.

5. D'une certaine manière, Rawls renoue avec la théorie rousseauiste de l'amour de soi, passion antérieure aux passions sociales, qui n'implique ni l'égoïsme ni l'envie ; ces dernières se développent dans la vie sociale, comme effets de l'amour-propre. Pour une analyse critique du motif rousseauiste de l'amour-propre chez Rawls, nous renvoyons à l'étude précise de C. Spector « Le prisme rawlsien », dans *Au prisme de Rousseau. Usages politiques contemporains* (Oxford, Voltaire Foundation, 2011, p. 103-138).

pouvoir à tout moment être déliés de leurs engagements : ils doivent reconnaître les liens de l'engagement[1].

IV) L'information disponible : dans la position originelle, les individus sont recouverts d'un « voile d'ignorance » ; c'est une contrainte épistémique essentielle dans le dispositif rawlsien. Les individus ne disposent d'aucune information particulière ni sur leur identité ni sur la société à laquelle ils appartiennent[2]. Ils ne connaissent pas leur conception du bien ni leur rang social. Ils ne savent pas de quel pays ils viennent, quelles sont ses ressources naturelles, sa taille, sa démographie, la composition et les opinions des différents groupes sociaux, etc. Ils ignorent les phénomènes sociaux comme les courants religieux ou philosophiques : par exemple, les individus ne savent pas s'ils sont athées, catholiques ou musulmans, mais ils ignorent également si, dans leur société, il y a des athées, des catholiques et des musulmans, et en quelle proportion.

Le voile d'ignorance permet de neutraliser les contingences qui pourraient être utilisées en vue d'un avantage personnel et assure ainsi les conditions d'un accord équitable (*fair*)[3]. On évite ainsi que la délibération sur les principes de la justice ne prenne la forme d'un marchandage ou que le contrat ne soit que l'enregistrement des rapports d'intérêts. Dans ce cas, le contrat n'exprimerait pas l'accord de personnes autonomes mais d'individus hétéronomes dont la volonté serait déterminée par des désirs ou des intérêts particuliers. Une autre fonction du voile d'ignorance consiste à situer les individus dans la même position réflexive de sorte qu'ils développent le même raisonnement. Rawls explique que « puisque les partenaires ignorent ce qui les différencie, et qu'ils sont tous également rationnels et placés dans la même situation, il est clair qu'ils seront tous convaincus par la même argumentation »[4].

1. *Ibid.*, p. 177, 206.

2. Il est possible de défendre l'hypothèse que les individus pourraient disposer de ces informations sans pour autant en tenir compte dans la procédure contractualiste. C'est du reste ainsi que Rawls a raisonné jusqu'en 1971, c'est-à-dire jusqu'à la publication de *TJ*. Il est remarquable que dans « Justice as Fainess » (1958), Rawls n'ait pas besoin de la contrainte sur l'information pour formaliser une procédure contractualiste de sélection des principes de justice.

3. J. Rawls, *TJ*, p. 168.

4. J. Rawls, *TJ*, p. 171. En affirmant cela, Rawls s'expose à l'objection selon laquelle il n'y a pas de contrat derrière le voile d'ignorance.

En revanche, les contractants ont accès à deux types d'information : tout d'abord, ils ont à leur disposition toutes les informations générales « pertinentes », comme les lois et les théories générales sur la psychologie humaine. Il faut entendre par là les tendances psychologiques des individus qui rendent possible la coopération sociale selon des principes de justice. Il faut en particulier que les principes de justice choisis assurent la stabilité de la coopération sociale; or certains principes sont probablement trop exigeants, compte tenu de certaines tendances psychologiques[1]. En outre, les partenaires connaissent les règles générales du fonctionnement de la société, ce qui comprend les lois économiques générales admises par des auteurs de courants philosophiques et politiques différents[2]. Le deuxième type d'information concerne les biens qui sont l'objet de la répartition sociale.

V) Les biens premiers et la structure de base de la société : pour pouvoir procéder au choix des principes de justice, il est nécessaire de connaître le *distribuendum* (ce qu'il y a à distribuer). Le *distribuendum* est constitué de l'ensemble des biens premiers (*primary goods*) que tout individu désire rationnellement posséder pour accomplir son projet de vie selon sa conception du bien, quelle qu'elle soit[3]. Le panier de biens premiers comprend des biens naturels comme la santé ou les capacités intellectuelles, et des biens sociaux comme les revenus mais aussi les libertés, les droits et les opportunités[4]. L'organisation sociale ne peut assurer la possession des premiers, même si elle a une influence sur leur développement; en revanche, elle a un contrôle sur les deuxièmes. On peut s'étonner que Rawls présente les libertés comme des biens à

1. Pour plus de détails sur les principes de la psychologie morale, voir J. Rawls, *TJ*, p. 529 *sq*.

2. La connaissance de ces lois est néanmoins problématique car, comme le montre R. P. Wolff, elle implique le plus souvent la connaissance des faits particuliers sur la société, à partir desquels on peut procéder à une élaboration inductive des lois politiques, sociales et économiques. *Cf.* R. P. Wolff, *Understanding Rawls*, Gloucester, Peter Smith, 1990, p. 119 *sq*.

3. Nous nous en tenons à la première définition des biens premiers donnée par Rawls dans la section 11 de *TJ* (p. 93), qui est reprise dans la section 15.

4. Nous traduisons l'anglais « opportunity » par « opportunité » même si l'usage de ce terme est un anglicisme. Pour une présentation de la théorie des biens premiers, voir Robert Paul Wolff, *Understanding Rawls*, *op. cit.*, p. 133 *sq.* ; V. Muñoz-Darde, *La justice sociale*, Paris, Nathan, 2000, p. 74-77 ; S. Chauvier, « Biens premiers et besoins fondamentaux », dans Audard (dir.), *John Rawls, Politique et métaphysique*, *op. cit.*, p. 63-94. Sur la critique de la neutralité de la théorie des biens premiers, voir A. Schwartz, « Moral Neutrality and Primary Goods », *Ethics* 83(4), 1973, p. 294-307.

répartir[1], mais la définition qu'il donne des biens premiers devrait lever le malentendu : un bien est défini par sa valeur instrumentale pour un accomplissement humain; ce n'est pas d'abord une « chose » que l'on possède et manipule. Les libertés sont des biens en tant que possibilités d'action conférées à l'individu par l'arrangement institutionnel. Cette idée de biens premiers s'articule à celle de structure de base de la société qui correspond à l'ensemble des institutions politiques, économiques et sociales qui forment un système. Les institutions de la structure de base répartissent les droits et les devoirs ainsi que les fruits de la coopération, et c'est pourquoi la conception de la justice doit être conçue pour s'appliquer au schème institutionnel d'une société bien ordonnée.

VI) Les contraintes formelles du juste : le raisonnement des contractants est déjà contraint par les caractéristiques de la position originelle, mais il doit également satisfaire cinq « contraintes formelles du juste »[2]. La première, la plus évidente, veut que les principes soient « généraux », c'est-à-dire qu'ils ne prévoient pas dans leur formulation des « noms propres ou des descriptions définies dissimulées »[3]. Un principe ne peut consister dans l'attribution d'un privilège ou d'un tort à une personne, voire un groupe en particulier. En fait, cette condition est déjà assurée par le dispositif du voile d'ignorance[4]. La deuxième contrainte est l'universalité d'application des principes : on doit prévoir que les conséquences affecteront tout le monde. On ne peut proposer des principes de justice qui formulent des conditions d'exceptionnalité, certains individus pouvant obéir à d'autres principes de justice que ceux choisis.

1. *Cf.* I. M. Young, *Justice and the Politics of Difference*, Princeton, Princeton University Press, 1990, p. 25-27. Young explique que les droits ne peuvent pas être conçus comme des choses que l'on possède, car « les droits sont des relations et non des choses » (p. 27). Voir également E. Renault, *L'expérience de l'injustice*, Paris, La Découverte, 2004, p. 78 *sq.*, p. 152.

2. Voir l'exposé complet des contraintes formelles du juste, *TJ*, *op. cit.*, p. 163 *sq.*

3. La notion de description définie est empruntée à Bertrand Russell qui considère que les noms propres sont des abréviations de descriptions définies ; *cf.* B. Russell, « La philosophie de l'atomisme logique » (1918), dans *Écrits de logique philosophique*, trad. fr. J.-M. Roy, Paris, P.U.F., 1989, p. 359.

4. Du reste, Rawls le reconnaît immédiatement après avoir énoncé cette contrainte de généralité : « Puisque les partenaires n'ont pas d'information précise sur eux-mêmes ou leur situation, ils ne peuvent pas, de toute façon, s'identifier eux-mêmes » (*TJ*, p. 164).

La troisième contrainte, la plus importante, est la publicité de la conception de la justice. La publicité signifie d'abord qu'il n'y a pas de secret dans le fonctionnement des institutions sociales et qu'elles sont régulées par des règles de justice publiquement reconnues. Chacun doit connaître les principes de justice qui s'appliquent universellement selon la deuxième contrainte, et chacun sait que les autres ont adopté les mêmes règles de justice. Il s'agit finalement d'une condition épistémique de la vie publique. Mais la publicité ne consiste pas seulement dans un savoir public, accessible à tous les partenaires. L'idée de publicité renvoie aussi, peut-être d'abord, à l'idéal d'acceptabilité : les règles sont publiques quand elles sont élaborées et adoptées sur la base d'arguments acceptables pour tous et d'une manière que tous peuvent pratiquer; chacun a alors de bonnes raisons de croire que les autres ont adopté les mêmes règles sur une base commune. Ce fait a alors des conséquences sur la stabilité de la coopération sociale puisqu'il renforce la confiance entre les individus [1].

Les deux dernières contraintes du concept de juste sont celles de relation d'ordre (*ordering*) et de finalité (*finality*). Selon la première, les principes de justice doivent permettre d'arbitrer les différentes revendications conflictuelles et de les hiérarchiser de manière transitive. Selon la contrainte de finalité, il n'y a pas de principe d'arbitrage plus élevé que les principes de justice pour trancher entre les revendications : on ne peut pas les mettre en balance avec d'autres principes d'arbitrage comme ceux de l'intérêt personnel, la prudence, la responsabilité. On peut dire, en utilisant un vocabulaire kantien approprié, que les principes de justice sont catégoriques dans la mesure où ils l'emportent (*override*) toujours sur toute autre considération. Quand ils choisissent les principes de justice, les partenaires savent que leur décision est irrévocable [2], que les principes seront « finaux » et que les arbitrages qui s'appuieront sur ces principes seront définitifs.

L'intérêt de la construction de la position originelle est de ménager une place pour le pluralisme des conceptions du bien. Certains théoriciens ont vigoureusement contesté cela et, selon une critique souvent adressée à Rawls, la théorie de la justice méconnaît la dimension

1. Voir l'article éclairant de Ch. Larmore « Public Reason », *in* Freeman (ed.), *The Cambridge Companion to Rawls*, *op. cit.*, p. 368-394 ; voir en particulier la partie I consacrée à la publicité dans la *TJ* (*ibid.*, p. 369 *sq.*).

2. *Ibid.*, p. 174.

essentiellement pluraliste de la société[1]. Pourtant, une lecture attentive des conditions du contrat dans *TJ* nous permet d'affirmer que Rawls prend au sérieux le pluralisme axiologique et idéologique en général (moral, religieux ou philosophique):

> Les partenaires doivent admettre qu'ils ont des intérêts moraux, religieux ou philosophiques qu'ils ne peuvent pas mettre en danger, sauf s'il n'y a pas le choix. On pourrait dire qu'ils se considèrent eux-mêmes comme ayant des obligations morales ou religieuses qu'ils doivent rester libres d'honorer[2].

L'insistance de Rawls sur les préférences individuelles et sur leur satisfaction a largement occulté le fait que, dans *TJ*, Rawls ne se contente pas d'évaluer les conceptions du bien comme de simples préférences mais comme des éléments de l'identité des individus qu'ils ne sauraient «brader» ou négocier pour obtenir une satisfaction plus grande, de leurs préférences économiques par exemple. Les intérêts moraux sont les fins auxquelles nous attribuons une importance morale et qui confèrent du sens à notre existence; ce sont des intérêts supérieurs. Or, dans la position originelle, les partenaires ont des intérêts supérieurs, des allégeances ou des engagements particuliers contraignants, et non de simples préférences. Ils savent aussi que ces intérêts supérieurs et ces allégeances définissent en grande partie leur identité.

Rawls va plus loin en affirmant que «les obligations morales et religieuses sont considérées comme absolument contraignantes», et que les individus doivent savoir qu'ils ne peuvent «suspendre leur exécution à d'autres intérêts»[3]. Il ne faut se tromper dans l'interprétation de ces affirmations qui doivent être situées dans le contexte de la position originelle: il n'est pas question de dire que les obligations morales et religieuses sont absolues pour les citoyens, sans quoi il ne serait plus possible de justifier des principes de justice communs. Locke avait pris la mesure de ce problème quand il montrait dans *Lettre sur la tolérance* (1686) que l'obligation ne pouvait être proportionnée à la conscience de l'individu[4]. Rawls ne commet pas cette erreur non

1. J. Hampton, «Contracts and Choices ...», *op. cit.*; Sandel, *Le libéralisme et les limites de la justice*, *op. cit.*
2. J. Rawls, *TJ*, p. 241.
3. J. Rawls, *TJ*, § 33, p. 243.
4. J. Locke, «*Lettre sur la tolérance*» (1686), *Lettre sur la tolérance et autres textes*, *op. cit.*, p. 202; voir aussi l'introduction de Jean-Fabien Spitz, p. 49.

plus, mais il considère que les partenaires, dans la position originelle, doivent faire l'hypothèse que les intérêts moraux et religieux sont impérieux. Les ajustements du système de liberté seront réalisés après l'adoption des principes de justice.

Il n'y a donc aucune raison de penser que les contraintes imposées par le voile sur la base d'information disponible réduisent, voire éliminent le pluralisme des conceptions du bien, ou de ce que Rawls appellera, après *TJ*, conceptions compréhensives. C'est même tout le contraire : le voile d'ignorance ménage la possibilité d'une pluralité très large de conceptions du bien, car, ne sachant quelles seront les conceptions du bien dominantes dans la société ni quelle sera leur propre conception, les partenaires dans la position originelle sont contraints de trouver les principes de justice qui rendent possible la plus grande diversité des conceptions du bien. S'ils savent le fait général (ou même simplement la possibilité de ce fait) de leurs allégeances particulières dans la société et des obligations morales que ces allégeances font naître, les partenaires ont tout intérêt à vouloir protéger le droit de continuer à vivre selon leurs conceptions du bien. Ils ne peuvent s'engager en faveur d'un principe qui est susceptible d'exiger qu'ils sacrifient leurs intérêts supérieurs, sauf s'il n'est pas possible de maintenir la coopération sociale. En choisissant les principes de justice, les individus doivent réaliser qu'ils devront assumer toutes les conséquences de leur application ; ainsi, ils doivent bien mesurer ces conséquences et ne pas s'engager en faveur de principes qu'ils ne pourront pas respecter. Dans le langage rawlsien, ils sont soumis aux « liens de l'engagement »[1]. Pour ces différentes raisons, les individus doivent adopter un principe de tolérance qui prend la forme d'un principe de liberté de conscience égale pour tous :

> Le seul principe que les personnes dans la position originelle puissent reconnaître est celui de la liberté de conscience égale pour tous. Elles ne peuvent mettre en danger leur liberté en permettant que les doctrines morales et religieuses dominantes persécutent ou répriment les autres à leur guise[2].

On peut soutenir que, pour protéger leurs intérêts, leur mode de vie et leur conception du bien, il vaut mieux qu'ils refusent aux autres le

1. J. Rawls, *TJ*, p. 177, 206.
2. J. Rawls, *TJ*, p. 242.

même droit de vivre conformément à leur conception. Chacun pourrait en effet revendiquer la liberté de conscience pour soi et la refuser pour les autres : l'individu athée proposerait ainsi d'interdire l'expression vestimentaire de croyances religieuses ; de même, le croyant proposerait de censurer les romans blasphématoires. Mais les contraintes de la position originelle sont telles qu'elles imposent une réciprocité de l'engagement. La condition formelle de publicité et le voile d'ignorance excluent en effet toute conception égoïste de la justice. Les partenaires s'engagent en faveur de principes qui doivent passer le test de la publicité, et ils ne peuvent s'attendre à ce que les autres acceptent des principes qui diminuent leur capacité à former une conception du bien.

Il convient d'ajouter que le principe de liberté de conscience ne doit pas être interprété de manière restrictive. En effet, il ne s'agit pas simplement d'être libre d'avoir des opinions différentes, ce qui serait une liberté toute intérieure et, à vrai dire, ce qui ne serait pas du tout un droit. On doit également jouir non seulement du droit d'exprimer, de communiquer ses opinions, mais en outre de vivre conformément à ses opinions, dans les limites prescrites par le principe de liberté. Rawls définit alors la liberté de conscience de la manière suivante :

> [D]es individus jouissent de cette liberté de base [liberté de conscience] quand ils sont libres de poursuivre leurs intérêts philosophiques ou religieux sans restrictions légales qui exigeraient d'eux un engagement dans une forme particulière de pratique religieuse ou une autre, et quand les autres hommes ont le devoir légal de ne pas s'ingérer [1].

En matière de liberté de conscience, les individus doivent jouir de la liberté la plus étendue, c'est-à-dire la liberté de développer leur propre conception du bien, mais aussi de l'exprimer et de vivre conformément à elle. Lorsqu'il s'agit de conceptions religieuses, cela signifie qu'ils doivent avoir le droit de pratiquer le culte exigé par leur religion dans sa forme extérieure : la manifestation publique de différence ou d'appartenance religieuse doit être tolérée *en principe*. Nous aborderons plus loin les limites de l'exercice de cette liberté de conscience. Ainsi, le principe de tolérance dans sa forme essentielle est la reconnaissance mutuelle, réciproque, d'un droit égal à développer sa conception du

1. *Ibid.*, p. 238.

bien et à l'exprimer quelles que soient la gêne et la réprobation morale qu'elle pourrait susciter.

Dans la hiérarchie des principes, la protection de la liberté de conscience et d'expression doit avoir une priorité absolue afin que ne soit pas supprimé le pluralisme. La question de la justice elle-même repose sur le conflit des intérêts engendré par la pluralité des projets de vie et des conceptions du bien. C'est pourquoi le choix des contractants se porte sur la conception de la justice qui garantit la priorité du principe commandant une répartition strictement égale des libertés :

> En premier lieu : chaque personne doit avoir un droit égal au système le plus étendu de libertés de base égales pour tous qui soit compatible avec le même système pour les autres.
> En second lieu : les inégalités sociales et économiques doivent être organisées de façon à ce que, à la fois (a) l'on puisse raisonnablement s'attendre à ce qu'elles soient à l'avantage de chacun et (b) qu'elles soient attachées à des positions et à des fonctions ouvertes à tous [1].

La conception de la justice comme équité comprend ainsi deux principes disposés en ordre lexical. Selon cet ordre de priorité lexical, chaque principe de rang *n* ne peut être satisfait que si le principe immédiatement avant lui, au rang *n-1*, l'est également : le principe de liberté et le second principe qui dispose dans l'ordre le principe de différence (a) et le principe d'égalité des opportunités (b). Conformément au premier principe, les citoyens doivent bénéficier des mêmes libertés et de toutes les libertés compossibles (c'est-à-dire dont l'usage est possible en même temps) : si l'exercice d'une liberté par les uns entraîne l'impossibilité pour les autres de l'exercer, elle doit être limitée [2]. Le second principe veut que les inégalités socio-économiques (de revenus par exemple) ne puissent être justifiées et acceptées comme légitimes que si elles bénéficient aux plus défavorisés, de sorte que si la part des plus favorisés devait diminuer, cela entraînerait une réduction de la part des moins bien lotis; en outre, il commande l'égalité des opportunités. Mais laissons le second principe de côté pour l'instant afin d'examiner quelques conséquences du premier principe.

1. J. Rawls, *TJ*, § 11, p. 91.

2. Ce principe a une affinité certaine avec le concept du droit formulé par Kant ; *cf.* Kant, *Doctrine du droit* (1797), trad. fr. A. Philonenko, Paris, Vrin, 1988, p. 104.

## LE BLASPHÈME : UN DILEMME POLITIQUE

L'identification du principe de tolérance au principe de liberté est trompeuse, car la tolérance ne peut être invoquée chaque fois qu'une liberté est en jeu mais seulement quand la manifestation extérieure d'une conception du bien, qu'elle soit religieuse ou non, suscite une réprobation morale prenant parfois la forme d'une interdiction légale. Ainsi, lorsqu'un individu revendique le droit de porter un poignard dans la rue parce qu'il ne fait pas confiance aux policiers pour assurer sa sécurité, il ne peut le faire au nom de la tolérance. En revanche, si cet individu est d'obédience sikhe et qu'il demande le droit de porter le *kirpan* (poignard rituel) en raison de ses croyances religieuses, il peut réclamer la tolérance. Dans les deux cas, la demande de liberté peut être satisfaite ou non, mais dans le dernier cas seulement il s'agira d'une demande de tolérance. Dans cet exemple, on sous-entend que les types d'acte concernés par la théorie de la liberté de conscience n'incluent pas seulement les discours par lesquels on exprime des croyances et des opinions morales, mais également des manifestations non verbales de ces croyances comme le port du kirpan, du voile islamique et de la kippa, ou encore le chemin de croix lors du carême chrétien, pour ne prendre que des exemples familiers. Nous sommes conscients de l'ambiguïté de l'idée d'acte d'expression, laquelle peut comprendre des paroles, des textes et des images, mais aussi des gestes, des danses, des marches publiques, des rassemblements. Dans cette partie, nous allons nous contenter d'étudier les cas où est exprimé un contenu verbal explicite ou implicite (c'est le cas des caricatures par exemple ou des manifestations politiques)[1].

Le sens de la pratique de la tolérance n'est certainement plus le même dans les démocraties contemporaines où la religion a fini d'être associée au pouvoir politique et dans les régimes monarchiques qui ont vu naître, au XVI<sup>e</sup> siècle, les demandes de tolérance de minorités persécutées par un pouvoir politique faisant la promotion d'une conception religieuse (que ce soit du reste pour des raisons spirituelles ou par

1. T. M. Scanlon rappelle opportunément qu'une théorie de la liberté d'expression ne doit pas se limiter aux seuls cas de liberté de discours (*free speech*), mais à tout type d'acte qui est accompli en vue d'exprimer une opinion, une croyance sur l'état du monde, une revendication, etc. Sur les difficultés de la définition des actes d'expression, *cf.* T. M. Scanlon, « A Theory of Expression », *The Difficulty of Tolerance*, Cambridge, Cambridge University Press, 2003, p. 11-12.

simple calcul politique). Dans ces régimes, les minorités religieuses étaient, presque par définition, hérétiques (les protestants en pays catholique ou les anabaptistes en terre luthérienne), quand elles n'étaient pas tout à fait étrangères à la religion majoritaire (les juifs en pays catholique ou protestant). Sans que l'on pût vraiment parler d'une minorité organisée, les athées formaient également un groupe que les convictions philosophiques exposaient aux châtiments du Magistrat. Dans le cas des hérétiques et des athées, l'accusation de blasphème constituait un grief fatal, et les procès, quand ils avaient lieu, s'achevaient le plus souvent par une condamnation à mort selon l'antique loi biblique: «Tout homme, à quelque peuple, nation ou langue qu'il appartienne, qui parlera mal du Dieu [*blasphèmian katà tou théou*] de Schadrac, de Méschac et d'Abed Nego, sera mis en pièces, et sa maison sera réduite en un tas d'immondices»[1]. Joseph Leclerc a montré comment, de saint Augustin et saint Thomas d'Aquin à Luther et Mélanchton, l'hérésie a été assimilée au blasphème, si bien que toute mise en question d'un élément de doctrine pouvait donner lieu à une accusation de blasphème[2]. Les anabaptistes, qui rejetaient l'obligation de baptême et affirmaient, pour certains d'entre eux, que le Christ n'était qu'un prophète, furent ainsi durement persécutés partout en Europe aussi bien par les protestants (luthériens, zwingliens et calvinistes) que par les catholiques. La négation de la divinité du Christ mena au bûcher le médecin espagnol Michel Servet en 1553 à Genève, une exécution pleinement justifiée selon les théologiens protestants, Calvin, Bèze et Mélanchton, pour qui le prince a un devoir de défendre la (vraie) religion contre les blasphémateurs[3].

Ce sont de vieilles histoires qui paraissent bien extraordinaires, et même tout à fait insensées aujourd'hui (quoiqu'un morceau de tissu sur la tête d'une femme puisse encore déclancher des passions insensées). La persécution des blasphémateurs se comprend dans le cadre de sociétés gouvernées par un pouvoir politique solidaire d'une doctrine religieuse, car le blasphème n'était pas seulement conçu comme une insulte faite à la vérité, mais comme l'indice ou plutôt l'acte même d'une sédition religieuse à l'égard de l'Église établie, et d'une sédition politique à l'égard du magistrat ou du prince. Dans ce contexte le

1. *Daniel*, III, 29 (*Ancien Testament*, trad. fr. L. Segond, 1910).
2. J. Leclerc, *Histoire de la tolérance...*, *op. cit.*, p. 109-110.
3. *Ibid.*, p. 173-174.

blasphème, qui est d'abord une catégorie proprement religieuse, fait donc l'objet d'un usage politique. Les démocraties contemporaines héritières des deux textes fondateurs de 1789 (le *United States Bill of Rights* et la *Déclaration des droits de l'homme et du citoyen*), protégeant la liberté de conscience comme principe constitutionnel, ne connaissent plus le crime de blasphème; l'analyse rawlsienne de la justice que nous avons exposée plus haut fournit, dans le cadre démocratique, une justification théorique de la tolérance appliquée au blasphème. En effet, dès lors que nous reconnaissons la légitimité des contraintes de raisonnabilité sur nos revendications politiques, telles qu'elles sont représentées par la position originelle, nous nous interdisons de réclamer l'usage de la force publique pour punir les blasphémateurs. Ceux-ci bénéficient de la protection de leur liberté de conscience au même titre que les croyants auprès desquels ils passent précisément pour des blasphémateurs. Nous sommes dès lors bien aise de répondre aux demandes de censure des musulmans danois ou français contre les caricaturistes du *Jyllends-Posten*: la liberté de conscience implique dans son concept même la liberté de blasphème, puisque le blasphème est l'expression d'une croyance religieuse hétérodoxe, d'une conviction ou d'une opinion critique qui a une valeur sociale. En outre, la protection de la liberté religieuse des musulmans dans un État à majorité chrétienne n'est possible que sur la base d'un principe de tolérance qui permet également de protéger les blasphémateurs.

La polémique qui a secoué l'Europe à l'occasion de la publication desdites « caricatures de Mahomet » n'est pas réglée pour autant, même si nous privilégierons cette solution, car il nous faut saisir ce qui a changé dans la demande de tolérance. En effet, alors que la liberté de blasphémer a été le résultat d'une lutte politique pour faire advenir la tolérance religieuse, elle est souvent considérée désormais comme une forme d'intolérance à l'égard des croyants, et la censure du blasphème comme le rétablissement de la tolérance. Ce qui explique ce changement est le passage d'un souci de la vérité à un souci de la dignité et du respect. C'est un point fondamental. Dans les sociétés démocratiques, le blasphème n'est plus principalement – bien qu'il le soit aussi – contesté par les croyants comme un sacrilège et un mépris à l'égard de la vérité religieuse, mais comme une atteinte à la dignité du croyant dont les croyances doivent être respectées. Le plus souvent, les croyants font valoir que le blasphème constitue une offense, une injure qui les blesse significativement; c'est le ressort légal qui a été utilisé depuis les années 1980 en France[1], mais également au Royaume-Uni[2]. Le sacrilège est considéré comme une injure à l'égard des croyances des individus et une atteinte à leurs sentiments, et il est finalement interprété comme un manque de respect pour les croyants eux-mêmes[3]. En fond, on voit donc se détacher le motif de l'égal respect.

Si on néglige ce fait, on ne peut comprendre qu'au Danemark comme en France des musulmans aient intenté des procès contre la presse qui avait publié les caricatures : le 27 octobre 2005, onze organisations islamiques danoises déposaient plainte pour blasphème contre le *Jyllands-Posten*; respectivement le 17 juillet 2006 et le 1er août 2006, la Grande Mosquée et l'UOIF (Union des organisations islamiques de France) et de Paris prenaient la décision d'engager des poursuites similaires contre le journal *Charlie Hebdo* qui avait reproduit les caricatures du *Jyllands-Posten* dans l'édition du 8 février 2006[4]. Pour beaucoup, ces actions judiciaires relevaient de conceptions moyenâgeuses[5] et manifestaient les intentions théocratiques des plaignants. En France, certains intellectuels, non sans outrance, pointaient même le danger de totalitarisme : « Rien, pas même le désespoir, ne justifie de choisir l'obscurantisme, le totalitarisme et la haine. L'islamisme est une idéologie réactionnaire qui tue l'égalité, la liberté et la laïcité partout où il passe »[6]. Il nous semble que ce type de déclaration non seulement est excessif, mais repose avant tout sur une interprétation erronée ce qui est en jeu dans les plaintes contre les caricatures danoises. Il est de la première importance de ne pas confondre la

1. J. Boulègue, *Le blasphème en procès : l'Église et la mosquée contre les libertés 1984-2009*, Paris, Éditions Nova, 2010.

2. *Cf.* le rapport du 18 juin 1985 de la Commission des lois britannique sur les crimes contre la religion et le culte public (Law Commission No. 145, *Offences Against Religion and Public Worship*).

3. *Cf.* P. Jones, « Blasphemy, offensiveness and law », *British Journal of Political Science* 10, 1980, p. 129-148.

4. Sources : AFP, dépêches du 21 juillet et du 2 août 2006.

5. Philippe Val, rédacteur en chef de *Charlie Hebdo*, déclarait ainsi que « *ce procès est un procès médiéval* », lors d'une conférence de presse le 6 février 2006.

6. Il s'agit d'un extrait du *Manifeste des douze*, publié le 1er mars 2006, écrit par plusieurs personnalités publiques dont Philippe Val et l'écrivain britannique Salman Rushdie. Les autres signataires sont : Ayaan Hirsi Ali, Chahla Chafiq-Beski, Caroline Fourest, Bernard-Henri Lévy, Irshad Manji, Maryam Namazie, Mehdi Mozaffari, Taslima Nasreen, Antoine Sfeir et Ibn Warraq. Le texte fait référence au *Manifeste des douze* rédigé par douze syndicalistes contre le régime de Vichy.

réponse judiciaire de certaines organisations islamiques françaises avec la réaction parfois très violente des fondamentalistes musulmans dans les pays non démocratiques, ou en tout cas qui ne partagent pas la culture politique européenne, française en l'occurrence.

Au Danemark, les organisations musulmanes ont fait valoir la légitimité de leur plainte en invoquant notamment l'article 140 du code pénal danois (chap. 15) : « Toute personne qui se moque ou insulte publiquement les doctrines religieuses ou le culte d'une communauté religieuse légalement reconnue dans ce pays sera puni d'une amende ou d'un emprisonnement de quatre mois au plus. » Cet article donnait au moins une justification légale à leur plainte et, dans une lettre du 21 octobre 2005, le Premier ministre danois Anders F. Rasmussen faisait la déclaration suivante :

> La liberté d'expression est le fondement même de la démocratie danoise. Son domaine application est très étendu et le gouvernement danois n'a aucun moyen d'influencer la presse. Cependant, la législation danoise interdit les actes et les propos de nature blasphématoire ou discriminatoire. Les parties offensées peuvent porter plainte contre des actes et des propos de cette nature, et c'est au tribunal de rendre son jugement en examinant chaque cas [1].

Manifestement, ces dispositions légales maintiennent le crime de blasphème et si la condamnation ne peut venir du gouvernement, elle peut être prononcée par le juge. On accordera donc que la plainte déposée au Danemark n'était pas dépourvue de raison.

La situation était quelque peu différente en France, et sans doute plus instructive. Aucune législation ne condamne explicitement le blasphème, sauf dans le cas notable de l'Alsace et de la Moselle qui maintiennent le délit de blasphème conformément au code pénal allemand [2]. Hors ce cas particulier, il n'y a, semble-t-il, aucune base légale pour censurer une expression blasphématoire. Or, du point de

1. Anders F. Rasmussen, lettre du 21 octobre 2005 en réponse à la lettre de protestation d'ambassadeurs de pays musulmans et arabes (Turquie, Arabie Saoudite, Iran, Pakistan, Égypte, Indonésie, Algérie, Bosnie-Herzégovine, Libye, Maroc, ainsi que la délégation palestinienne).

2. Article 166 du code pénal local d'Alsace-Moselle : « Celui qui aura causé un scandale en blasphémant publiquement contre Dieu par des propos outrageants [...] ou qui, dans une église ou un autre lieu consacré à des assemblées religieuses, aura commis des actes injurieux et scandaleux, sera puni d'un emprisonnement de trois ans au plus. »

vue strictement juridique, il existe une disposition qui, selon l'interprétation qu'en fait le juge, peut rétablir le délit de blasphème. Il s'agit de la loi Pleven du 1er juillet 1972, modifiant la loi sur la liberté de la presse du 29 juillet 1881 :

> Ceux qui, par l'un des moyens énoncés à l'article 23, auront provoqué à la discrimination, à la haine ou à la violence à l'égard d'une personne ou d'un groupe de personnes à raison de leur origine ou de leur appartenance ou de leur non-appartenance à une ethnie, une nation, une race ou une religion déterminée, seront punis d'un an d'emprisonnement et de 45 000 euros d'amende ou de l'une de ces deux peines seulement [1].

Alors même que ce n'était pas l'intention du législateur, cet article a pu être utilisé par différentes organisations religieuses, principalement chrétiennes, pour demander la censure d'œuvres qu'elles considéraient blasphématoires : elles ont cherché à faire passer systématiquement l'injure faite à la religion (si cela a un sens de parler d'injure dans ce cas) pour une injure faite à la personne ou au groupe en raison de son appartenance religieuse [2].

Pour mémoire, en mars 2005, l'association Croyances et Libertés, issue de la Conférence des Évêques de France, avait fait un recours en référé pour faire interdire une publicité de la marque *Marithé et François Girbaud* (MFG) qui détournait le tableau de Léonard de Vinci représentant la Cène. Selon l'association catholique, l'affiche qui montrait des jeunes femmes lascives en lieu et place des apôtres et, dans les bras de l'une d'elles, un jeune homme torse nu figurant le Christ, cette affiche était blasphématoire et constituait une « injure visant un groupe de personnes en raison de leur appartenance à une religion déterminée, en l'occurrence le catholicisme ». Dans son ordonnance de référé du 10 mars 2005, le tribunal de grande instance de Paris retenait d'ailleurs ce motif dans les attendus et condamnait la société GIP, propriétaire de la marque MFG, à retirer cette affiche [3]. La Cour d'appel

1. Loi du 29 juillet 1881 sur la liberté de la presse, article 24 modifié par la Loi n° 2004-1486 du 30 décembre 2004.

2. J. Boulègue, *Le blasphème en procès*, *op. cit.*

3. Ordonnance de référé du 10 mars 2005 : « Qu'en effet, les catholiques peuvent d'autant plus se sentir attaqués et offensés dans leurs sentiments religieux que la représentation litigieuse, loin de constituer une contribution à un débat d'idées sur la place ou sur le rôle des femmes dans la société contemporaine, procède de la seule intention de réaliser des profits au mépris de la foi de personnes appartenant à la religion catholique. »

de Paris confirma cette décision par un jugement du 8 avril 2005, soulignant qu'il « était gravement fait injure aux sentiments religieux et à la foi des catholiques ». Ces deux jugements interviennent quelques mois avant que n'éclate l'affaire des caricatures danoises. Il est instructif de noter que l'expression blasphématoire est comprise en l'espèce comme une injure faite à un groupe dont les croyances doivent être respectées[1]. Dans ce contexte jurisprudentiel, il semble que, malgré l'absence d'une législation sur le blasphème, les associations islamiques étaient justifiées à faire valoir leurs griefs contre *Charlie Hebdo* devant les tribunaux. Bien sûr, on peut regretter que les organisations islamiques françaises n'aient pas mieux évalué l'importance de la liberté de la presse en démocratie, mais rien ne leur interdisait l'action qu'elles ont initiée, et tout semblait même les y encourager.

Sur le plan strictement normatif, la demande d'égal respect et de protection des sentiments soutenue par les croyants est légitime, car elle s'enracine dans la modernité démocratique qui accorde une importance particulière à la dignité de tous les citoyens. Respecter en chacun la dignité de sa personne implique que l'on respecte ce qu'il croit bon pour lui, ce qui donne du sens et de la valeur à sa vie. Il est vrai qu'en théorie politique la demande d'égal respect a toujours été comprise comme une demande d'égalité des droits. Lorsqu'on lit par exemple, à l'article premier de la Constitution du 4 octobre 1958 de la République française, que la République « respecte toutes les croyances », il faut comprendre que les citoyens ne seront pas inquiétés en raison de leurs croyances et qu'ils jouiront des mêmes droits quelles que soient leurs croyances. L'ambiguïté morale de la notion de respect a favorisé une interprétation erronée des devoirs de l'État à l'égard des croyants, interprétation selon laquelle l'État devait protéger les croyances de toute attaque blasphématoire et les croyants de toute offense. Cependant, quoique cette interprétation de l'égal respect ne soit pas correcte, la demande d'extension du principe d'égal respect pour assurer le droit de ne pas voir ses croyances et ses sentiments personnels attaqués publiquement n'est pas en soi illégitime[2].

1. Le TGI et la CA de Paris fondaient leur décision sur l'article 29 de la loi sur la liberté de la presse qui définit l'injure comme « *toute expression outrageante, termes de mépris ou invective qui ne renferme l'imputation d'aucun fait* ».

2. Analysant le même type de question dans l'affaire Rushdie, Peter Jones insiste sur l'importance du respect dû à autrui et sur les lésions de l'estime de soi quand des attaques

Nous faisons face alors à un dilemme politique qui consiste à devoir choisir entre la liberté d'expression et la protection de la dignité des personnes. Les sociétés démocratiques et sécularisées sont bien habituées à l'usage du blasphème, de sorte que la demande de respect des croyants passe pour une tactique d'individus qui, ne l'ayant pas accepté, veulent saper ce fondement de la démocratie qu'est la liberté d'expression. Cependant, la tension entre la liberté d'expression et la protection de la dignité ne peut pas être désamorcée simplement en l'ignorant, car elle met à l'épreuve la cohérence même de nos engagements démocratiques, comme le révèle la différence de traitement souvent acceptée entre le blasphème et le discours de haine. C'est le sens même des interventions médiatiques de Ronald Dworkin et Peter Singer, deux philosophes s'inscrivant dans des traditions libérales différentes de celle de Rawls[1]. L'argumentation de Ronald Dworkin comme celle de Peter Singer revient, au fond, à dénoncer l'hypocrisie des démocraties européennes. Les deux philosophes défendirent tout à la fois le droit de publier des caricatures blasphématoires et le droit de soutenir des théories historiques révisionnistes ou négationnistes. L'argumentation de Dworkin est sinueuse, mais on peut en restituer la structure ainsi : après avoir admis que la presse britannique avait été bien prudente de ne pas publier les caricatures, évitant par là des tensions inutiles et inopportunes avec les communautés musulmanes du Royaume-Uni, il rappelle que la liberté d'expression est la condition de tout gouvernement légitime. Les lois ne sont légitimes que si elles ont été adoptées selon un processus de délibération démocratique qui implique que tous puissent jouir de la liberté d'expression et participer à la décision démocratique en faisant valoir son point de vue. Dworkin affirme alors qu'au nom de l'égalité des droits, toutes les minorités sont

particulièrement violentes à l'égard d'une minorité stigmatisée sont validées socialement. *Cf.* P. Jones, « Respecting Beliefs and Rebuking Rushdie », *in* J. Horton (ed.), *Liberalism, Multiculturalism and Toleration*, Basingstoke, The MacMillan Press, 1993, p. 114-138 ; T. Modood, « Muslims, Incitement to Hatred and the Law », *in* J. Horton (ed.), *Liberalism, Multiculturalism and Toleration*, *op. cit.*, p. 139-156.

1. *Cf.* R. Dworkin, « Even Bigots and Holocaust Deniers Must Have their Say » (« Même les croyants fondamentalistes et les négationnistes doivent avoir leur mot à dire »), dans l'édition du mardi 14 février 2006 du quotidien britannique *The Guardian*. *Cf.* P. Singer, « Free Speech across the Board » (« Liberté de parole pour tous »), dans l'édition du vendredi 24 février 2006 du journal jordanien *The Jordan Times*. L'article a été repris en français dans la *Libre Belgique*, dans l'édition du mardi 28 février 2006, sous le titre « Liberté d'expression, Mahomet et l'Holocauste ».

justifiées à réclamer l'abolition de toutes les mesures discriminatoires à leur encontre mais que, précisément parce qu'elles utilisent des droits constitutionnels pour faire valoir leurs revendications légitimes, elles doivent aussi respecter les droits d'autrui en ce qui concerne la publication de leurs opinions, et doivent donc tolérer ce qu'elles perçoivent comme des offenses. Les droits constitutionnels sont les mêmes pour tous; et c'est aussi le sens de l'article de P. Singer dont le titre affirme sans ambiguïté : la liberté de parole, systématiquement, pour tous.

Dworkin poursuit avec l'idée que si les musulmans doivent tolérer la publication de dessins blasphématoires, il faut aussi que les autres citoyens respectent leur droit de manifester leur religion et d'entrer dans le débat public avec leurs convictions religieuses. Dworkin souligne le fait que si nous voulons que les fondamentalistes acceptent le processus démocratique, il faut qu'ils puissent exprimer leurs convictions religieuses dans ce processus, sans quoi la démocratie se contredit. Or, non seulement les démocraties européennes ne manifestent pas une telle tolérance inhérente à l'idée démocratique, mais encore elles pratiquent la censure des différents types de discours qu'elles estiment erronés ou nuisibles. Ainsi, Dworkin admet que les musulmans sont en droit de faire valoir que les lois des démocraties européennes sont hypocrites, parce qu'elles protègent la liberté d'expression pour les blasphémateurs de l'Islam et elles dénient la même liberté aux négationnistes, aux révisionnistes, ou, dans le cas de l'Angleterre, aux blasphémateurs du christianisme[1]. Dworkin pointe alors ce double langage, et il appelle les démocraties européennes à mettre un terme aux lois sur le négationnisme, l'antisémitisme, le

1. Au moment où Dworkin écrivait, il existait au Royaume-Uni, depuis 1698, une loi interdisant le blasphème (*Blasphemy Act*). Après la parution du roman de Salman Rushdie, *The Satanique Verses* (1988), des musulmans britanniques tentèrent une action en justice afin que la loi sur le blasphème soit appliquée pour interdire le roman de Rushdie. Cependant, cette loi ne pouvait s'appliquer à leur cas dans la mesure où le crime de blasphème ne peut être invoqué que dans le cas où l'Église anglicane et le dogme de la Trinité sont visés. Cette loi ayant suscité de nombreuses controverses, le crime de blasphème a été aboli par le *Criminal Justice and Immigration Act*, voté le 8 mai 2008; voir Partie 5, « Criminal Law », article 79 : « *The offences of blasphemy and blasphemous libel under the common law of England and Wales are abolished.* » Sur l'affaire Rushdie et l'histoire du blaphème au Royaume-Uni, voir J. Horton « The Satanic Verses Controversy : A brief introduction », *in* Horton (ed.), *Liberalism, Multiculturalism and Toleration*, *op. cit.*, p. 104-113; dans le même ouvrage, voir D. Edwards, « The History of Blasphemy and the Rushdie Affair », p. 157-177; ainsi que G. Newey, « Fatwa and Fiction : Censorship and Toleration », p. 178-192.

racisme ou le sexisme, qui n'ont aucune justification politique et affaiblissent la démocratie[1]. C'est à la même conclusion que parvient P. Singer, qui rappelle que l'historien négationniste David Irving venait d'être condamné à la prison en Autriche au moment même où éclatait l'affaire des caricatures. Fils de parents juifs ayant fui le nazisme et petit-fils de grands-parents ayant été déportés, P. Singer ne montre aucune complaisance envers les négationnistes dont il clame l'absurdité des théories; mais il entend que la liberté d'expression soit systématiquement appliquée. Il achève ainsi son plaidoyer en faveur de la tolérance : « Quand Irving sera libéré, et seulement à ce moment-là, les Européens pourront se tourner vers les contestataires musulmans pour leur dire : "Nous appliquons équitablement le principe de liberté d'expression, que cela offense des musulmans, des chrétiens, des juifs ou qui que ce soit d'autre" ».

Ces articles d'opinion sont intéressants par la synthèse des différents principes et intuitions démocratiques qu'ils proposent. Dworkin, comme Singer, refuse que l'on restreigne la liberté d'expression des caricaturistes afin de protéger les religions du blasphème, mais plaide dans le même temps pour que cette liberté soit étendue aux racistes comme aux humanistes, aux fondamentalistes comme aux blasphémateurs. Les musulmans danois ou français, en contestant le droit des caricaturistes, commettaient sans doute une erreur, mais leur réaction ne constituait pas une marque d'intolérance ou une inadaptation à la démocratie: elle signalait plutôt une incohérence dans le système de libertés.

## La liberté d'abord

L'argumentation de Dworkin et Singer, tout à fait représentative par ailleurs des positions libérales en matière de droit d'expression, soulève néanmoins des questions en mettant sur le même plan la liberté de blasphémer par voie de presse et la liberté d'exprimer des opinions racistes, antisémites et négationnistes[2]. En effet, faut-il accepter les discours de haine si l'on autorise le blasphème ? Ou faut-il protéger les

1. Pour une analyse historique et juridique des lois mémorielles en France, *cf.* P. Weil, « Politique de la mémoire : l'interdit et la commémoration », *Esprit*, février 2007, p. 124-142.

2. *Cf.* C. Laborde, « The Danish Cartoon Controversy and the Challenges of Multicultural Politics », *Perspectives on Politics* 9, 2011, p 603-605.

croyants de l'offense blasphématoire si l'on protège d'autres catégories de citoyen de l'offense raciste ou négationniste, par exemple? Le 3 février 2006, lors de manifestations devant l'ambassade du Danemark à Londres, on pouvait lire sur certaines pancartes : « *Slay those who insult Islam* » (« Massacrez ceux qui insultent l'islam ») ou encore « *Freedom of expression go to hell* » (« Rien à faire de la liberté d'expression ! »)[1]. Fallait-il, pour être cohérent, interdire les caricatures et ces pancartes, ou bien autoriser les unes comme les autres ?

Pour débrouiller ces complexités pratiques, nous allons revenir à l'idée de système de libertés. Le principe de tolérance est enveloppé dans l'idée que le système des libertés doit être « le plus étendu » possible, c'est-à-dire tant que n'apparaît pas une incompatibilité des libertés ; or, en accomplissant ce geste, Rawls indique que l'on ne doit pas restreindre la liberté quand elle produit des actions ou des opinions que l'on juge répugnantes ou indésirables, mais uniquement quand elle produit une contradiction dans l'usage de la liberté : l'exercice par les uns d'une liberté (celle de s'exprimer, par exemple) entrave l'exercice de la même liberté par les autres, ou l'exercice d'une autre liberté (celle de circuler, par exemple). Le principe de tolérance doit dès lors être compris comme le principe d'égale liberté de conscience et d'expression le plus étendu possible.

Ce principe est le suivant : tout acte de liberté de conscience et de liberté d'expression qui ne réduit pas le système des libertés dans son ensemble, et donc ne nuit pas à la liberté d'autrui, doit être toléré. Il principe doit être encadré par deux règles : la règle de l'exercice légitime des facultés nécessaires à la pleine citoyenneté démocratique, et la règle du danger manifeste et imminent (*clear and present danger*)[2]. Nous soutiendrons que l'expression de toute opinion qui manifeste une contribution à la vie démocratique, fût-ce par la contestation même des fondements et des valeurs démocratiques, et dont l'interdiction constituerait par conséquent une entrave à l'exercice de notre citoyenneté, doit être autorisée, à moins qu'elle ne représente

1. *Cf.* l'article de O. Bowcott, « Arrest Extremist Marchers, Police Told », in *The Guardian*, édition du 6 février 2006.

2. Rawls emprunte ces deux règles au droit, plus précisément à la jurisprudence de la CS (É.-U.). Notons que d'autres traductions de « *clear and present danger* » sont possibles ; là où nous traduisons « present » par « imminent », on trouvera par exemple « pressant ». *Cf.* E. Zoller, *Les grands arrêts de la Cour suprême des États-Unis*, Paris, P.U.F., 2000, p. 359.

un danger manifeste et imminent, menaçant l'existence du système de libertés et de la constitution démocratique. Ainsi, le principe général et les deux règles qui l'encadrent nous permettent de classer quelques types d'actes de liberté d'expression que l'on doit tolérer ou interdire légitimement. Nous ne prétendons pas à l'exhaustivité et voulons seulement montrer que ces règles assurent un exercice raisonnable de la tolérance en évitant de la restreindre abusivement quand se produit un acte qui nous déplaît fortement, comme l'expression d'une opinion, l'accomplissement d'une coutume cultuelle ou une protestation contre une politique publique.

La première chose à considérer est l'absence d'un tort infligé à autrui. Un acte d'expression qui inflige intentionnellement un tort à autrui doit être interdit. Ici, un tort est mesuré à l'aune de la réduction de la liberté qu'il occasionne. L'usage de la liberté pour infliger à autrui un tort, qu'il soit physique ou moral, doit être limitée au nom de la liberté que l'on retire à cette personne en lui causant un tort; ainsi, c'est en termes de compatibilité des libertés que se pose la question de leur restriction. Cet argument a été attaqué par H. L. A. Hart qui le considère peu convaincant[1]. Selon Hart, si Rawls argumente en faveur de la restriction de la liberté quand un tort peut résulter de son exercice, ce n'est qu'à partir d'un devoir naturel que les individus reconnaissent dans la position originelle : le devoir de ne pas faire de mal à autrui ou de ne pas être cruel[2]. Hart poursuit en soulignant que ce devoir naturel, justifié dans la position originelle, reste indéterminé dans la mesure où des individus pourraient raisonnablement préférer autoriser certains actes qui infligent un tort à autrui en prenant le risque d'être à leur tour victimes des actions des autres.

Cependant, l'objection de Hart n'est pas concluante, car les devoirs naturels sont des principes pour l'action des individus, mais en aucun cas ils ne s'appliquent à la structure de base de la société ni ne règlent ce qui est publiquement permis ou interdit, toléré ou puni. À juste titre, Rawls ne s'y attarde pas vraiment, car l'objet de la théorie de la justice est le système des principes applicables à la structure de base de la

1. H. L. A. Hart, « Rawls on Liberty and its Priority », *University of Chicago Law Review* 40, 1973, p. 534-555; voir plus précisément la section III de l'article, p. 542-547. Voir aussi R. Bellamy, *Liberalism and Pluralism: Towards a Politics of Compromise*, London, Routledge, 1999, p. 52-53.

2. J. Rawls, *TJ*, p. 144.

société, exprimant ainsi la vertu de justice des institutions et non des individus. Il faut néanmoins ajouter deux remarques pour répondre à Hart qui pose un vrai problème : tout d'abord, il faut réaffirmer qu'en vertu du premier principe on n'a pas le droit d'utiliser sa liberté pour limiter la liberté d'autrui, en lui portant atteinte physiquement et en diminuant ses capacités d'action, selon une règle qui ne permettrait pas qu'autrui fasse le même usage de la liberté à l'égard de soi. Ensuite, la question de la tolérance ne porte que sur l'expression d'opinions et de croyances qui peuvent être manifestées dans diverses pratiques, comme la communication des idées, le culte, le mode de vie. L'usage de la liberté pour causer volontairement du tort à autrui n'entre pas dans le cadre de la tolérance, mais il n'entre pas non plus dans le cadre du premier principe.

Il est ainsi possible de se prononcer en faveur de l'interdiction d'actes relevant du domaine de l'expression linguistique qui portent atteinte aux capacités des individus d'exercer pleinement leurs libertés : c'est le cas de l'insulte, de l'exposition de la vie privée d'autrui et de la diffamation, et bien sûr de la menace et de l'appel au meurtre[1]. Le cas de l'insulte est le plus simple, car une insulte, par les mots ou les représentations qu'elle utilise, n'exprime pas une opinion sur une personne, n'a pas pour but de communiquer une opinion mais seulement de dégrader la perception de la personne insultée. Le même but est poursuivi dans le cas de la diffamation, mais le moyen consiste à manipuler la vérité, à divulguer des informations sur la vie privée de la personne ayant un caractère infamant, ou simplement à exposer des faits non pertinents de sa vie ou de sa personnalité afin de créer par association d'idées une image négative. Dès lors, le fait d'insulter ou de diffamer quelqu'un affecte injustement sa réputation et a pour conséquence de réduire les opportunités de coopération avec autrui. Si l'on apprend qu'un individu est un menteur impénitent, on aura tendance à ne pas lui faire confiance et à se détourner de lui, et sa liberté en sera sérieusement affectée. Une personne insultée, diffamée, exposée à des représentations dégradantes, verra ainsi son champ d'action dans la société réduit par les réactions négatives à son encontre. Selon leur

1. Comme l'a montré Frederick Schauer, certains discours ne causent pas moins de tort que certaines conduites. Il faut donc que nous évaluions conjointement les types de contenu exprimés et les modes d'expression ; voir F. Schauer, « The Phenomenology of Speech and Harm » *Ethics*, 103(4), 1993, p. 635-653.

modalité respective, ces types d'acte causent un tort en réduisant la liberté des individus ou plutôt la *valeur* de cette liberté, pour reprendre une distinction rawlsienne importante[1]. En effet, si les libertés doivent être égales pour les individus, leur valeur peut varier considérablement d'une personne à l'autre en raison de facteurs externes comme la fortune, la réputation, l'autorité, le talent, etc. Lorsqu'une personne est insultée ou diffamée, c'est la valeur de sa liberté qui est attaquée, même si formellement elle continue de jouir des mêmes droits.

On pourra objecter que, selon l'interprétation qu'on en fait, la prise en considération de la valeur de la liberté rend possible une restriction très importante de la liberté d'expression. C'est vrai de tous les concepts politiques qui offrent une latitude interprétative. Mais nous venons de voir des cas où manifestement le critère est pertinent, et nous pouvons également établir des cas où il est inopérant et où la tolérance d'actes affectant des personnes est requise. Il en est ainsi de tous les actes qui, conformément à la première règle qui encadre le principe de tolérance, contribuent à l'exercice des facultés nécessaires à la citoyenneté démocratique. Afin d'illustrer ce point, nous pouvons prendre le cas de la liberté de la presse de critiquer le gouvernement ou les personnalités politiques dans l'exercice de leur fonction. Il arrive à la presse de commettre des erreurs sur certains faits qui concernent des personnalités en charge d'une fonction officielle, ou de relater les faits en mêlant des événements qui se sont produits et d'autres non (des « demi-vérités »)[2]. Or le fait de relater des faits erronés et d'impliquer faussement des personnes publiques peut être considéré comme de la diffamation et, par conséquent, ne devrait pas être toléré. Cependant, si l'on appliquait la règle dans toute sa rigueur, on finirait par inhiber la communication d'informations et d'opinions sur la conduite des affaires publiques, et la censure produirait alors l'autocensure. C'est

1. Nous faisons ici un usage libre de la notion de « valeur » de la liberté. Chez Rawls, la valeur de la liberté est définie par la capacité d'une personne de faire usage des libertés protégées par le premier principe. C'est le principe de différence qui permet d'égaliser la valeur de la liberté, en distribuant les biens socio-économiques selon le principe de *maximin*. *Cf.* Rawls, *TJ*, § 32; N. Daniels, « Equal Liberty and Unequal Worth of Liberty », *in* N. Daniels (ed.), *Reading Rawls, Reading Rawls : Critical Studies on Rawls A Theory of Justice*, New York, Basic Books, 1975, p. 253-281.

2. C'est le terme utilisé par le juge Brennan dans l'affaire *New York Times Co. v. Sullivan*, 376 US 254 (1964). Ce texte est disponible en français; voir E. Zoller, *Les grands arrêts ...*, *op. cit.*, p. 650.

ce qu'a estimé la CS (É.-U.) dans l'affaire *New York Times Co. v. Sullivan*[1]. Le *New York Times* avait publié, dans son édition du 29 mars 1960, un article intitulé «Heed Their Raising Voices» dans lequel étaient rapportées plusieurs informations erronées sur des événements; ces informations mettaient en cause la police de Montgomery, dans l'Alabama, qui aurait réprimé une manifestation en faveur de droits civiques en encerclant l'Université d'Alabama et en utilisant des moyens illégaux pour contraindre les manifestants (affamer les étudiants pris au piège dans l'enceinte de l'Université). L'un des commissaires de la ville, L. B. Sullivan, avait alors porté plainte pour diffamation et avait obtenu gain de cause en première instance.

L'affaire fut alors portée par la compagnie du *New York Times* devant la CS (É.-U.) qui rendit un arrêt décisif en faveur de la liberté de la presse. La CS (É.-U.) avait alors considéré que la critique, même erronée, de personnes investies d'une charge officielle (magistrats, policiers, hommes politiques) était protégée par le Premier Amendement sur la liberté de conscience et d'expression[2]. Mais pourquoi est-il si important de protéger la presse dans ce cas, si elle commet des erreurs et affecte la valeur de la liberté des personnalités publiques? Selon la C-S (É.-U.), c'est parce que la liberté de la presse est nécessaire pour que les citoyens puissent former un jugement autonome, en recevant diverses informations, diverses opinions, de différentes sources d'informations. La CS (É.-U.) rappelait alors l'arrêt *Cantwell v. Connecticut*:

> À la lumière de l'histoire, les hommes de cette nation ont décrété qu'en dépit des probables excès et abus ces libertés sont, à long terme, essentielles pour que les citoyens d'une démocratie aient un jugement éclairé et un comportement droit[3].

1. 376 US 254 (1964). Voir sur cette affaire en particulier et sur la liberté de la presse aux États-Unis en général, L. C. Bollinger, *Images of a Free Press*, Chicago, The University of Chicago Press, 1991.

2. « Le Congrès ne fera aucune loi qui touche l'établissement ou interdise le libre exercice d'une religion, ni qui restreigne la liberté de la parole ou de la presse, ou le droit qu'a le peuple de s'assembler paisiblement et d'adresser des pétitions au gouvernement pour la réparation des torts dont il a à se plaindre ».

3. *Cantwell v. Connecticut*, 310 U.S. 296 (1940); cité dans E. Zoller, *Les grands arrêts…*, *op. cit.*, p. 649.

L'argument du juge Brennan semble finalement reprendre la position optimiste de Mill : à long terme, la liberté est plus utile ou produit davantage d'effets bénéfiques que la censure[1]. Mais est-ce bien un argument strictement conséquentialiste ? En fait, dans l'opinion du juge Brennan, ce qui est important, ce n'est pas tant le fait qu'à long terme l'on puisse se faire son opinion, mais que se faire une opinion est une condition de l'exercice de la citoyenneté démocratique. En effet, pour pouvoir participer à des discussions sur la conduite des affaires publiques, défendre ses droits, voter, il est nécessaire d'être confronté à une diversité d'opinions et d'informations. Il arrive que des informations soient fausses, mais la possibilité même de les reconnaître comme telles est conditionnée par la liberté d'expression. Naturellement, si l'on peut faire la preuve que des informations fausses ont été volontairement diffusées afin de porter atteinte à une personne, celui qui se rend coupable de diffamation peut être poursuivi – ce ne fut pas le cas du *New York Times*, dont seule la négligence a été reconnue, ce qui était très insuffisant pour le condamner.

C'est au juriste Alexander Meiklejohn que l'on doit cette théorie de la liberté qui fait reposer la justification de la tolérance des discours politiques sur la valeur que représentent la délibération politique et le gouvernement de soi, dans une démocratie[2]. Or cette conception est tout à fait en accord avec la théorie de la justice comme équité, puisque pour cette dernière les individus doivent protéger prioritairement leurs droits de participation, entendue au sens large de participation à la délibération publique ou au sens étroit d'accès à une charge publique[3].

1. C'est aussi l'argument conséquentialiste repris par le juriste américain Lee C. Bollinger ou le philosophe Frederick Schauer. *Cf.* L. C. Bollinger, *The Tolerant Society*, Oxford, Oxford University Press, 1986 ; F. Schauer, *Free Speech : A Philosophical Enquiry*, Cambridge, Cambridge University Press, 1982. Pour la critique de leur conséquentialisme, voir D. A. J. Richards, « Toleration and Free speech », *Philosophy and Public Affairs* 17(4), 1988, p. 323-336.

2. A. Meiklejohn, « Free Speech and its Relation to Self-Government », *Political Freedom : The Constitutional Powers of the People*, New York, Harper & Row, 1948. Sur le lien entre Meiklejohn et le juge Brennan dans l'affaire *Sullivan*, voir H. Kalven, « The New York Times Case : A Note on "The Central Meaning of the First Amendment" », *Supreme Court Review* 191, 1964 ; voir aussi les textes de Kalven dans *A Worthy Tradition : Freedom of Speech in America*, New York, Harper & Row. 1988. Le juge Brennan a confirmé s'être inspiré de Meiklejohn pour rédiger la décision de la CS (É.-U.) ; *cf.* W. J. Brennan, « The Supreme Court and the Meiklejohn Interpretation of the First Amendment », *Harvard Law Review* 79, p. 11-19, 1965.

3. *Cf.* J. Rawls, *TJ*, p. 260.

Cela constitue un argument décisif en faveur de la tolérance à l'égard de toute forme d'expression permettant d'enrichir le débat public et d'exercer sa citoyenneté. Mais contrairement à Meiklejohn, qui limite cette tolérance au domaine de la critique politique, ou du moins ne la théorise que pour ce domaine, la théorie de la justice comme équité de Rawls l'étend à l'expression d'opinions religieuses, morales ou philosophiques. Cette liberté est nécessaire pour que l'individu soit en mesure d'exercer sa faculté de former un projet de vie rationnel et d'élaborer sa conception du bien [1]. La conséquence est que la protection des libertés politiques de conscience, d'expression et de participation l'emporte sur la protection de la réputation ou de l'estime de soi, même si cela affecte la valeur de la liberté des personnes dont la réputation et l'estime de soi sont amoindries.

Il en résulte que le blasphème, compris comme la critique de croyances religieuses ou comme l'utilisation non religieuse de représentations religieuses, doit être strictement protégé par l'État. Que les caricatures heurtent la sensibilité des croyants, aussi bien individuellement que collectivement, cela ne constitue pas une raison suffisante et légitime pour en interdire la publication. La liberté d'expression est vidée de son sens si elle est limitée chaque fois que son exercice heurte les opinions et les croyances d'un individu ou d'un groupe, qu'il soit minoritaire ou majoritaire. Les individus peuvent avoir des raisons de protester contre l'expression d'opinions qui ne respectent pas leurs propres croyances, et ils doivent avoir le droit de manifester leur désaccord. Cependant, du point de vue des droits, la liberté d'exprimer des opinions divergentes, fussent-elles particulièrement choquantes, ne peut légitimement être restreinte sur la base de l'argument du respect dû aux personnes.

## Tolérer les intolérants : un problème mal posé

Mais qu'en est-il des opinions particulièrement choquantes comme les déclarations xénophobes, antisémites, racistes, misogynes ou homophobes par exemple ? Ne doit-on pas considérer, à l'inverse du

1. Voir aussi J. Rawls, *LP*, p. 405-406. C'est dans le même sens que D. A. J. Richards souligne que la liberté d'expression est protégée parce qu'elle est nécessaire à la discussion critique qui permet « la formation consciencieuse des valeurs » (*conscientious formation of values*); *cf.* D. A. J. Richards, « Toleration and Free speech », *op. cit.*, p. 334.

blasphème, qu'il s'agit là de manifestations intolérantes et donc intolérables? On peut repérer deux types d'argument en faveur d'une restriction de la tolérance pour les discours extrêmes, en laissant de côté l'argument du tort infligé. Le premier est que les discours extrêmes sont incompatibles avec les valeurs démocratiques de l'égalité, de la liberté et de la tolérance, et qu'il n'est donc pas question de tolérer l'expression de conceptions intolérantes. Le deuxième est celui de la menace que les discours extrêmes font peser sur la démocratie.

Le problème est redoutable dans la mesure où les intolérants ne reconnaissent pas le principe de tolérance mais utilisent le régime démocratique tolérant pour développer et diffuser leurs doctrines intolérantes; aussi, au nom de ce principe adopté par les individus raisonnables, les intolérants en viennent-ils à réclamer la tolérance pour eux-mêmes. C'est la situation de départ que Rawls se propose d'analyser:

> Certains partis politiques, dans les États démocratiques, défendent des doctrines qui les obligent à supprimer les libertés constitutionnelles quand ils ont le pouvoir. De même, il y a le cas de ceux qui rejettent la liberté intellectuelle tout en occupant des positions dans l'université. Il peut sembler que, dans ces cas, la tolérance est en contradiction avec les principes de la justice [1] [...].

Les individus raisonnables ont reconnu un principe de tolérance pour permettre à chacun d'entre eux de poursuivre ses projets de vie et pour vivre conformément à leur conception du bien. Mais, si les conceptions que défendent certains individus sont des conceptions déraisonnables et intolérantes, on peut légitimement douter que le principe de tolérance doive aussi s'appliquer aux intolérants. La tolérance semble alors tout simplement se contredire : la reconnaissance de la liberté de conscience égale pour tous rend possibles l'apparition et le développement de conceptions intolérantes qui nient le principe de liberté de conscience égale pour tous. De là, on tire le fameux paradoxe de la tolérance que Karl Popper énonçait de la manière suivante :

> Une tolérance illimitée a pour conséquence fatale la disparition de la tolérance. Si l'on est d'une tolérance absolue, même envers les

1. J. Rawls, *TJ*, p. 252.

> intolérants, et qu'on ne défende pas la société tolérante contre leurs assauts, les tolérants seront anéantis, et avec eux la tolérance [1].

Il est évident qu'il existe un paradoxe dans la formulation de Popper, mais ce paradoxe ne tient que si l'on fait l'hypothèse d'une tolérance illimitée, absolue, ce qui n'a pas de sens puisque le principe de tolérance, comme celui de liberté, implique l'idée d'une limite imposée par l'intolérable. De leur côté, les intolérants peuvent arguer de l'inconsistance de la tolérance en soutenant que les démocraties libérales sont hypocrites car elles ne tolèrent pas l'expression des opinions dissidentes qui les dérangent vraiment. C'est une plainte tellement commune que chacun pourra en trouver des exemples. Cette plainte repose évidemment sur un paralogisme qui consiste à affirmer que le principe de tolérance libérale est intolérant parce qu'il n'est pas illimité. En poussant l'application du principe de tolérance jusqu'à la contradiction, les intolérants mettent au défi les tolérants de les tolérer, et, le cas échéant, de justifier leur intolérance sans contradiction.

Le paradoxe de la tolérance a été abondamment commenté [2] et bien que Rawls ne cite pas directement Popper, toute la section 35 de *TJ* lui est consacrée. L'avantage de l'analyse rawlsienne est qu'elle distingue des problèmes souvent confondus, ou tout simplement inaperçus. En effet, le problème de la tolérance des intolérants peut être ramené à deux types de question: tout d'abord, les intolérants peuvent-ils se plaindre de ne pas être tolérés? Ensuite, les tolérants ont-ils de bonnes raisons de ne pas tolérer les intolérants et ont-ils le droit de ne pas les tolérer? La réponse à la première question repose sur le principe de réciprocité: «Le droit qu'a une personne de se plaindre est limité aux violations des principes qu'elle-même reconnaît» [3]. Or l'intolérant

1. K. Popper, *La société ouverte et ses ennemis* (1945), trad. fr. J. Bernard et Ph. Monod Paris, Seuil, 1979, t. 1, chapitre 7, note 4, p. 222.

2. *Cf.* L. C. Bollinger, *The Tolerant Society*, *op. cit.*, p. 57; voir la recension très substantielle de cet ouvrage par M. Rosenfeld, «Extremist Speech and the Paradox of Tolerance», *Harvard Law Review* 100(6), 1987, p. 1457-1481; F. Schauer, «Free Speech and the Paradox of Tolerance», *in* B. M. Leiser (ed.), *Values in Conflict: Life, Liberty and the Rule of Law*, New York, Macmillan, 1981; M. Canto-Sperber «How Far Can Tolerance Go?», *Diogenes* 176(44), 1996, p. 175-188; G. Haarsher, «Tolerance of the Intolerant?», *Ratio Juris* 10(2), 1997, p. 236-246; E. Kelly, L. McPherson, «On Tolerating the Unreasonable», *The Journal of Political Philosophy* 9(1), 2001, p. 38-55; Y. Nehushtan, «The Limits of Tolerance: a Substantive-Liberal Perspective», *Ratio Juris* 20(2), 2007, p. 230-257.

3. J. Rawls, *TJ*, p. 253.

rompt la réciprocité qui légitime l'application du principe de tolérance : il ne reconnaît pas le principe de tolérance qui seul pourrait justifier qu'on le traite avec tolérance et permettrait de définir ce qu'est un mauvais traitement. En outre, le mauvais traitement dont l'intolérant pourrait se dire victime n'est que l'effet d'un principe qu'il voudrait voir appliqué aux autres. En se plaignant, l'intolérant fait ainsi preuve de mauvaise foi [1]. Par conséquent, il ne peut avancer aucune raison de se plaindre de n'être pas toléré.

Le principe de réciprocité est donc l'argument décisif contre la recevabilité de la plainte des intolérants. Mais on doit à présent se demander si le fait qu'un individu profère des discours intolérants est suffisant pour justifier une limitation de sa liberté de conscience et d'expression. Le problème se pose particulièrement quand il s'agit non pas simplement d'individus privés, n'ayant qu'une audience limitée, mais de partis politiques ou de personnes publiques comme des professeurs d'université, des scientifiques, des écrivains, des acteurs, des humoristes, etc. Une manière de résoudre à peu de frais le problème de la tolérance des intolérants consiste à dire que, puisque les intolérants ont rompu la réciprocité des engagements et qu'ils n'ont aucun droit de se plaindre de l'intolérance, on peut à bon droit limiter leurs libertés d'expression et de participation politique [2]. N'ayant pas souscrit au principe de tolérance, le fondamentaliste semble avoir dégagé le libéral de toutes ses obligations de tolérance. Pour le dire dans les termes de la philosophie politique contractualiste, l'individu tolérant est à l'égard de l'intolérant dans une relation d'état de nature; aucun contrat n'engage le tolérant à tolérer l'intolérant [3].

En recourant à l'artifice de la position originelle, un individu tolérant pourrait raisonnablement faire valoir l'objection qu'il a choisi le principe de tolérance uniquement parce qu'il savait que les autres allaient aussi choisir ce principe et qu'ils s'engageraient à le respecter. Mais en sortant de la position originelle, il découvre que des individus se comportent comme des « passagers clandestins » (*free rider*) qui utilisent un système dont ils tirent profit mais qu'ils ne contribuent pas à

1. J. Rawls, *TJ*, p. 253.

2. Y. Nehushtan, « The Limits of Tolerance : a Substantive-Liberal Perspective », *op. cit.*, p. 238-245 ; R. Forst, « The Limits of Toleration », *Constellations* 11, 2004, p. 312-325.

3. *Cf.* M. Rosenfeld, « Extremist Speech and the Paradox of Tolerance », *op. cit.*, note 30, p. 1468.

soutenir. Cette comparaison entre intolérant et passager clandestin est faite par Rawls lui-même, dans la section 59 de *TJ* :

> On peut considérer l'intolérant comme un passager clandestin qui cherche à obtenir les avantages de justes institutions sans remplir ses devoirs vis-à-vis d'elle en les défendant [1].

Au fond, c'est bien le sens de la critique de Popper selon laquelle les intolérants parasitent les institutions démocratiques pour mettre en place un système intolérant; ils les vident de leur substance en abusant de la confiance des autres [2]. Le passager clandestin prend sa part des fruits de la coopération sociale, mais il n'a pas participé à la coopération. Dans la section 42 de *TJ*, consacrée à quelques questions économiques, Rawls explique alors :

> Même si tous les citoyens étaient volontaires pour payer leur contribution, ils ne le feraient probablement qu'à condition d'être sûrs que les autres aussi paient leur dû [...]. Mais, dans des circonstances normales, on ne peut obtenir d'assurance suffisante à cet égard que s'il y a une règle contraignante effectivement promulguée [3].

S'il faut une règle contraignante pour s'assurer que tous les individus remplissent leur part de la coopération sociale, cela signifie que l'on est en droit d'utiliser la coercition contre le passager clandestin qui ne remplit pas ses obligations. Qu'il ait souscrit ou non à la conception de la justice n'y change rien, à partir du moment où il profite du système de coopération [4].

En réalité, la tolérance des intolérants est un problème mal posé, et la symétrie des situations entre l'intolérant et le passager clandestin est trompeuse. En effet, on n'exerce pas la coercition contre le passager clandestin parce qu'il ne croit pas au système de justice ou ne le soutient pas par des discours, mais parce qu'il n'en respecte pas les règles : par exemple, ce n'est pas parce qu'il ne croit à la légitimité de payer son ticket de métro que le passager clandestin doit être sanctionné, mais

1. J. Rawls, *TJ*, p. 428 (traduction modifiée ; nous rendons « *free rider* » par l'expression de « passager clandestin » plutôt que par celle de « ticket gratuit »).

2. K. Popper, *La société ouverte et ses ennemis*, *op. cit.*, p. 222.

3. J. Rawls, *TJ*, p. 308.

4. Sur le principe d'équité violé par le passager clandestin, se référer à l'article de R. J. Arneson, « The Principle of Fairness and Free-Rider Problems », *Ethics* 92(4), 1982, p. 616-633.

parce qu'il ne le paie pas quand il utilise le métro. De même, l'intolérant ne saurait être condamné parce qu'il ne croit pas au système des libertés ou exprime des opinions contraires à la liberté de conscience; le seul motif de condamnation serait le fait qu'il entrave effectivement la liberté d'autrui.

Du reste, Rawls affirme seulement que l'intolérant ne peut se plaindre de subir un traitement intolérant dans la mesure où il n'a pas souscrit au principe de tolérance. En revanche, l'individu tolérant n'est pas pour autant autorisé à restreindre la liberté d'expression de l'intolérant pour la raison suivante :

> [P]uisqu'une juste constitution existe, tous les citoyens ont un devoir naturel de justice de la soutenir. Nous ne sommes pas dégagés de ce devoir chaque fois que les autres sont disposés à agir injustement[1].

L'individu tolérant s'est engagé contractuellement, en reconnaissant les liens de l'engagement (*strains of commitment*) à soutenir le système de libertés qu'il a choisi; son devoir est d'agir conformément à ses engagements. On ne peut donc se contenter de dire de manière plus ou moins raffinée : « Pas de tolérance pour les intolérants »[2]. Dans une démocratie soucieuse de la protection des droits, même dans le cas déplaisant des discours extrêmes, l'État doit appliquer le principe de tolérance.

### LA DOCTRINE DU DANGER MANIFESTE ET IMMINENT

Les limites de la tolérance deviennent alors aisément discernables : tant que la constitution et les libertés fondamentales ne sont pas directement menacées, on ne doit pas restreindre l'application du principe de tolérance[3]. Aussi les intolérants ont-ils le droit d'exprimer leurs opinions intolérantes et de les diffuser pourvu que l'on puisse s'assurer qu'ils ne représentent pas une véritable menace pour la société tolérante. La règle qui s'applique en l'espèce est celle de « danger manifeste et imminent », règle formulée par Rawls, dans

1. J. Rawls, *TJ*, p. 255.

2. On trouve un exemple de cette position dans Y. Ch. Zarka, *Difficile tolérance* (Paris, P.U.F., 2004, p. 15).

3. *Ibid.*, p. 248, 255.

l'article « Outline of a Decision Procedure for Ethics » (1951)[1] et empruntée à la jurisprudence de la CS (É.-U.). Le « test » du danger manifeste et imminent avait été introduit par le juge Oliver W. Holmes dans l'affaire *Schenck v. United States*[2]. La décision rendue dans cette affaire, qui mérite d'être brièvement rappelée, est tenue pour « avoir ouvert l'histoire du Premier Amendement »[3]. L'affaire *Schenck* porte sur la liberté de publier et de diffuser des tracts appelant les jeunes soldats à refuser le combat en période de guerre. Le secrétaire général du Parti socialiste américain, Charles Schenck, avait en effet appelé les jeunes soldats américains à refuser de servir en Europe pendant la Première Guerre mondiale, et il tombait alors sous le coup de la loi sur l'espionnage (*Espionage Act*) de 1917 et sous celle relative à la sédition (*Sedition Act*) de 1918. Schenck fit alors valoir son droit à la liberté d'expression protégé par le Premier Amendement, mais le juge Holmes estima que le Congrès était fondé à interdire certains actes de liberté d'expression qui sont susceptibles d'engendrer le désordre et la violence :

> La question, dans chaque cas, est de savoir si les mots utilisés le sont dans un tel contexte et avec un tel sens qu'ils créent ce danger manifeste et pressant de nature à engendrer les maux que le Congrès est en droit de prévenir. C'est une question d'urgence et de degré[4].

Ainsi, un acte ne peut être interdit que s'il fait peser une menace directe sur la société et le gouvernement. Il s'agit donc de ne pas utiliser l'argument du danger social et politique comme prétexte pour limiter opportunément la liberté d'expression. Holmes ajoute que ce qui peut être toléré en temps de paix peut ne pas l'être en temps de guerre ; les circonstances modifient la portée de la liberté d'expression de sorte que, pour certaines opinions, « il devient impossible d'en tolérer l'expression pendant la durée des combats »[5]. Holmes estime donc que Schenck doit être condamné.

1. J. Rawls, « Outline of a Decision Procedure for Ethics », *CP*, p. 15. Rawls fera un examen critique et remettra en cause la pratique de ce test dans *LP*.
2. *Schenck v. United States*, 249 US 47 (1919) ; voir Zoller, *Les grands arrêts ...*, *op. cit.*, p. 359-363.
3. *Ibid.*, p. 359.
4. *Cf.* E. Zoller, *Les grands arrêts ...*, *op. cit.*, p. 362.
5. *Ibid.*, p. 362. Sur le juge Holmes, voir notamment Y. Rogat, « Mr Justice Holmes : The Judge as Spectator », *University of Chicago Law Review* 31, 1964, p. 215-217.

Cependant, la même année 1919, Holmes révisa sa doctrine tout en affirmant ne pas remettre en cause ses précédents jugements. Parce que le critère du danger manifeste et imminent pouvait être mal compris et utilisé pour limiter abusivement la liberté d'expression, Holmes insista particulièrement, dans l'affaire *Abrams*[1], sur le fait que l'on ne devait réduire la liberté que si l'on pouvait estimer que la probabilité d'un danger imminent, résultant de l'expression et la diffusion d'opinions, était importante. Le juge Louis D. Brandeis dans l'affaire *Whitney* (1927) clarifia encore la doctrine du danger manifeste et imminent : « Même un danger imminent ne peut justifier le recours à l'interdiction de ces fonctions essentielles à la démocratie réelle, à moins que le mal redouté soit relativement sérieux [...] Il doit y avoir une probabilité d'une atteinte sérieuse à l'État »[2]. Non seulement il faut s'assurer que la probabilité du danger soit élevée, mais en outre il faut que ce danger soit déterminant pour la stabilité des institutions publiques. En outre, selon cette doctrine, le caractère dangereux de l'acte ne réside pas dans le contenu, dans les idées véhiculées, même si elles sont insupportables moralement pour la majorité, mais uniquement en vertu des circonstances qui empêchent le débat démocratique d'invalider ces idées, ou de les rendre moins attractives, et qui accroissent alors la probabilité d'instabilité[3]. Un même discours peut donc être autorisé ou interdit en fonction des circonstances de son énonciation qui modifient ses effets.

Il n'est pas inutile de raisonner à partir d'un cas comme celui de l'affaire très controversée de Skokie. Au printemps 1977, le Parti

1. *Abrams v. United States*, 250 US 616, 624 (1919). Cinq étrangers d'origine russe avaient distribué des tracts, à New York, en 1918, faisant l'éloge de la Révolution soviétique et critiquant l'attitude hostile du président Wilson. Voir la discussion de Bollinger, *The Tolerant Society*, *op. cit.*, 15-19.

2. *Whitney v. California*, 274 U.S. 357, 376 (1927). Sur la doctrine du danger manifeste et imminent, chez Holmes et Brandeis notamment, *cf.* E. Dumbauld, *The Bill of Rights and What It Means Today* (1957), Westport, Greenwood Press, 1979, p. 115-126.

3. *Cf.* A. Meiklejohn, « Free Speech and its Relation to Self-Government », *op. cit.*, p. 49. On pense également à ce fameux passage de *De la liberté*, dans lequel Mill écrit : « Même les opinions perdent leur immunité lorsqu'on les exprime dans des circonstances telles que leur expression devient une instigation manifeste à quelque méfait. L'idée que ce sont les marchands de blé qui affament les pauvres ou que la propriété privée est un vol ne devrait pas être inquiétée tant qu'elle ne fait que circuler dans la presse ; mais elle peut encourir une juste punition si on l'exprime oralement, au milieu d'un rassemblement de furieux attroupés devant la porte d'un marchand de blé ... » (J. S. Mill, *De la liberté*, *op. cit.*, p. 145-146).

national socialiste américain, le NSPA (National Socialist Party of America), dirigé par Frank Collins, sollicita une autorisation pour défiler dans le village de Skokie – ce que l'on appelle le village de Skokie est en réalité une banlieue de Chicago, démographiquement très dense. La particularité de Skokie était qu'il était composé d'une importante communauté juive, estimée à 40 500 personnes sur 70 000 habitants (soit 58 % de la population totale), dont plusieurs milliers avaient survécu aux persécutions nazies en Allemagne. On comprend alors que la demande de Frank Collins représentait une insulte particulièrement grave lancée à cette communauté marquée par le régime nazi; si l'argument du respect dû à autrui devait être retenu, ce serait sans nul doute pour ce cas. De nombreux habitants de Skokie s'opposèrent à la demande de Frank Collins et furent soutenus par la municipalité. En effet, la municipalité de Skokie expliqua que le défilé constituait une incitation à la haine raciale et religieuse et qu'elle ne pouvait assurer la sécurité de l'événement. Plusieurs actions en justice furent lancées afin d'interdire la marche et plusieurs lois promulguées[1]. En revanche, l'Association pour les libertés civiles, *American Civil Liberties Union* (ACLU), défendit le droit pour les représentants du nazisme américain de défiler, au nom du Premier Amendement. Cette association était à l'époque dirigée par Aryeh Neier qui avait lui-même fui avec ses parents l'Allemagne nazie; d'autres membres de sa famille n'avaient pu échapper aux camps de concentration[2].

Parmi les nombreux arguments soutenus par ce défenseur de la liberté d'expression, on trouve précisément celui de la pente glissante : l'idée est que si l'on commence à réduire la liberté pour les nazis, alors bientôt la liberté sera refusée aux autres opposants politiques; puis, toute forme de contestation sera alors interdite; enfin, il n'y aura plus de

1. La Cour d'appel de l'Illinois (1 st District) considéra que les mesures d'interdiction de la municipalité de Skokie étaient en partie justifiées ; *cf. Village of Skokie v. National Socialist Party of America*, 51 Ill. Ap. 3d. 279 (1977). On consultera ce jugement pour disposer d'une présentation détaillée de l'affaire.

2. Voir l'ouvrage majeur sur l'affaire de Skokie, A. Neier, *Defending My Enemy : American Nazis, The Skokie Case, and the Risks of Freedom*, New York, E. P. Dutton, 1979 ; voir aussi la discussion de cet ouvrage par L. C. Bollinger, « The Skokie Legacy : Reflections on an "Easy Case" and Free Speech Theory », *Michigan Law Review* 80(4), 1982, p. 617-633. Pour une présentation historique précise des événements et de la controverse juridique, voir P. Strum, *When the Nazis Came to Skokie : Freedom for Speech We Hate*, Lawrence, University Press of Kansas, 1999.

liberté du tout[1]. Schauer s'emploie à montrer que l'argument de la pente glissante est défectueux logiquement, mais nous pouvons nous contenter d'indiquer qu'il n'est pas concluant et peut être retourné par les opposants à la marche du NSPA; en effet, ces derniers peuvent tout aussi légitimement arguer que si l'on tolère le défilé de nazis dans Skokie, alors demain il faudra aussi les tolérer dans d'autres villes et quartiers, qu'il faudra alors faire face à la montée du NSPA, et que finalement on risquerait de voir la reproduction des crimes nazis sur le territoire américain. On ne peut prouver empiriquement que cette crainte est fondée, mais on ne peut pas non plus montrer qu'elle ne l'est pas.

Par conséquent, la manière adéquate de résoudre les dilemmes pratiques comme celui de la controverse de Skokie n'est pas de faire appel à l'argument non concluant de la pente glissante, mais plutôt de s'en remettre à l'interprétation des principes. Or la CS de l'Illinois, devant laquelle avait été portée l'affaire, et la Cour d'appel (7th Circuit) rejetèrent la demande d'interdiction de la marche du NSPA qui était protégée par le Premier Amendement, et déclarèrent inconstitutionnelles plusieurs ordonnances qui avaient été passées à cette fin par la municipalité de Skokie. De son côté, la CS (É.-U.), sollicitée dans cette affaire, avait refusé de l'examiner, estimant que la liberté de manifestation était au cœur du Premier Amendement; la décision de la CS de l'Illinois fut donc définitive[2]. Ainsi, le Premier Amendement qui, selon la reconstruction rawlsienne, constitutionnalise le premier principe de liberté, s'applique catégoriquement quand il s'agit d'une liberté de participation politique, à moins que l'expression d'opinions et de croyances ne représente un danger manifeste et imminent pour la stabilité du système de libertés.

L'argument le plus sérieux pour interdire ou autoriser la marche de Skokie ne pouvait être que celui du danger manifeste et imminent, et les opposants à la marche tentèrent de mobiliser cet argument en faisant

1. *Cf.* F. Schauer, « Slippery Slopes », *Harvard Law Review* 99(2), 1985, p. 363.

2. Voir la décision de la CS (É.-U.) : *National Socialist Party of America v. Village of Skokie*, 432 US 43 (1977). Se reporter aux décisions des cours inférieures : *Collin v. Smith*, 578 F. 2d 1197, 1203 (7th Cir.), cert. denied, 439 US 916, 99 S. Ct. 291, 58 L. Ed. 2d 264 (1978); *Village of Skokie v. National Socialist Party of America*, 69 Ill. 2d 605, 373 N.E. 2d 21 (1978). *Cf.* les commentaires de *Collin v. Smith* dans I. G. Dimitrakopoulos, *Individual Rights and Liberties Under the U.S. Constitution*, Martinus Nijhoff Publishers, Leiden, Pays-Bas, 2007, p. 565 et p. 583.

valoir que le défilé du NSPA menaçait directement la sécurité des habitants de Skokie. On pouvait alors se référer à l'arrêt *Brandenburg* (1969)[1] qui formulait la règle interdisant l'incitation à la violence (*incitement rule*); mais il faut ajouter que ces discours ne peuvent être interdits que si on peut montrer que les effets redoutés sont directement liés à l'énoncé de ces discours – de nouveau, l'évaluation des circonstances est de première importance. Dans l'affaire *Brandenburg*, on démontrait par exemple que les discours racistes du Ku Klux Klan entraînaient ou pouvaient entraîner de manière imminente un danger pour les populations visées. Dans le cas de Skokie, un tel lien direct n'a pas été établi – ce que l'on peut naturellement contester. Par ailleurs, l'atteinte à l'ordre public ne peut servir de prétexte pour limiter une manifestation quand les autorités estiment qu'elle est susceptible de provoquer des réactions négatives et violentes chez les opposants[2]. En l'occurrence, l'obligation des autorités est de garantir la liberté d'expression et d'imposer la tolérance à l'égard d'opinions qui sont moralement insupportables. Remarquons, pour l'anecdote, que le 23 juin 1978, après avoir obtenu les autorisations, le NSPA annula le défilé prévu le 25 juin à Skokie, pour finalement parader le 9 juillet dans Marquette Park, à Chicago.

Néanmoins, les décisions judiciaires autorisant la marche du NSPA, décisions qui expriment en fin de compte la conception rawlsienne de la tolérance, doivent être nuancées, et il convient ici mettre en équilibre deux types de considération que distinguait clairement la Cour d'appel de l'Illinois (1st District) dans sa décision du 12 juillet 1977[3]. D'un côté, les spectateurs d'une manifestation qu'ils estiment être une insulte à leur endroit ne peuvent en réclamer l'interdiction au simple motif qu'ils se sentent insultés. D'un autre côté, les organisateurs d'une manifestation qui a été conçue dans le but d'insulter autrui ne peuvent réclamer un droit absolu d'expression, précisément parce que leur manifestation n'est pas seulement l'expression d'opinions politiques, mais également d'un sentiment de haine qui a pour finalité de provoquer de vives réactions chez les spectateurs. Or, dans l'affaire de Skokie, il est clair que le but recherché par le NSPA était d'insulter et de

1. *Brandenburg v. Ohio*, 395 US 444, 447 (1969). Voir Dimitrakopoulos, *Individual Rights and Liberties Under the U.S. Constitution*, *op. cit*, B47 note 143, p. 78, et I55, p. 554.

2. Voir la discussion éclairante de Bollinger, *The Tolerant Society*, *op. cit.*, p. 32-34.

3. *Village of Skokie v. National Socialist Party of America* 51 Ill. Ap. 3d. 279 (1977).

provoquer une population déjà affectée par le traumatisme de la déportation[1], et pour ce seul motif la marche aurait dû être interdite. Comme nous l'avons dit, les actes comme l'insulte (directe), la calomnie, la diffamation qui visent à porter préjudice à autrui ne sauraient être protégés par le principe de liberté dans la mesure où ils affectent significativement et objectivement la valeur de la liberté des personnes insultées, calomniées, diffamées.

Si, pris abstraitement, le principe de liberté d'expression ne souffre aucune exception quand des conceptions, des idées ou des opinions sont proclamées publiquement, son application doit en revanche tenir compte des conditions de son exercice et des spécificités historiques et culturelles de la société dans laquelle il est appliqué. Naturellement, il est très difficile de mesurer la valeur de la liberté d'une personne, mais la difficulté de l'entreprise n'est pas une raison suffisante pour y renoncer. Le cas du négationnisme de la Shoah est intéressant dans la mesure où il ne consiste pas seulement dans le fait de colporter des erreurs ou des mensonges, mais il a pour but de s'attaquer à la dignité des victimes ou des parents de victimes d'un génocide. Les négationnistes peuvent revendiquer le droit d'avoir une « opinion » divergente sur l'évaluation du nombre de morts ou sur la qualification des crimes nazis; les concepts historiques eux-mêmes sont des champs de bataille où s'affrontent des interprétations différentes de faits qu'il faut d'abord établir. Néanmoins, on peut également soutenir que leur opinion est en soi dégradante dans la mesure où elle consiste à nier la réalité de catastrophes humaines avérées, dont l'évaluation à la marge peut être sujette à discussion entre spécialistes, mais qui ne peuvent être mises sur le compte de l'imagination des victimes. Dans un tel cas, il est évident que le contexte historique de chaque société aura une influence majeure pour déterminer si on peut ou non tolérer le négationnisme, et si on peut admettre que l'opinion négationniste ne constitue ni une insulte ni une menace réelle. La tolérance qui prévaut aux États-Unis ne peut sans doute pas être un modèle pour les pays qui portent la responsabilité de la Shoah, qu'ils l'aient perpétrée ou qu'ils y aient participé, en particulier l'Allemagne, l'Autriche et la France.

1. Le jugement de la Cour d'appel de l'Illinois va d'ailleurs dans ce sens. *Cf.* plus précisément 51 Ill. App. 3d 279; 366 N.E. 2d 347; 1977 Ill. App. 9 Ill. Dec. 90, at 293.

Dans le cas des discours extrêmes, la préoccupation légitime qu'on peut avoir n'est pas seulement l'imminence du danger mais son inéluctabilité. La croissance rapide de certains groupes intolérants pourrait à moyen terme présenter une menace irréversible pour le système de libertés. Les groupes intolérants ont des stratégies dynamiques et essayent de convaincre le plus grand nombre d'individus pour les rallier à leur cause. La question est alors de savoir si le prosélytisme des intolérants est acceptable pour les tolérants. Rawls, qui reste fidèle à la doctrine du danger manifeste et imminent dans *TJ* a bien pris la mesure du problème, mais sa réponse sonne comme une sorte d'aveu d'impuissance :

> [I]l se peut que la secte intolérante soit si puissante initialement ou se développe si rapidement que les forces stabilisantes ne puissent la convertir à la liberté. Cette situation représente un dilemme pratique que la philosophie ne peut à elle seule résoudre [1].

La philosophie semble trouver ici ses limites. Cela signifie-t-il l'échec de la théorie de la justice à penser la tolérance ? Nous ne le pensons pas car, de quelque manière qu'on l'aborde, la tolérance représente un risque consubstantiel à la démocratie, mais c'est un risque à prendre. Certains citoyens peuvent faire un usage déplaisant de la liberté, parfois insupportable, mais cela ne constitue pas une raison suffisante pour limiter la tolérance à leur égard : sans la possibilité de faire un usage déplaisant de la liberté il n'y a tout simplement plus de démocratie. C'est au fond la leçon que nous pouvons tirer de cette discussion de la doctrine du danger manifeste et imminent.

1. J. Rawls, *TJ*, p. 256.

CHAPITRE III

## TOLÉRANCE ET NEUTRALITÉ

« Vous feriez mieux de lire la Bible ! Ça vous changerait ! » Et joignant le geste à la parole, elle sort une Bible de son sac et la brandit. L'intervention de la députée Christine Boutin à l'Assemblée nationale française n'est pas passée inaperçue, ce vendredi 9 octobre 1998, lors des débats parlementaires sur le projet de loi du PACS (Pacte civil de solidarité)[1]. Le PACS devait permettre aux couples non mariés d'obtenir un statut légal mais, dans l'intention du législateur, ce sont les couples homosexuels qui devaient être les principaux bénéficiaires de cette évolution législative. Cette réforme pavait la route à l'octroi du mariage pour tous les couples, réforme adoptée en France quinze plus tard, le 17 mai 2013. Du reste, le rapporteur de la loi sur le PACS, le député Jean-Pierre Michel, ne faisait guère de mystère en déclarant à l'ouverture de cette séance parlementaire : « Nous devons faire preuve de tolérance et accepter que tous ne vivent pas de la même façon. Je déplore la croisade de ceux qui refusent l'évolution des mœurs avec, hélas, la bénédiction des plus hautes autorités religieuses qui ont une vision rétrograde de l'homosexualité conçue comme pathologie »[2]. En deux phrases, tout est posé : la critique des opinions religieuses dans le débat public, la loi comme enregistrement des mœurs et la tolérance.

Ce qui frappe d'abord, bien sûr, c'est le registre religieux de cette déclaration préliminaire jetant un soupçon sur la sincérité de l'engage-

1. Compte rendu intégral des séances du vendredi 9 octobre 1998, *Journal officiel*, n° 78 A.N., p. 6270.

2. *Ibid.*, p. 6242.

ment politique des adversaires du PACS, partis en « croisade ». Il est évident que le geste de Christine Boutin ne pouvait qu'encourager ce soupçon et, comme pour le confirmer, elle dira plus tard dans la même journée, au cours d'un échange avec Guy Hascoët : « J'ai quand même le droit d'avoir une bible dans mon sac ! » [1]. La réponse de Guy Hascoët pointe justement l'immixtion de la religion dans la politique. Si d'un côté l'État se doit de « protéger la liberté de penser, la liberté spirituelle et la liberté des cultes », elle ne doit pas succomber à l'intrusion de la religion dans le débat public, car elle risque alors de tomber dans « l'impasse dans laquelle se trouvent tous les régimes qui, parce qu'ils sont une théocratie, deviennent incapables de faire la différence entre l'éthique et la morale » [2]. On ne sait pas vraiment quelle différence Guy Hascoët fait entre éthique et morale, mais on peut deviner que la morale renvoie à ce que l'on a appelé des conceptions substantielles ou compréhensives de la vie bonne appuyées sur des croyances de type religieux par exemple, alors que l'éthique serait une manière d'ordonner des valeurs sans mettre en jeu de telles conceptions de la vie bonne. Quelle place alors pour les convictions morales et religieuses dans la délibération politique ?

Le deuxième élément qui nous intéresse dans la déclaration du rapporteur de la loi porte sur le rôle du droit. Ce que l'on comprend en creux, c'est que le droit devrait s'adapter aux évolutions de la société, ce qui revient à dire que la loi devrait enregistrer les mœurs. Paradoxalement, cet argument a plutôt servi les adversaires de la cause homosexuelle qui ont souvent insisté sur le fait que la société (c'est-à-dire la majorité) réprouvait moralement l'homosexualité et que le droit ne devait pas rendre licite ce que la moralité sociale rejette, mais devait au contraire éradiquer ce que la société considère comme des vices [3]. Il serait dès lors étrange d'utiliser un argument en faveur de la reconnaissance juridique du couple homosexuel quand cet argument sert également à disqualifier les revendications homosexuelles.

De la tolérance, il en est justement question dans la déclaration de Jean-Pierre Michel qui en appelle à l'ouverture des opposants au projet de PACS. Mais la suite du débat parlementaire nous apprend que ce n'est pas la tolérance des couples homosexuels qui est en jeu, mais leur

1. Compte rendu intégral des séances du vendredi 9 octobre 1998, *op. cit.*, p. 6275.
2. *Ibid.*, p. 6276.
3. *Cf.* P. Devlin, *The Enforcement of Morals*, Oxford, Oxford University Press, 1965.

reconnaissance. Toujours reconduite à l'idée d'une inégalité de statut entre dominant et dominé, la tolérance apparaît comme un pis-aller, une option regrettable qu'il faut dépasser. C'est le sens de l'intervention du rapporteur pour avis de la commission des affaires culturelles, Patrick Bloche : « de la tolérance à la reconnaissance : tel est le chemin qu'il nous est permis d'emprunter »[1]. Et, complétant le discours d'Elisabeth Guigou, Garde des sceaux, qui déclarait : « M. Mattei a également dit que, vis-à-vis des homosexuels, il fallait faire preuve de tolérance. Voilà une belle intention [...] », Patrick Bloche s'exclamait : « ... la reconnaissance, c'est mieux »[2]. Vieille querelle de mots dont nous avons rappelé l'origine en introduction, mais sur laquelle nous voudrions ajouter quelques remarques. Tout d'abord, que le seul édit dit de tolérance est l'Édit de Versailles du 7 novembre 1787, qui donne la possibilité aux protestants d'acquérir un état-civil. Les protestants verront désormais les naissances, les mariages et les décès reconnus au civil et pourront jouir des « effets civils », c'est-à-dire des droits civils attachés à ces actes juridiques. Cet édit de tolérance est important dans la mesure où il marque la sécularisation de certains actes qui sont par ailleurs liés à des pratiques religieuses : la sécularisation du mariage est très symbolique et elle permet de dissocier dans un même acte, la dimension religieuse sanctionnée par les sacrements de l'Église et la dimension juridique sanctionnée par la loi civile.

Aussi, en 1998, le PACS est-il au mariage civil ce que le mariage civil était au mariage catholique : un acte juridique de tolérance. Par ailleurs, la reconnaissance réclamée par les promoteurs du PACS signifiait seulement l'octroi d'un statut légal au couple homosexuel et n'avait rien à voir avec la reconnaissance de la valeur morale de l'homosexualité ; d'ailleurs, si la loi avait dû affirmer la valeur positive de l'homosexualité ou d'une autre pratique sociale, elle aurait immanquablement et légitimement déclenché un conflit de valeurs. Mais il faut dire aussi que l'octroi du mariage aux couples de même sexe achève la sécularisation de l'institution du mariage et répond à une exigence de tolérance fondée sur la séparation de l'Église et de l'État. Voulant éviter toute « guerre des dieux », le gouvernement français, comme la majorité parlementaire, avait affirmé vouloir mettre en

1. Compte rendu intégral des séances du vendredi 9 octobre 1998, *op. cit.*, p. 6243
2. *Ibid.*, p. 6268.

place une réforme neutre qui ne sanctionne ni ne privilégie aucune orientation sexuelle[1].

C'est précisément cet argument de la neutralité, si central pour une théorie démocratique de la tolérance, que nous voudrions explorer à présent. La thèse que nous défendons est que la tolérance exprime un double idéal d'inclusion des individus dans la sphère publique et de justification des normes qui s'appliquent à leurs comportements, leur manière de vivre, leurs actes, l'expression de leurs pensées. Ces deux aspects de l'idéal de tolérance sont liés : toute norme qui exclut les individus du bénéfice de la coopération sociale et des droits dont d'autres jouissent doit être scrupuleusement justifiée. Cependant, en raison des difficultés du jugement, cette justification ne peut se faire à partir de la vérité. Cela constitue le point de départ de la réflexion sur la neutralité. Nous allons donc d'abord nous intéresser aux différentes significations de la neutralité, puis nous préciserons ce que nous devons entendre par « justification neutre » de la conception publique de la justice et par « raison publique » en suivant leur élaboration conceptuelle dans *LP*. Nous défendrons l'idée que la délibération publique ne doit contenir que des arguments de nature politique, et nous montrerons que la question de la reconnaissance d'un statut légal pour les couples homosexuels peut être tranchée sans recourir à des arguments moraux et religieux, même si la tolérance bien comprise doit permettre aux citoyens d'exprimer des arguments de cette nature.

## NEUTRALITÉS

Le singulier de *la* neutralité masque la polysémie de ce terme, et il faudrait parler de trois concepts de la neutralité. En effet, on peut distinguer, en suivant Rawls dans leçon V (la section 5) du *LP*, la neutralité procédurale (*procedural neutrality*), la neutralité des effets (*neutrality of effect*) et la neutralité du but (*neutrality of aim*). En fait, Rawls lui-même s'est toujours méfié du terme de « neutralité » et ne l'a que très rarement employé[2]. Il estimait que ce terme renvoyait à une

1. *Cf.* Elisabeth Guigou, Garde des sceaux, déclare ainsi : « La neutralité de l'État, sur laquelle repose le texte, assure le respect de la vie privée de chacun » (compte rendu intégral des séances du vendredi 9 octobre 1998, *op. cit.*, p. 6269).

2. On trouve une occurrence du terme « neutralité », dans *TJ* (p. 445), et cinq occurrences de l'adjectif « neutre » (p. 452, 455, 457, 620, 629). L'adjectif « neutre » qualifie alors presque

idée peu crédible, qui ne convenait pas pour décrire la théorie de la justice. Il écrit ainsi que ce terme est « mal venu », que « certaines de ses connotations prêtent fortement à confusion » et que « d'autres suggèrent des principes tout à fait irréalistes »[1]. Il rejette principalement une conception trop courante de la neutralité de l'État selon laquelle l'État est neutre seulement s'il n'interfère avec aucune conception compréhensive ni aucun mode de vie, ou s'il garantit que tous les individus et tous les groupes pourront maintenir leur mode de vie. Nous allons présenter plus précisément cette conception de la neutralité et montrer pourquoi elle n'est pas satisfaisante, puis nous montrerons que la neutralité du but est plus désirable et plus conforme à l'idée d'un État tolérant. Pour l'instant, nous laissons de côté l'idée de neutralité procédurale que nous retrouverons plus loin.

Une première manière de comprendre la neutralité de l'action politique de l'État consiste à penser que cette neutralité se mesure aux effets qu'engendre son action sur les conceptions et les modes de vie des individus. Si l'on privilégie cette démarche, on dira qu'est neutre l'État dont l'action ne rend ni plus probable ni plus improbable « l'adoption par les citoyens d'une conception particulière »[2]. Autrement dit, la neutralité exige que l'action de l'État n'ait aucune espèce d'influence sur la manière dont les individus choisissent et développent une conception du bien, ni sur la manière dont ils organisent leur vie conformément à cette conception. Cela implique notamment que l'État ne fasse aucun obstacle à la transmission d'une conception du bien dans une communauté et, par conséquent, qu'il n'interfère pas avec l'éducation que recevront les enfants, ni avec les normes qui régissent la vie communautaire d'un groupe d'individus liés par une conception compréhensive. Mais comment l'État peut-il parvenir à cette forme de neutralité des effets ? Cela semble impossible ; les actions des individus produisent nécessairement des interférences avec les conceptions des autres individus et ont toujours des externalités, c'est-à-dire des effets externes et non intentionnels qui affectent un tiers. Comment pourrait-il en être autrement pour l'action de l'État ? Il semble évident que

exclusivement les moyens utilisés pour réaliser son projet de vie. Après la parution de *LP*, le terme n'est presque plus employé par Rawls.

1. J. Rawls, *LP*, p. 234 *Cf.* aussi, J. Rawls, « The Priority of Right and Ideas of Good », *CP*, p. 458.

2. J. Rawls, *LP*, p. 236

quelque action de l'État qu'on envisage, elle aura toujours une influence sur la vie des individus et favorisera *de facto* certaines conceptions du bien et certains modes de vie. La neutralité des effets implique donc que l'État devrait se proposer de corriger les effets négatifs de ses actions selon les deux principes dont la formulation est empruntée à Joseph Raz dans *The Morality of Freedom*[1] :

1. l'État doit assurer à tous les citoyens une chance égale de réaliser leur conception du bien.
2. l'État doit assurer à tous les citoyens la même capacité de poursuivre leur conception du bien et de mener la vie de leur choix.

Le premier principe est moins exigeant que le second puisqu'il se contente d'égaliser les opportunités mais ne garantit pas que les individus réaliseront effectivement leur conception du bien. Cependant, si ce sont les conséquences négatives de l'action qui doivent être corrigées afin d'assurer sa neutralité, ce premier principe est insuffisant. Aussi le second principe exige-t-il que les individus soient effectivement en mesure de réaliser leur conception du bien ; ce sont alors les capacités (*abilities*) des individus qu'il s'agit d'égaliser. Si, alors que cet objectif politique est atteint, des individus ne réalisent pas leur conception du bien initiale, nous pourrons l'imputer seulement à leur choix et non à un contexte de choix non neutre. Nous pourrions ajouter un troisième principe selon lequel l'État doit assurer à tous les citoyens la possibilité de donner l'éducation de leur choix à leurs enfants. Ce troisième principe, qui est une simple extension du second, est notamment justifié lorsque la conception du bien concernée implique une forme de vie communautaire ; dans ce cas, on peut, en effet, faire l'hypothèse que les individus qui désirent réaliser ce type de conception du bien désirent aussi que leur enfants adoptent cette conception et œuvrent au maintien de leur vie communautaire.

Cette manière de comprendre la neutralité est très problématique pour plusieurs raisons. Tout d'abord, on voit mal comment on pourrait évaluer l'effet de l'action de l'État sur la probabilité que les individus ont de choisir et de poursuivre une conception du bien ; cette évaluation reposerait sur un jugement contrefactuel très délicat à établir. Cela ne signifie pas qu'il n'existe pas des cas où il est manifeste que l'action de

1. J. Raz, *The Morality of Freedom*, Oxford, Oxford University Press, 1986, p. 114-115. Rawls reprend fidèlement la classification des interprétations de la neutralité de Raz.

l'État a un impact réel sur le choix des individus ou leur capacité à conduire leur vie comme ils l'entendent; bien au contraire, ces cas sont très nombreux. Cependant, l'arbitrage public entre les différentes revendications en matière de justice sociale deviendrait tout à fait vain dans la mesure où les individus pourraient toujours faire valoir que, si l'État n'avait pas agi de telle ou telle manière, ils auraient pu mener une vie plus conforme à leur conception du bien, ou auraient pu transmettre plus efficacement cette conception à leurs enfants, etc. Si le jugement contrefactuel est tout à fait envisageable dans certains cas, il semble extrêmement périlleux dans d'autres : il serait étrange de soutenir que, si l'État autorisait le mariage homosexuel, il y aurait plus d'homosexuels; ou que s'il ne l'autorisait pas, il y aurait moins d'homosexuels. Ce type de raisonnement, quoique non contradictoire, reste peu crédible et, en tout cas, souligne les difficultés d'une approche contrefactuelle pour évaluer la neutralité de l'État.

La deuxième raison pour laquelle il faut renoncer à la neutralité des effets est qu'il est tout à fait impossible que l'action de l'État ne produise pas des effets plus ou moins gênants sur la poursuite d'une conception du bien. Rawls estime ainsi que l'on doit tirer les leçons de « la sociologie politique du sens commun » et que l'on admette que la structure de base de la société influe nécessairement sur les comportements et les conceptions des individus[1]. En fait, le problème n'est pas vraiment que la structure de base modifie nécessairement les conceptions du bien en présence, car si on pouvait corriger cette influence la justice devrait exiger une telle correction. Mais, ce que Rawls veut dire en réalité, c'est qu'en voulant satisfaire les exigences de la neutralité des effets, on en est réduit à contenir toute action de l'État, quelle qu'elle soit, dans la mesure où elle affectera nécessairement au moins une conception du bien. En outre, il estime que la revendication de neutralité des effets n'est pas légitime : le problème n'est pas d'éviter toute influence sur les conceptions du bien et les comportements des individus, mais de faire en sorte que l'influence ultérieure de l'action de l'État ne soit pas illégitime. Et revendiquer le fait que l'État doive annuler cette influence est, en revanche, illégitime.

Imaginons qu'un individu X exprime une préférence pour une société dans laquelle est interdite la projection du film d'Ang Lee, *Le*

1. J. Rawls, *LP*, p. 237.

*secret de Brokeback Mountain* (2005), sur les amours homosexuelles de deux cow-boys, car il désire vivre dans une société qui promeut l'hétérosexualité. Un individu Y exprime la préférence contraire, à savoir une préférence pour une société où il est autorisé à aller au cinéma pour regarder un film qui met en scène une relation homosexuelle. Si l'on estime que l'État doit rester neutre du point de vue des effets c'est-à-dire que, quoiqu'il fasse, il ne doit pas diminuer la capacité des individus à réaliser leur conception du bien, on remarque alors que l'État ne peut tout simplement pas agir dans ce type de cas : s'il autorise la projection de films *gay*, pour le dire vite, il condamne la conception de la personne X; et s'il interdit ce type de projection, il condamne la conception de la personne Y. Ainsi, quelle que soit sa décision, son action aura une influence négative sur l'une ou l'autre conception et, par conséquent, il n'est pas possible de satisfaire toutes les revendications. Le problème sera plutôt de déterminer l'action dont les conséquences négatives pour l'une des deux conceptions sont néanmoins légitimes. Si l'on a de bonnes raisons de mettre en œuvre un principe de liberté de conscience et d'expression – ce que l'on a déjà montré – alors la plainte de la personne X sera irrecevable et cette personne devra tolérer que d'autres puissent regarder des films *gay*.

Ajoutons que, selon l'idée de neutralité des effets, l'État devrait intervenir pour maintenir le *statu quo* entre les différentes conceptions compréhensives existantes. Cela implique qu'il fasse obstacle à l'apparition de nouvelles conceptions compréhensives et à l'adhésion des individus à ces conceptions compréhensives qui menacent l'existence des autres conceptions. La contradiction entre l'idée et ses implications est patente. Ainsi, il apparaît que la neutralité des effets n'est ni praticable ni légitime dans la mesure où elle devrait accommoder des revendications illégitimes.

Arrivé à ce point, il est nécessaire de changer de perspective et ne plus considérer les effets de l'action de l'État mais ses buts, ses finalités. Reprenant une définition de la neutralité de Dworkin[1], Rawls estime qu'est neutre l'État dont les institutions politiques fondamen-

1. Dworkin écrit : « le gouvernement ne traite pas [les citoyens] comme des égaux s'il préfère une conception [de la vie bonne] à une autre, soit parce que les personnes publiques croient qu'elle est intrinsèquement supérieure, soit parce qu'elle est celle du groupe le plus important en nombre ou le plus puissant ». *Cf.* R. Dworkin, *A Matter of Principle*, Cambridge, Harvard University Press, 1985, p. 191.

tales ne sont pas conçues pour favoriser une conception compréhensive en particulier, ou pour défavoriser les autres conceptions compréhensives; c'est ce qu'il appelle la « neutralité du but » (*neutrality of aim*)[1]. Autrement dit, la neutralité se comprend comme une forme d'impartialité morale : l'État ne doit jamais agir en prenant parti pour une conception du bien particulière ou en dévalorisant une conception donnée[2]. Dans l'exemple précédent, si l'État décide d'interdire la projection du film *Le secret de Brokeback Mountain*, il faudra qu'il justifie sa décision en évitant d'affirmer que l'hétérosexualité est supérieure moralement à l'homosexualité, ou que l'homosexualité est un crime devant Dieu et ne convient pas aux bonnes mœurs. S'il parvient à justifier son action sans formuler un jugement sur la valeur intrinsèque des conceptions du bien, alors on considérera que son action est neutre.

Dans le cas des conceptions religieuses, la jurisprudence américaine a précisé de manière importante la neutralité du but en distinguant le *principe de neutralité formelle* et le *principe d'applicabilité générale*[3]. Une loi (ou un règlement) est valide s'il satisfait ces deux principes. Selon le critère de neutralité formelle, la norme juridique ne doit en aucun cas discriminer en vertu de considérations religieuses, c'est-à-dire que la religion ne doit pas apparaître comme un motif pour en limiter l'exercice. La loi est neutre si elle fait référence à des significations ou des buts laïcs. Dans l'arrêt *Lukumi* (1993)[4], la CS (É.-U.) donne la définition suivante : « Une loi manque de neutralité manifeste si elle fait référence à une pratique religieuse sans référence à une signification laïque discernable du langage ou du contexte »[5]. Par exemple, si une loi interdit l'eucharistie, elle n'est pas neutre

1. *Ibid.*, p. 236. C'est aussi le sens que retient Larmore, sans pour autant développer ni justifier cette idée; *cf.* Ch. Larmore , *Patterns of Moral Complexity*, Cambridge, Cambridge University Press, 1987, p. 44.

2. C'est le sens le plus répandu de la neutralité. Elle est une extension à tous les domaines de l'activité sociale, de la séparation entre l'Église et l'État. *Cf.* R. Audi, « Liberal Democracy and the Place of Religion in Politics », *in* R. Audi, N. Wolterstorff, *Religion in the Public Square*, Lanham, Rowman & Littlefield Publishers, 1997, p. 6 *sq.*

3. Voir l'arrêt de la CS (É.-U.) : *Employment Division, Department of Human Resources of Oregon v. Smith*, 494 US 872 (1990). Voir l'interprétation de Douglas Laycock, « Formal, Substantive and Disaggregated Neutrality Toward Religion », *DePaul Law Review* 39, 1990, p. 993-1018; Frederick M. Gedicks, « Exemptions religieuses, neutralité et laïcité », dans E. Zoller (dir.), *La conception américaine de la laïcité*, Paris, Dalloz, 2005, p. 190.

4. *Church of the Lukumi Babalu Aye v. city of Hialeah*, 508 US 520 (1993).

5. *Lukumi*, 508 U.S. 520, at 533.

puisqu'elle vise une pratique religieuse qui n'a pas de signification dans un langage laïc. Il s'agit là de références explicites dans la loi. Mais une loi peut aussi manquer de neutralité si dans ses effets, elle vise la discrimination de certaines pratiques religieuses. Prenons l'exemple de l'interdiction générale du port de la barbe dans la police [1], pour des raisons d'image de la police. Si cette loi permet les exemptions pour des raisons non religieuses (sensibilité au rasage, tradition familiale, ou encore parce que les amis ont toujours connu la personne barbue), mais interdit toutes les exemptions pour motifs religieux, alors cette loi a pour but de discriminer certaines pratiques religieuses, même si elle n'en fait pas une mention explicite dans le texte.

Quant au critère d'applicabilité générale de la loi, il précise la neutralité de celle-ci en insistant sur le fait que la loi doit utiliser exclusivement des raisons séculières pour interdire des classes d'actes et ne pas utiliser ces raisons séculières pour discriminer uniquement des pratiques religieuses. En effet, il est possible qu'une loi définisse une classe d'actes prohibés de telle sorte que seules les pratiques d'une religion en particulier soient réellement visées (les conséquences sont ainsi l'indice que la loi n'est pas neutre du point de vue du but) : c'est le cas si on interdit le sacrifice d'animaux en raison de la cruauté de l'acte, mais qu'on autorise par ailleurs la chasse à courre ou la corrida. Dans ce cas, la cruauté est un motif séculier, mais l'application de ce motif n'a pour objet que des pratiques religieuses. Le cas du port de la barbe est plus subtil : imaginons que dans la société S les hommes ne portent que très rarement la barbe, parce que ce n'est pas dans la culture, ou que ce n'est pas la mode. Un règlement passe pour interdire le port de la barbe dans la police (comme dans l'affaire *Fraternal Order of Police*), mais cette loi ne fait aucune différence entre les personnes et n'accorde pas de dérogation, ni pour des motifs religieux ni pour des motifs non religieux. Cependant, dans la société S, les seuls qui portent une barbe la portent pour des raisons religieuses, et par conséquent la loi ne pèse que sur ces individus croyants. Dans ce cas, la loi manque d'applicabilité générale (on dit qu'elle est sous-inclusive, *underinclusive*), car elle ne concerne qu'une partie de la classe d'actes prohibés. En revanche, une loi qui disposerait qu'on ne doit procéder à l'abattage des animaux que

1. Cf. *Fraternal Order of Police Newark Lodge No. 12 v. City of Newark*, 170 F. 3d 359, 3rd Cir. (1999).

dans des lieux prévus à cet effet pour des raisons sanitaires, prohiberait de fait le sacrifice d'animaux en dehors des abattoirs et resterait neutre même si elle affectait des pratiques religieuses.

Bien que ces deux critères soient issus de la jurisprudence de la CS (É.-U.), nous estimons qu'ils fournissent une interprétation adéquate du principe politique de neutralité de l'État et qu'ils valent pour d'autres contextes juridiques. Pour résumer, la force de coercition de l'État ne peut être utilisée pour promouvoir une conception compréhensive particulière ni pour défavoriser, voire éradiquer une conception compréhensive concurrente. Par ailleurs, toute conception compréhensive, pourvu qu'elle satisfasse au critère du raisonnable, doit être tolérée. La relation qui existe entre neutralité et tolérance est alors la suivante : la neutralité du but, qui caractérise la politique publique, rend possible la tolérance de toutes les conceptions compréhensives raisonnables puisque les individus n'ont pas de raison légitime d'utiliser l'État pour promouvoir leur conception du bien et combattre celle des autres. S'ils réprouvent certaines conceptions du bien, ils doivent pourtant les accepter. Aussi tous les individus sont-ils laissés libres de choisir leur mode de vie, de poursuivre leur plan de vie et de satisfaire les exigences de leur conception du bien.

## JUSTIFICATION NEUTRE ET INDÉPENDANCE MORALE

Mais une telle conception de la neutralité est-elle plausible ? Christine Boutin, dans son discours à l'Assemblée nationale, le 3 novembre 1998, affirmait contre la prétention à la neutralité de l'État :

> Outre que ce principe [de neutralité] relève d'une utopie [...] il est impossible à mettre en œuvre, car l'État n'est jamais neutre.
> L'État, dont le rôle est d'assurer la sécurité et la pérennité du corps social, est tenu en permanence de faire des choix, qui s'incarnent dans des décisions opérationnelles. Ces choix reposent forcément sur une vision particulière du monde, de la cité, des corps intermédiaires et de leur rôle, et en dernier ressort sur une conception particulière de l'homme. Ces décisions ont des conséquences sur la vie quotidienne

> des gens; c'est même en raison de ces conséquences qu'elle sont prises[1].

Si la conclusion est bonne, à savoir que toute action de l'État a des conséquences qui affectent certaines parties et que l'État ne peut prétendre à la neutralité des effets, nous allons discuter la prémisse selon laquelle l'État s'appuie « forcément » sur une vision du monde. Ce type d'argument a été développé philosophiquement par, entre autres, les philosophes dits « communautariens » comme Alasdair MacIntyre ou Michael Sandel. MacIntyre considère que la neutralité de la conception libérale de la justice est une imposture. Le libéralisme politique n'est absolument pas neutre puisqu'il fait fond, selon lui, sur une conception particulière de la personne comme individu séparé, autonome et rationnel, individu qui peut s'abstraire intellectuellement des conditions de son existence pour adopter un point de vue universel[2]. Nous n'allons pas développer ici les objections communautariennes bien connues[3], mais nous devons néanmoins clarifier la démarche neutraliste de Rawls afin d'éviter certains malentendus.

La neutralité du but de l'État est conditionnée par la neutralité de la conception politique qui sert de fondement à son action. Une manière d'assurer cette neutralité consiste à ne recourir qu'à des valeurs instrumentales ou procédurales pour justifier la conception de la justice. On dit qu'une procédure est neutre quand elle ne met en œuvre que des valeurs neutres comme l'impartialité ou la cohérence dans l'application des principes généraux. La neutralité procédurale peut être définie de trois manières distinctes : tout d'abord, la neutralité peut résider dans le fait d'une « procédure qui peut être légitimée ou justifiée sans faire appel à des valeurs morales »[4]. Cette première catégorie

1. Christine Boutin, discours à l'Assemblée nationale, compte rendu intégral de la 3e séance du 3 novembre 1998, *Journal officiel*, n° 94 [3] A.N. (C.R.), p. 7982.

2. A. MacIntyre, *Whose Justice? Which Rationality?* Notre Dame, University of Notre Dame Press, 1988; « Toleration and the Goods of Conflict », *in* Mendus (ed.), *The Politics of Toleration in Modern Life*, *op. cit.*, p. 138-139.

3. On présentera brièvement les principales thèses communautariennes dans le dernier chapitre (cf. *infra*, p. 157 *sq.*). Si l'on veut se plonger dans cette littérature, on peut se reporter à ces deux ouvrages en français : J. Lacroix, *Communautarisme versus libéralisme*, Bruxelles, Éditions de l'Université de Bruxelles, 2003; A. Berten, P. Da Silveira et H. Pourtois (dir.), *Libéraux et communautariens*, Paris, P.U.F., 1997. Voir aussi S. Mulhall, A. Swift, « Rawls and Communitarianism », *in* S. Freeman (ed.), *The Cambridge Companion to Rawls*, *op. cit.*, p. 471.

4. J. Rawls, *LP*, p. 235.

semble vide, et aucun auteur ne soutient une telle conception de la neutralité[1]. On peut ensuite définir la neutralité à partir de l'idée d'une procédure qui n'a de rapport qu'avec des valeurs neutres comme « l'impartialité, la cohérence dans l'application des principes généraux [...] ou encore l'égalité des chances des individus à faire valoir leurs revendications »[2]. C'est cette neutralité, par exemple, qui est mise en œuvre dans la notion de *fair trial*, de procès équitable : un procès est équitable si le juge a donné aux parties les mêmes droits et les mêmes moyens de défense. La procédure judiciaire est alors dite neutre ou impartiale[3]. Seront neutres des valeurs qui sont seulement procédurales, c'est-à-dire qui ne prédéterminent pas le résultat d'une procédure de décision, d'enquête ou de connaissance, mais le rendent possible; dans l'exemple du procès équitable, l'issue du procès n'est pas déterminée par la procédure suivie. Cependant, on pourra objecter que des valeurs procédurales ne sont jamais neutres parce qu'elles excluent toujours un ensemble de résultats qui auraient pu être obtenus si la procédure avait été élaborée différemment. Il paraît néanmoins difficile de soutenir que le choix de l'impartialité est partial et qu'il a pour but de défavoriser les intérêts d'une des parties lors d'un arbitrage. Il existe certainement des valeurs procédurales neutres, qui n'ont pas pour but de favoriser ou de défavoriser un individu ou un groupe d'individus.

Enfin, on peut définir la neutralité à partir de l'idée d'une procédure de discussion rationnelle. Selon cette définition, une décision et une conception sont neutres si elles résultent d'une discussion libre et rationnelle, c'est-à-dire si les interlocuteurs sont libres de toute forme de domination, par le pouvoir ou l'idéologie, et s'ils raisonnent convenablement. On pense aux théories conversationnelles de Charles Larmore et Bruce Ackerman[4] selon lequel « la neutralité est un mode

1. Bruce Ackerman, par exemple, admet l'absurdité d'une politique qui serait conçue sans référence à des valeurs; *cf.* B. Ackerman, « What is Neutral about Neutrality? », *Ethics* 93(2), 1983, p. 372.

2. J. Rawls, *loc. cit.*; traduction modifiée.

3. Il s'agit d'une procédure imparfaite au sens de Rawls; *cf.* J. Rawls, *TJ*, p. 117.

4. La référence à la théorie communicationnelle de Jürgen Habermas s'impose à ces deux auteurs, même si Habermas n'a pas développé de conception de la neutralité et ne conçoit pas sa théorie communicationnelle comme une théorie de la neutralité. *Cf.* J. Habermas, *Raison et légitimité* (1973), trad. fr. J. Lacoste, Paris, Payot, 1978; *Théorie de l'agir communicationnel* (1981), 2. vol., trad. fr. J.-M. Ferry, Paris, Fayard, 1987.

du discours »[1]. L'idée directrice, très commune du reste, est que le détenteur d'un pouvoir doit être prêt à justifier son exercice en recourant à des arguments admissibles pour autrui et en respectant des « contraintes conversationnelles » (*conversational constraints*) comme la rationalité et la cohérence[2]. La contestation du pouvoir est une chose qu'il doit accepter et affronter en n'ayant d'autre recours que la discussion ; cela ne pose pas problème et renvoie à l'idée du raisonnable chez Rawls.

Dès lors, il y a deux stratégies possibles que nous présentons à grands traits : celle du repli et celle de l'exclusion. Selon la stratégie plus complexe du *repli*, il s'agit de se détourner des croyances contestées, soit pour trouver un meilleur argument en faveur de ces croyances soit pour essayer d'obtenir un accord à un niveau de discussion où la controverse est moins virulente :

> Quand deux personnes sont en désaccord sur un point particulier mais souhaitent poursuivre la discussion sur un problème plus général qu'ils souhaitent résoudre, chacune des deux devrait faire abstraction des croyances que l'autre rejette (1) afin d'élaborer un argument sur la base d'autres croyances, qui convaincra l'autre personne de la vérité de la croyance contestée, ou (2) afin de passer à un autre aspect du problème au sujet duquel les chances de parvenir à un accord semblent plus grandes[3].

Si l'idée générale est assez simple à comprendre, la position de Larmore est très problématique. Faisons l'hypothèse que nous parvenions à un accord rationnel sur une conception du bien qui règle notre désaccord sur la distribution des ressources. Dans ce cas, bien que nous nous soyons soumis aux contraintes neutralistes de la discussion rationnelle, nous ne pourrions pas dire que nous soyons parvenus à une position neutre, ni même que nous ayons adopté une démarche neutre, puisque selon la proposition (1) il convient stratégiquement de s'appuyer sur des croyances qui sont partagées par l'autre, pour pouvoir le convaincre de la vérité (et donc de la supériorité) de notre conception du bien. Or Larmore affirme bien que si « quelque élément de l'épanouissement humain fait l'objet d'un accord unanime, le libéral ne

1. B. Ackerman, « What is Neutral about Neutrality ? », *op. cit.*, p. 389.
2. *Ibid.*, p. 8.
3. Ch. Larmore, *Patterns of Moral Complexity*, *op. cit.*, p. 53.

devrait avoir aucune raison de lui refuser un rôle dans l'élaboration des principes politiques »[1]. Cela signifie donc qu'une conception de la vie bonne qui fait l'objet d'un consensus raisonné peut être utilisée comme base d'un accord sur la justice. Cette idée n'est tout simplement pas acceptable du point de vue du libéralisme politique. En outre, l'hypothèse d'un accord sur une conception de la vie bonne supprime la condition de la discussion sur la justice, à savoir le fait du pluralisme.

La stratégie de *l'exclusion* consiste à expurger la conversation de toutes les conceptions du bien de telle sorte qu'émergent de la conversation seulement des raisons qu'autrui ne peut raisonnablement rejeter, c'est-à-dire sans avoir faire valoir son autorité personnelle ou la supériorité de sa conception du bien :

> Quand vous et moi apprenons que nous sommes en désaccord sur une dimension ou une autre de la vérité morale, nous ne devrions pas chercher une valeur commune qui mette un terme à ce désaccord ; nous ne devrions pas non plus essayer de le traduire dans un cadre supposé neutre [...] Nous devrions simplement ne rien dire du tout au sujet de ce désaccord[2].

S'il s'agit seulement de ne pas chercher à poursuivre indéfiniment une controverse sur la vie bonne parce que le temps de la discussion est compté et qu'il faut *in fine* prendre une décision, cette contrainte est intelligible. Cependant, comment parvenir à dégager un ensemble de raisons communes s'il est interdit de sonder, par la discussion rationnelle, les valeurs qui constituent nos conceptions du bien? Cela est inintelligible. Par ailleurs, il est curieux que l'on refuse d'essayer de traduire ses désaccords « dans un cadre supposé neutre ». Cela semble pourtant une solution prometteuse, pour autant que l'on ait une conception moins formelle de la neutralité. Le risque de cette stratégie est que la délibération soit réduite à peau de chagrin et que les interlocuteurs n'aient tout simplement rien à se dire[3].

1. *Ibid.*, p. 67.
2. B. Ackerman, « Why Dialogue ? », *The Journal of Philosophy* 86(1), 1989, p. 16.
3. *Cf.* les objections de J. S. Fishkin, « Can There Be a Neutral Theory of Justice ? », *Ethics* 93(2), 1983, p. 355. Fishkin estime que la conception de la neutralité d'Ackerman est trop formelle et ne permet pas de définir une conception de la justice ou, plus précisément, une mesure de l'égalité. Fishkin adresse la même critique à Rawls, mais nous montrerons que la conception rawlsienne de la neutralité évite ce formalisme.

Il manque donc un ingrédient à la recette procédurale pour définir une conception de la justice que des individus divisés sur leur conception du bien trouvent acceptables. Chez Rawls, cet ingrédient est tout simplement l'introduction de concepts moraux appliqués uniquement au domaine du politique. L'idée générale de Rawls est que, s'il convient d'éviter d'introduire dans nos raisonnements sur la justice des conceptions compréhensives de la vie bonne[1], il convient aussi de recentrer nos arguments sur ce qui constitue le domaine politique. À partir de 1985, avec la parution de l'article « Justice as Fairness : Political, not Metaphysical », il précise la distinction qu'il avait introduite dans *TJ* entre théorie étroite (*thin theory*) et théorie complète (*full theory*) du bien[2] :

> Il y a une chose que je n'ai pas réussi à dire ou, en tout cas, à mettre assez en évidence dans *Théorie de la justice*, c'est que la théorie de la justice comme équité est conçue comme une conception politique de la justice[3].

Dans *TJ*, Rawls fait référence à une « théorie étroite » (*thin theory*) ou limitée du bien, pour élaborer les idées du bien qui sont mobilisées dans le raisonnement des partenaires dans la position originelle, sans remettre en cause la priorité du juste sur le bien. Pour que les individus dans la position originelle, comme dans n'importe quelle situation délibérative, puissent parvenir à un accord sur la théorie de la justice, il faut qu'ils sachent de quoi ils vont pouvoir discuter et avec quel type d'argument[4]. Cette idée de bien renvoie essentiellement, dans *TJ*, à l'idée de « bien premier » qui est ce que toute personne rationnelle désire posséder en tant qu'elle est rationnelle, afin de réaliser son projet de vie, quelle que soit sa conception du bien ; c'est ce type de bien qui est l'objet de la distribution, le *distribuendum*. Le sens de la démarche

1. Rawls parle ainsi de « méthode de l'évitement » (*method of avoidance*) ; en revanche, il n'emploie pas le terme de « recentrement » que nous introduisons ici par commodité. *Cf.* J. Rawls, « Justice as Fairness : Political not Metaphysical », *CP*, p. 395.

2. J. Rawls, *TJ*, p. 437-441.

3. J. Rawls, « Justice as Fairness : Political not Metaphysical », *op. cit.*, p. 389.

4. Au sujet des biens premiers, Stéphane Chauvier note avec justesse : « Supposons en effet que l'on mette entre parenthèses toute information sur ce qu'un sujet peut rationnellement désirer. Supposons que l'on se force à ignorer ce que les hommes recherchent ou fuient. Comment une créature aussi aboulique pourrait-elle être concernée par des principes de justice ? » (« Biens premiers et besoins fondamentaux », *op. cit.*, p. 73).

de Rawls consiste à isoler une théorie étroite du bien qui ne repose pas sur une conception du bien en général ou sur des postulats métaphysiques.

À partir de 1985, Rawls clarifie ce qu'il entend par théorie étroite en substituant à la notion de « *thin* » la notion de « *political* ». Il ne s'agit pas seulement de changer les mots pour dire la même chose; en fait, le terme « politique » est plus précis que l'adjectif « étroit », qui est ambigu ou relatif. Désormais, la conception de la justice est politique en ce sens qu'elle est une conception morale conçue uniquement pour un domaine spécifique, et qu'elle ne s'applique qu'à lui; ce domaine spécifique, c'est la structure de base de la société. Aussi la conception politique n'a-t-elle pas besoin de s'appuyer sur une conception compréhensive particulière, ni d'être formulée dans les termes d'une conception compréhensive particulière. Le fait que la conception du bien dans la théorie de la justice comme équité soit limitée au domaine politique rend possible la neutralité idéologique de l'espace public et garantit la neutralité du but de l'État. Par conséquent, il n'y a aucune contradiction dans le fait que la théorie de la justice défende une conception « substantielle » du bien et soit en même temps neutre, car cette conception du bien ne prétend pas régir tous les compartiments de la vie des individus.

L'idée de tolérance démocratique est indissociable de l'idée de neutralité de la conception politique de l'espace public : neutre idéologiquement, l'État poursuit des buts strictement politiques et laisse les individus organiser leur vie conformément à leur conception, leurs croyances, leur projet de vie. La neutralité implique alors un retrait de l'État, un désengagement du pouvoir public du domaine de la vie non publique, puisque l'État doit se borner à gouverner la structure de base de la société en vue de la coopération équitable entre des individus divisés idéologiquement. Bien sûr, ce désengagement peut être perçu de manière douloureuse et peut même paraître injuste aux citoyens, selon les conceptions compréhensives qu'ils défendent; il n'en est pas moins nécessaire dans le contexte du pluralisme.

Examinons plus précisément la notion de bien premier afin d'éviter l'interprétation erronée selon laquelle la théorie de la justice comme équité reposerait sur une anthropologie particulière et ne serait donc pas neutre. On se rappelle que la justice est rendue nécessaire par le fait que les individus sont en conflit sur la distribution des ressources et des fruits de la coopération, et ce conflit est motivé par une préoccupation partagée par tous les hommes, à savoir la réalisation d'un projet de vie selon une conception de la vie bonne. L'élaboration, l'ajustement et la mise en œuvre de ce projet de vie dépendent de la rationalité des individus définie par la théorie du bien comme rationalité[1]. Les individus désirent ainsi disposer des moyens adéquats pour réaliser leur projet de vie et pour garantir le développement de leurs facultés morales[2]. Ces moyens sont les biens premiers (*primary goods*) définis comme « ce qu'on suppose qu'un être rationnel désirera quels que soient ses autres désirs »[3]. Ce sont les moyens que l'individu recherche avant toute chose dans la mesure où ils lui sont indispensables pour faire tout ce qui peut avoir de la valeur pour lui[4]. En analysant les intérêts de premier ordre dont la satisfaction permet de satisfaire les autres intérêts, on parvient alors à la liste suivante[5] : a) les droits et les libertés de base (liberté de conscience, d'expression, d'association, etc.); b) la liberté de circulation et la liberté dans le choix d'une occupation; c) les pouvoirs et les prérogatives afférant aux positions sociales occupées; d) les revenus et la richesse; e) les bases sociales du respect de soi. Tous ces biens sont ceux que les individus libres et égaux recherchent en priorité afin de satisfaire leurs intérêts définis par leurs facultés morales. Rawls soutient que cette conception des biens premiers ne repose pas sur une conception compréhensive, mais permet au contraire d'accommoder la plus grande diversité des conceptions compréhensives et rend possible la participation politique des citoyens.

Pourtant, le choix de certains biens semblent motivé par des raisons qui excèdent le cadre de la réflexion strictement politique; il en est ainsi

1. J. Rawls, *TJ*, p. 449-457; *LP*, p. 218-220; « The Priority of Right and the Idea of the Good », *op. cit.*, p. 451-452.

2. *Cf.* l'exposé de cette idée séminale de Rawls dans le livre de J.-F. Spitz, *Abolir le hasard ? Responsabilité individuelle et justice sociale*, Paris, Vrin, 2008, p. 226-227.

3. J. Rawls, *TJ*, p. 122. Pour un exposé complet de la théorie des biens premiers et du problème des comparaisons interpersonnelles de bien-être, *cf.* J. Rawls (1982), « Social Unity and Primary Goods », *CP*, p. 359-387.

4. *Cf.* S. Freeman, *Rawls*, New York, Routledge, 2007, p. 152-154; C. Audard, *John Rawls*, Londres, Acumen Press, 2006, p. 140-145; Chauvier, « Biens premiers et besoins fondamentaux », *op. cit.*, p. 69-70. Pour une critique de la théorie des biens premiers, voir A. Schwartz, « Moral Neutrality and Primary Goods » *op. cit.* Pour une discussion de la thèse de Schwartz, voir R. J. Arneson, « Primary Goods Reconsidered », *Noûs* 24(3), 1990, p. 426-454.

5. J. Rawls, *LP*, p. 224; « Social Unity and Primary Goods », *op. cit.*, p. 362-263.

des revenus et de la richesse dont on peine à voir comment ils pourraient être justifiés par l'idéal politique de développement des facultés morales de personnes libres et égales. C'est l'objection que fait valoir Stéphane Chauvier, par exemple. Selon lui, il n'y a aucune raison que celui qui fait le projet de compter les brins d'herbe désire des biens comme la richesse[1]. Il ajoute que « la liberté est peut-être le seul bien à pouvoir être directement dérivé de la seule idée que l'homme se donne des fins et agit en fonction de ses fins »[2]. Par conséquent, à part ce bien, les autres biens ne sont pas justifiés par l'idée qu'il existe des « désirs constitutifs » d'individus se concevant comme libres et égaux entre eux. Cette ligne argumentative reprend l'objection classique de Thomas Nagel et Adina Schwartz[3] selon laquelle tous les biens n'ont pas la même valeur en fonction des projets de vie des individus[4]. Au fond, cette objection est correcte : les biens premiers ne serviront pas tous les projets de vie de la même manière. Si l'on a pour projet de vie de compter des brins d'herbe dans les jardins publics, on n'aura probablement pas besoin des pouvoirs afférant à certains emplois, ni de richesse. Il est même possible que la possession de certains biens nuise à la poursuite de projets de vie; c'est l'hypothèse retenue par A. Schwartz[5] qui soutient par exemple que l'individu socialiste verra la société rawlsienne comme un obstacle à la réalisation de la vie bonne fondée sur la solidarité ou la propriété commune des moyens de production. Il pourra aussi considérer que consacrer du temps à des activités de production des richesses est un sacrifice inacceptable. Mais leurs objections ne vont pas assez loin en fait, car on pourrait même avancer l'idée que la promotion des libertés peut entrer en conflit avec certaines conceptions raisonnables du bien qui conditionnent la vie bonne à une vie communautaire où les liens d'autorité sont plus importants que le libre choix, même s'ils reconnaissent la liberté de conscience[6]. C'est un cas tout à fait envisageable, et la communauté

1. C'est l'exemple de Rawls lui-même (*TJ*, p. 472).

2. S. Chauvier, « Biens premiers et besoins fondamentaux », *op. cit.*, p. 80-81.

3. C'est la « Nagel-Schwartz objection » selon l'expression de Arneson (*op. cit.*, p. 429); *cf.* T. Nagel, « Rawls on Justice », *The Philosophical Review* 82(2), 1973, p. 220-234; A. Schwartz, « Moral Neutrality and Primary Goods », *op. cit.*

4. T. Nagel, « Rawls on Justice », *op. cit.*, p. 228.

5. A. Schwartz, « Moral Neutrality and Primary Goods », *op. cit.*, p. 302.

6. Ce sera l'objection communautarienne classique.

amish, que nous étudierons en détail dans la dernière partie, nous en offre une belle illustration.

Mais, comme l'a bien montré Will Kymlicka, l'interprétation de Nagel-Schwartz est erronée pour deux raisons [1] : tout d'abord, on peut utiliser les biens premiers à différentes fins, pas nécessairement matérialistes, et on peut même renoncer à sa part si l'on estime qu'ils ne sont pas utiles; ensuite, de nombreuses conceptions qui ne font pas de la possession individuelle un critère de la vie bonne requièrent tout de même un contrôle des ressources et de l'environnement pour être mises en œuvre. La théorie des biens premiers laisse ouverte la possibilité de mener une vie communautaire et spirituelle. En effet, parce qu'ils reçoivent des biens-liberté (libertés de conscience et d'association), les individus ont toujours la possibilité de s'associer pour mener une vie communautaire compatible avec des intérêts spirituels [2]. Que certains biens premiers, comme la richesse, ne soient pas utiles pour mener tel type de vie spirituelle, cela ne permet pas d'affirmer que seuls des modes de vie individualistes et matérialistes sont compatibles avec la théorie des biens premiers de Rawls. Les individus peuvent renoncer à l'utilisation de leurs biens ou les utiliser dans une perspective non individualiste [3]. Ajoutons enfin que même si des individus n'avaient pas du tout besoin des biens premiers pour accomplir leur conception du bien, ils devraient néanmoins s'assurer qu'ils ne souffriraient pas de manques graves dans le cas où ils changeraient de conception du bien. En effet, les individus sont rationnels en tant qu'ils peuvent former mais aussi réviser leur conception du bien, et la théorie de la justice comme équité doit garantir qu'ils en aient l'effective liberté [4].

1. W. Kymlicka, « Liberal Individualism and Liberal Neutrality », *Ethics* 99(4), 1989, p. 883-905.

2. *Ibid.*, p. 888.

3. Pensons au portrait que fait Victor Hugo de l'évêque Bienvenu dans la première partie des *Misérables*. L'évêque hérite des commodités et des revenus de sa fonction, mais étant, par l'esprit, plus moine qu'évêque, il redistribue ses richesses pour en faire bénéficier les fidèles les plus pauvres. Au lieu que les richesses possédées par l'évêque Bienvenu constituent un obstacle à la réalisation de sa conception du bien, elles le rapprochent de son idéal évangélique; conformément à son idéal, elles lui permettent de soulager les souffrances des plus humbles.

4. Sur ce point, se reporter à Buchanan, « Revisability and Rational Choice », *op. cit.*

## L'IDÉE DE RAISON PUBLIQUE

Nous avons examiné les conditions dans lesquelles la conception politique de la justice peut être dite neutre : ses buts doivent être neutres et sa justification indépendante (*free-standing*) des conceptions compréhensives. Mais la conception de la justice reste générale et n'est constituée que de quelques principes qui doivent être traduits en principes constitutionnels et interprétés dès lors qu'ils servent de base à l'élaboration des lois. Le problème est de savoir quelles sont les raisons que nous pouvons tolérer dans le débat public afin de parvenir à une interprétation correcte, ou à tout le moins légitime, des principes de justice quand nous devons proposer des lois ou les justifier. La réponse à ce problème réside dans l'idée de raison publique (*public reason*).

Commençons par préciser la distinction entre public et non public [1]. La notion de « public » renvoie au domaine limité de la structure de base de la société. Dans cette structure de base, nous considérons que les citoyens sont libres et égaux et qu'ils détiennent tous ensemble le pouvoir coercitif. En tant que tels, les citoyens sont conçus comme des personnes publiques, et les arguments qu'ils peuvent faire valoir devant leurs concitoyens doivent toujours être relatifs à la structure de base de la société ; leurs arguments sont alors aussi dits « publics ». On comprend que les arguments moraux ou religieux que les citoyens pourraient faire valoir *en public* ne seraient pas pour autant *publics* ; c'est en fonction de leur pertinence relative à la structure de base de la société qu'ils peuvent être qualifiés de « publics ». Nous avons là tous les éléments qui permettent d'introduire la notion de « *public reason* », telle que Rawls la définit dans *Libéralisme politique* :

> [L]a raison publique est la raison des citoyens égaux qui, constitués en corps collectif, exercent le pouvoir politique et coercitif ultime les uns sur les autres en promulguant des lois et en amendant leur constitution [2].

1. *Cf.* l'article de Ch. Larmore, « Public Reason », *op. cit.*, p. 368-393 ; S. Freeman, *Justice and the Social Contract : Essays on Rawlsian Political Philosophy*, Oxford, Oxford University Press, 2007, p. 226 *sq.* ; K. Greenawalt, « On Public Reason », *Chicago-Kent Law Review* 69, 1994, p. 669-689. Pour l'analyse de cas pratiques, nous recommandons la lecture de D. A. Dombrowski, *Rawls and Religion*, Albany, State University of New York Press, 2001.

2. J. Rawls, *LP*, p. 261.

La raison publique est alors publique en trois sens : tout d'abord, elle est la raison des citoyens en tant que tels (pas en tant que personne privée, ayant des engagements privés), mais aussi des institutions politiques; ensuite, son objet est le bien public et les questions de justice fondamentales; enfin, son contenu est public, c'est-à-dire qu'il comprend les principes qui s'appliquent à la structure de base de la société et que tous les citoyens connaissent. Les raisons non publiques, par contraste, sont les raisons soutenues par les citoyens quand ils sont engagés dans d'autres types d'association que l'association strictement politique (Églises, universités, clubs privés, etc.), et quand ils font appel à leurs conceptions compréhensives morales, philosophiques et religieuses. Toutes ces idées sont véhiculées par la société civile et forment ce que Rawls appelle la « culture environnante » (*background culture*)[1].

La question : quelles sont les raisons acceptables dans un débat public sur des questions de justice? admet une réponse simple; de la même manière que la conception politique de la justice doit être construite de manière indépendante, son interprétation doit être élaborée de manière indépendante. Par conséquent, on ne devrait tolérer que les raisons qui relèvent de la raison publique, et exclure toutes les raisons qui ne sont pas publiques. Ainsi, les citoyens sont invités à résoudre les questions politiques en ne faisant appel qu'à la raison publique et doivent mettre entre parenthèses leurs croyances religieuses, leurs convictions morales compréhensives, et leurs engagements particuliers. Mais les citoyens peuvent bien sûr puiser des raisons publiques dans leur conception compréhensive; ils doivent seulement apprendre à présenter leurs raisons publiques indépendamment de la doctrine compréhensive qu'ils soutiennent. Aussi les références à la parole de Dieu, les appels à l'autorité des maîtres ou les arguments moraux sur le sens de la vie bonne sont-ils frappés de nullité. Cet usage de la raison publique est défini comme un usage « exclusif » : sont exclues de la délibération politique toutes les raisons qui ne relèvent pas de la raison publique.

Cette conception de la raison publique, strictement politique, étend à la philosophie la séparation du politique et du religieux[2]. Autrement

1. *Ibid.*, p. 38, 268; « The Idea of Public Reason Revisited » (1997), *CP*, p. 576.

2. Pour une critique du caractère politique de la raison publique, *cf.* Sp. Dumitru, « La raison publique : une conception politique et non épistémologique? », *Archives de philosophie du droit* 49, 2005, p. 159-170.

dit, la raison publique est « agnostique » et ne peut servir de fondement pour convaincre nos concitoyens de la vérité de nos conceptions compréhensives ou de leur supériorité dans la résolution des problèmes politiques. L'intervention des arguments religieux dans la délibération publique est particulièrement problématique dans la mesure où il existe des institutions religieuses qui disposent d'un certain pouvoir et peuvent influencer la vie politique d'une manière inacceptable pour certains citoyens. Robert Audi, qui défend une théorie de la justification publique très proche de Rawls, a précisé de manière significative les principes qui doivent s'appliquer à une délibération publique, en distinguant les devoirs des citoyens et des institutions non publiques qu'ils soutiennent[1]. Il avance, outre le principe de neutralité, six principes qui permettent de s'assurer que la délibération n'est pas biaisée par des intérêts religieux, dont les quatre suivants :

1. Le principe de justification laïque (*Principle of Secular Rationale*)[2] : personne ne doit soutenir de loi restreignant la liberté individuelle, à moins qu'on la justifie par des raisons laïques.

2. Le principe institutionnel d'équilibre théologico-éthique (*Institutional Principle of Theo-Ethical Equilibrium*)[3] : les institutions religieuses doivent trouver un équilibre entre les déclarations de nature religieuse et les considérations morales laïques quand elles soutiennent une loi qui restreint la liberté individuelle.

3. Le principe de neutralité politique des Églises (*Principle of Ecclesiastical Political Neutrality*)[4] : dans une société démocratique, les Églises ont l'obligation de s'abstenir de soutenir un candidat à une fonction publique.

4. Le principe de neutralité du clergé (*Principle of Clerical Neutrality*)[5] : les membres du clergé ont l'obligation de bien distinguer leurs conceptions politiques personnelles et celles qu'ils peuvent être amenés à défendre publiquement en tant que membres du clergé ; enfin, ils doivent veiller à ce que leurs buts politiques n'influencent pas leur conduite professionnelle.

1. *Cf.* R. Audi, « Liberal Democracy and Religion in Politics », *op. cit.*
2. *Ibid.*, p. 25-28.
3. *Ibid.*, p. 37.
4. R. Audi, « Liberal Democracy and Religion in Politics », *op. cit.*, p. 39-45.
5. *Ibid.*, p. 45-47. Nous retrouvons ces différents principes dans la conception française de la loi de séparation de l'Église et de l'État de 1905.

Dans ce dispositif théorique de Rawls-Audi, la tolérance ne peut s'exercer qu'à l'égard des citoyens raisonnables, c'est-à-dire ceux qui ont des conceptions compréhensives compatibles avec la conception politique et qui respectent en outre la séparation institutionnelle du politique et du religieux. Les citoyens raisonnables, selon leur rôle politique (électeur, juge, représentant), peuvent alors participer à la délibération publique sur l'interprétation de la conception politique, sur l'élaboration et l'adoption des lois.

Quant aux autres citoyens, ceux qui soutiennent des conceptions raisonnables mais ne respectent la séparation entre le public et le non-public, ils sont exclus de ce débat public. On peut se demander ici s'il ne serait pas opportun de distinguer deux situations différentes, selon que les individus sont de simples citoyens ou des représentants politiques, élus ou non. Dans *LP*, Rawls insiste pourtant sur le fait que les exigences de la raison publique ne s'adressent pas seulement aux représentants qui légifèrent et aux juges, mais aussi aux citoyens sans autre statut politique que celui d'électeur[1]. Les citoyens doivent être en mesure d'élaborer leur choix politique et de défendre leur vote à partir de raisons publiques (ce qui implique qu'ils soient capables d'expliquer de manière raisonnable leurs choix à leurs concitoyens). Cela signifie que le débat public mené par les citoyens sur les questions politiques est soumis aux mêmes restrictions que la délibération publique qui a lieu au sein des parlements, des tribunaux, mais aussi des partis politiques. Dans l'article de 1997, « The Idea of Public Reason Revisited », Rawls semble revenir sur ce jugement, estimant que l'usage de la raison publique est impératif uniquement dans trois sphères : la sphère du pouvoir judiciaire ; la sphère du pouvoir exécutif et législatif ; la sphère de la compétition politique. Ainsi, les citoyens concernés sont les juges, notamment ceux des hautes juridictions comme la CS (É.-U.), les membres du gouvernement ainsi que les députés, et enfin les candidats à ces fonctions[2].

Cette reformulation est cependant problématique. Même si les simples citoyens n'exercent pas le pouvoir de contrainte, sinon de

1. *Ibid.*, p. 265.

2. J. Rawls, « The Idea of Public Reason Revisited », *op. cit.*, p. 575. Il est vrai que Rawls donne une interprétation de l'usage de la raison publique pour les simples citoyens en avançant l'idée que ces derniers « doivent se concevoir *comme si* eux-mêmes étaient des législateurs » (« *citizens are to think of themselves as if they were legislators* », *ibid.*, p. 577).

manière très indirecte, il n'en reste pas moins qu'ils partagent en corps et de manière égale ce pouvoir. Par conséquent, que ce soit dans le débat public au cours duquel les citoyens discutent des programmes politiques, des projets de lois, etc., ou dans la délibération publique au cours de laquelle on élabore les lois, les contraintes de la raison publique devraient s'appliquer également. En effet, un des traits de la raisonnabilité est de proposer des raisons acceptables comme termes équitables de la coopération; il suffit donc d'appliquer ce trait de la raisonnabilité à la délibération publique comme au débat public. Les arguments des citoyens déraisonnables ne peuvent être tolérés en ce sens qu'ils ne compteront pas pour de bonnes raisons. Évidemment, on ne peut contraindre au silence des citoyens qui feraient usage de raisons non publiques, bien que cet usage soit contraire à l'idéal de raison publique[1], mais on attend d'eux qu'ils respectent leur « devoir de civilité » (*duty of civility*) :

> L'idéal de citoyenneté impose le devoir moral, non légal – le devoir de civilité – d'expliquer aux autres comment, sur ces questions fondamentales, les principes et les programmes qu'ils défendent et pour lesquels ils votent peuvent être fondés sur les valeurs politiques de la raison publique. Ce devoir implique également d'être prêt à écouter les autres et de décider de manière impartiale quand il est raisonnable de faire des concessions à leur position[2].

On retiendra deux éléments essentiels : tout d'abord, le devoir de civilité est coextensif à la raisonnabilité[3]; il est la norme morale à laquelle sont soumis les citoyens usant de la raison publique. Ensuite, c'est un devoir moral et non légal. Autrement dit, en cas de non-respect, ce devoir ne peut être une raison d'exclure des citoyens déraisonnables.

1. Il n'est pas question, comme le pensent certains auteurs, de priver les individus déraisonnables de leur droits civiques, comme on retire aux criminels le droit de vote (*disenfranchisement*). On ne peut pas non plus parler d'*illibéralisme* du libéralisme politique simplement parce que Rawls établit des limites, fussent-elles contestables, à la participation politique raisonnable. Certes, la tolérance consiste dans l'inclusion la plus compréhensive des citoyens dans le processus de délibération démocratique, mais cette inclusion n'est pas sans limites, ni sans contrainte. Pour les objections à la position rawlsienne, *cf.* J. Furman, « Political Illiberalism : The Paradox of Disenfranchisement and the Ambivalences of Rawlsian Justice », *The Yale Law Journal* 106(4), 1997, p. 1197-1231 ; P. Campos, « Secular Fundamentalism », Columbia Law Review, 94(6), 1994, p. 1814-1827.

2. J. Rawls, *LP*, p. 264.

3. *Cf.* O. O'Neill, « Constructivism in Kant and Rawls », *in* S. Freeman (ed.), *The Cambridge Companion to Rawls*, *op. cit.*, p. 362.

Il faut ajouter que, selon Rawls, les devoirs de civilité doivent être observés de manière « sincère » ; les citoyens doivent jouer le jeu de la délibération démocratique sans maquiller leurs opinions non publiques du fard de la raison publique[1]. Cette condition, en revanche, nous paraît vaine et inopportune dans la mesure où il n'existe aucun moyen légitime, ni même efficace, de sonder la sincérité des arguments présentés. Exiger la sincérité semble même plutôt encourager à la méfiance, car on suspectera aisément ses concitoyens de dissimulation et de manipulation si on connaît par ailleurs leur conception compréhensive, en particulier si ce sont des croyants. Dans tous les cas, on doit se contenter d'évaluer les arguments apparents et non les intérêts latents ; la condition de sincérité semble superflue. Peu importe, par exemple, que les opposants au PACS ou au mariage pour tous les couples aient été animés par des raisons religieuses – et cela ne fait guère de doute dans le cas de la députée Christine Boutin comme dans le cas d'autres représentants – seul compte le type d'arguments qui est présenté : si les arguments sont de nature politique et reposent sur des raisons publiques, ils valent comme tels dans la délibération.

## La raison publique est-elle intolérante ?

Il convient à présent de préciser l'objet de la raison publique et d'examiner la possibilité d'une délibération concluante dans le cadre du libéralisme politique. Rawls soutient que la raison publique ne doit pas être appliquée à toutes les questions politiques qui pourraient diviser les citoyens, mais seulement à ce qu'il appelle des « questions constitutionnelles essentielles » (*constitutional essentials*) :

> [L]es limites imposées par la raison publique ne s'appliquent pas à toutes les questions politiques ; elles s'appliquent seulement à celles qui impliquent ce que nous avons appelé des questions constitutionnelles essentielles (*constitutional essentials*) et des questions de justice fondamentale [...]. Cela veut dire que seules les valeurs politiques doivent régler des questions aussi fondamentales que celles de savoir qui a le droit de vote, quelles sont les religions qu'il faut tolérer [...][2].

1. On trouvera de nombreuses citations exprimant l'exigence de sincérité : *LP*, p. 78, 291 ; ou encore « The Idea of Public Reason Revisited », *op. cit.*, p. 588.

2. J. Rawls, *LP*, p. 261.

Ce passage ne peut que laisser perplexe. En effet, on peut se demander pourquoi distinguer deux types de politique, l'une constitutionnelle et l'autre ordinaire, et ne réserver l'usage de la raison publique qu'à la première[1]. Cela signifierait-il que, pour ce qui est des questions de politique courante nous devrions tolérer les arguments moraux compréhensifs ou religieux[2]? Malgré l'équivoque de ce texte, ce n'est pas le cas. En réalité, la raison publique s'applique à tous les domaines politiques, mais Rawls insiste sur le domaine de la politique constitutionnelle car il estime que c'est le fondement de notre existence démocratique, et qu'il doit absolument être protégé des revendications compréhensives, voire de la déraison. Il considère aussi qu'il faut commencer par ces questions fondamentales avant d'envisager les questions de politique ordinaire, car « si nous ne respectons pas, dans ce cas, les limites de la raison publique, il semble inutile de les respecter ailleurs »[3]. Rawls définit donc seulement un ordre de priorité dans le traitement des questions politiques; cela ne signifie pas que les questions de politique ordinaire pourraient être légitimement réglées par le recours à des raisons non publiques. Nous maintenons la position forte qui consiste à affirmer que toute question politique devrait toujours faire l'objet d'une argumentation politique, pour autant que c'est possible – et dans certains cas, cela pourra s'avérer impossible. Le domaine prioritaire étant celui des *constitutional essentials*, nous limiterons notre examen à ce domaine.

À l'intérieur de ce domaine, il faut encore distinguer deux champs d'application de la raison publique: tout d'abord, les principes qui organisent les relations institutionnelles, les pouvoirs des institutions publiques, les limites du gouvernement de la majorité (*majority rule*); ensuite viennent les droits fondamentaux et leur interprétation, et les principes de l'État de droit (*rule of law*). Dans le premier cas, on doit

1. Sur la distinction entre politique constitutionnelle et politique ordinaire, *cf.* B. Ackerman, « Constitutional Politics/Constitutional Law », *Yale Law Journal* 99(3), 1989, p. 453-547; du même auteur, *Au nom du peuple* (1991), trad. fr. J.-F. Spitz, Paris, Calmann-Lévy, 1998. Rawls s'y réfère explicitement dans *LP*.

2. On pourra se reporter aux objections de Kent Greenawalt qui fait remarquer que la frontière séparant les questions « essentielles » et celles qui ne le sont pas du point de vue constitutionnel est poreuse, et qu'il est étrange d'accorder le droit d'utiliser des raisons non publiques pour les secondes mais pas pour les premières; *cf.* K. Greenawalt, *Private Conscience and Public Reasons*, Oxford, Oxford University Press, 1995, p. 119.

3. J. Rawls, *LP*, p. 262.

décider du mode de gouvernement (présidentiel, ministériel), des principes réglant les élections, du droit de vote, etc. Dans le second cas, on cherche à interpréter les principes de la justice enregistrés dans la charte des droits fondamentaux que l'on trouve dans toutes les constitutions démocratiques (Déclaration des Droits de l'homme et du citoyen ainsi que Préambule de la Constitution de 1946 en France, *Bill of Rights* aux États-Unis, ou Charte canadienne des droits et libertés, par exemple). Les délibérations publiques sur la portée du principe de liberté de conscience et d'expression, sur le droit d'avorter ou sur le mariage pour tous les couples sans distinction d'orientation sexuelle sont des exemples d'usage de la raison publique dans le domaine de l'interprétation des droits fondamentaux. Parce que l'objet de la raison publique est le domaine des *constitutional essentials*, les juridictions chargées de l'interprétation de la constitution et des lois sont l'expression la plus haute de la raison publique. Dans le contexte des États-Unis, Rawls considère ainsi que la Cour suprême est un « exemple de raison publique »[1]. Celle-ci doit protéger les libertés fondamentales qui ne sauraient être remises en cause par un vote populaire à la majorité (la *rule of law* limite la *majority rule*)[2].

Mais comment résoudre les conflits d'interprétation des droits fondamentaux avec des arguments stictement politiques, c'est-à-dire en recourant à un usage exclusif de la raison publique ? Même si les citoyens raisonnables acceptaient de restreindre leurs arguments au seul domaine de la raison publique, ils se demanderaient comment faire pour régler les *constitutional essentials* sans se référer à des arguments moraux ou religieux, ni à leur conception compréhensive. L'exemple du mariage pour les couples de même sexe va nous permettre d'illustrer la thèse rawlsienne.

1. J. Rawls, *LP*, p. 280.

2. Rawls manifeste une grande méfiance à l'égard du monde de la politique ordinaire, lieu de tous les compromis et de la démagogie politicienne. Il écrit ainsi : « la Cour doit empêcher que cette loi [fondamentale] soit affaiblie par la législation de majorités passagères ou, plus probablement, par des intérêts étroits organisés et bien placés, habiles à obtenir ce qu'ils veulent » (*LP*, p. 283). Faut-il en conclure que Rawls privilégie la dimension constitutionnelle de la démocratie plutôt que sa dimension populaire, et réserve l'accès à la délibération publique à une minorité d'individus raisonnables ? Cela semble assez conforme à l'œuvre de Rawls prise dans son ensemble, et on comprend les objections des philosophes de la démocratie délibérative, comme Habermas, qui estiment que la théorie de la justice comme équité est affectée par un déficit démocratique.

Il est vrai que l'institution du mariage est si profondément liée à la régulation religieuse de la sexualité et à des conceptions morales englobantes qu'il paraît à première vue tout à fait vain de vouloir argumenter de manière strictement politique. D'ailleurs, comme le rappelait Christine Boutin, « l'État et la République ne sont pas neutres, ne l'ont jamais été au regard du mariage, de la famille et du droit de la famille » ; et de conclure : « La neutralité de l'État, dans quelque domaine que ce soit, est une utopie »[1]. On est favorable ou non à l'union civile pour les couples de même sexe pour des raisons morales non neutres qui ne feront probablement pas consensus dans une société pluraliste[2]. D'une certaine manière, pour ce type de cas, la distinction entre *rule of law* et *majority rule* ne serait pas pertinente : la loi légitime de l'État de droit sera la loi de la majorité. Sur ce point, comme nous l'avons déjà indiqué, les promoteurs des droits des homosexuels à l'union civile ont souvent manifesté leur accord avec leurs adversaires : le droit devrait pour les uns, comme pour les autres, entériner les mœurs, c'est-à-dire non seulement les pratiques mais les valeurs véhiculées socialement; la seule différence est que les uns soulignent que la réalité des couples homosexuels est un phénomène social suffisamment important pour que le droit ne puisse l'ignorer, alors que les autres considèrent qu'elle est une réalité marginale que l'État n'a pas à reconnaître. Les uns pourront reprocher aux autres leur conservatisme, tandis que ceux-là répondront aux premiers que toute évolution sociale n'est pas bonne en soi et contredisant leur position initiale, ils finiront par admettre que le droit ne peut être « rabaissé à un simple moyen d'enregistrement des faits de société »[3]. Ce dernier argument est excellent : il répond à Lord Devlin pour qui la loi devait sanctionner ce que la société réprouve moralement[4], mais il réfute aussi la propre argumentation de Boutin sur la réalité naturelle de la relation hétérosexuelle qui fonde la société; car l'argument sous-jacent c'est que le droit, en tant qu'ensemble de

1. Christine Boutin, CR de la 3e séance du 3 novembre 1998, *op. cit.*, p. 7983. R. P. George a développé de manière plus élaborée ce type d'argument dans *Clash of Orthodoxies : Law Religion & Morality in Crisis* (Intercollegiate Studies Institute, 2002).

2. C'est ce que Scanlon appelle « *legal moralism* » ; *cf.* T. M. Scanlon, « The Difficulty of Tolerance », *The Difficulty of Tolerance*, *op. cit.*, p. 192.

3. Christine Boutin, CR de la 3e séance du 3 novembre 1998, *op. cit.*, p. 7982.

4. P. Devlin, *The Enforcement of Morals*, *op. cit.* ; pour les objections à Devlin, *cf.* R. Dworkin, « Lord Devlin and the Enforcement of Morals », *The Yale Law Journal* 75(6), 1966, p. 986-1005.

propositions normatives, ne saurait être simplement l'enregistrement de faits (sociaux ou naturels). Cela ne signifie pas que le droit est imperméable aux faits, mais simplement qu'il n'a pas vocation à les valider sans un raisonnement sur les valeurs.

Or les valeurs mises en œuvre dans la réflexion sur le mariage pour les couples de même sexe peuvent être strictement politiques. Une fois mis de côté les arguments religieux (« l'homosexualité est un crime qui attire le châtiment divin ») et les arguments moraux ou philosophiques non pertinents (l'homosexualité est l'« impossibilité d'une personne à pouvoir atteindre l'autre dans sa différence sexuelle »[1]), il reste encore une gamme d'arguments admissibles dans la délibération publique. Rawls présente les considérations de type politique suivantes :

> En démocratie, l'intérêt légitime du gouvernement est que le droit et la conduite des affaires publiques soutiennent et régulent, d'une manière ordonnée, les institutions dont on a besoin pour assurer la reproduction de la société politique dans le temps. Cela comprend la famille (dans une forme juste), les arrangements institutionnels qui permettent d'élever et d'éduquer les enfants, et le système de santé publique en général[2].

On suppose que, du point de vue de la justice, la société politique est une structure institutionnelle qui se maintient dans le temps, par conséquent il existe un intérêt politique pour les institutions qui permettent son existence perpétuelle, comme la famille, l'école, le système de santé[3] Rawls pose là un cadre général pour la poursuite de la discussion politique qui permet d'entendre les arguments raisonnables des adversaires de l'union civile accordée aux couples homosexuels. On ne sera pas surpris que, bien qu'empreinte de convictions morales et religieuses, Christine Boutin ait adopté ce type d'argument pour convaincre ses pairs à l'Assemblée nationale :

> L'État admet qu'il a besoin de la famille, qui, d'ailleurs, comme réalité biologique, préexiste à tout État, quel qu'il soit, pour que le pays soit constitué de citoyens debout, libres et responsables. Mais avant d'avoir

1. Christine Boutin, CR de la 3e séance du 3 novembre 1998, *op. cit.*, p. 7971.
2. J. Rawls, « The Idea of Public Reason Revisited », *op. cit.*, p. 779.
3. Sur la famille comme institution de la structure de base de la société, *cf.* V. Munoz-Dardé, « Is the Family to be Abolished Then ? », *Proceedings of the Aristotelian Society* 99(1), 1998, p. 37-56.

> des citoyens debout, il faut toutefois avoir des citoyens tout court. [...] C'est pourquoi l'autre raison du soutien financier et moral de l'État aux familles tient à la reconnaissance du service démographique qu'elles rendent à la société : ce sont les familles qui permettent au pays de renouveler et d'accroître sa population [1].

Une fois que l'on adopte ce type de raisonnement, on est contraint par des arguments strictement politiques. Désormais, si c'est bien la reproduction de la société qui est en jeu – nous prenons l'argument tel qu'il est présenté – l'orientation sexuelle n'est plus un obstacle, ni même le mode de filiation. L'intérêt de l'État est même d'encourager les couples homosexuels à devenir des unités sociales stables et à contribuer à la reproduction de la société en élevant et en éduquant des enfants. La stabilité, du reste, était employée aussi bien par les promoteurs du PACS que par leurs adversaires [2]. Mais on peut songer que d'autres valeurs politiques permettaient de s'engager dans ce débat et ont été utilisées, par exemple la solidarité ou l'égalité des statuts et des droits. Et on voit bien que la reconnaissance légale des couples homosexuels est une question qui peut être traitée selon les critères de la raison publique [3]. Si Rawls lui-même n'a pas tranché clairement ce cas pratique, il a explicitement rejeté l'idée que le libéralisme politique était hostile au mariage pour les couples de même sexe [4].

1. Christine Boutin, CR de la 3e séance du 3 novembre 1998, *op. cit.*, p. 7980.

2. Pour les promoteurs, *cf.* Jean-Pierre Michel, rapport à l'Assemblée nationale n° 1097, enregistré le 23 septembre 1998 ; Élisabeth Guigou, Garde des sceaux, discours à l'Assemblée nationale, compte rendu intégral de la 2e séance du 3 novembre 1998, *Journal Officiel* n° 94 [2] A.N. (C.R.), p. 7948. Pour les adversaires, Christine Boutin, CR de la 3e séance du 3 novembre 1998, *op. cit.*, p. 7980.

3. Ce que refuse par exemple un auteur comme R. P. George, qui affirme non seulement que la connaissance de Dieu est accessible à tous mais que l'on ne peut se passer des arguments religieux dans la délibération publique. *Cf.* R. P. George et C. Wolfe, « Natural Law and Public Reason », *in* R. P. George, C. Wolfe (eds), *Natural Law and Public Reason*, Georgetown University Press, 2000, p. 69 ; R. P. George, « Public Reason and Political Conflict : Abortion and Homosexuality », *The Yale Law Journal* 106(8), 1997, p. 2475-2504.

4. J. Rawls, « The Idea of Public Reason Revisited », *loc. cit.* ; *cf.* aussi l'interprétation rawlsienne du mariage homosexuel chez F. I. Michelman, « Rawls on Constitutionalism and Constitutional Law », *in* S. Freeman (ed.), *The Cambridge Companion to Rawls*, *op. cit.*, p. 410 *sq.* Rien n'est plus erroné que la thèse de Matthew B. O'Brien selon laquelle les arguments en faveur du mariage pour tous les couples sont « *publicly unreasonable* » au sens de Rawls. *Cf.* M. B. O'Brien, « Why Liberal Neutrality Prohibits Same-Sex Marriage : Rawls, Political Liberalism, and the Family », *The British Journal of American Legal Studies* 1(2), p. 411-466.

L'objection que l'on peut faire valoir contre le modèle de l'usage exclusif de la raison publique est qu'il tend à mettre en œuvre une certaine logique « sacrificielle ». En demandant aux citoyens de ne pas faire usage de leur conception compréhensive dans le débat public sur les principes constitutionnels et les lois générales, la raison publique exige qu'ils mettent entre parenthèses une partie de leurs intérêts moraux fondamentaux qu'ils ne peuvent défendre de manière strictement politique, afin de pouvoir légitimement participer à la délibération publique. Cependant, cette exigence peut apparaître aux citoyens comme un véritable sacrifice qu'ils ne sont peut-être pas toujours prêts à accomplir. Pourquoi un catholique convaincu devrait-il accorder le droit à l'avortement sur une base strictement politique? Mais pour que la balance soit équilibrée, demandons-nous aussi pour quelle raison un rationaliste héritier des Lumières (un libre penseur, par exemple) devrait renoncer à promouvoir, dans les institutions publiques, l'autonomie comme idéal de l'existence humaine et l'athéisme comme seule conception cohérente.

Si le libéralisme politique est plus accueillant *de facto* à l'égard des conceptions compréhensives comme la « libre pensée » et le libéralisme des Lumières, dont il partage le plus souvent les engagements en faveur de la raison publique ou de la liberté de conscience et d'expression, il peut se révéler intolérant à l'égard des conceptions religieuses dont les partisans, les « *citizens of faith* »[1], éprouveront des difficultés à en donner une traduction politique adéquate. Plusieurs auteurs ont contesté les exigences de la raison publique rawlsienne et ont soutenu le droit des citoyens, notamment des croyants, de participer à la délibération publique en utilisant les raisons issues de leur conception compréhensive; c'est le cas de Nicholas Wolterstorff, Kent Greenawalt, Michael J. Perry, ou Christopher Eberle[2]. Tous ces auteurs partagent

1. On trouve cette expression très difficile à traduire, dans « The Idea of Public Reason Revisited » (*op. cit.*, p. 588). Littéralement, il faudrait dire « citoyens croyants ».

2. *Cf.* N. Wolterstorff, « The Role of Religion in Decision and Discussion of Political Issues », *in* R. Audi, N. Wolterstorff, *Religion in the Public Square*, *op. cit.*, p. 67-120; C. J. Eberle, *Religious Conviction in Liberal Politics*, *op. cit.* Voir les textes de K. Greenawalt, « Religious Convictions and Lawmaking », *Michigan Law Review* 84(3), 1985, p. 352-404; « Has Religion Any Place in the Politics and Law of Liberal Democracy ? », *Proceedings of the American Philosophical Society* 142(3), 1998, p. 378-387; « Secularism, Religion, and Liberal Democracy in The United States », *Cardozo Law Review* 30(6), 2009, p. 2383-2400. On se référera aussi aux textes de M. J. Perry suivants : *Under God ? Religious Faith and*

l'idée que les individus ne peuvent pas mettre entre parenthèses leur conception religieuse dans la délibération publique dans la mesure où ils s'appuient sur elle pour justifier, en privé, leur choix politique. Il doit y avoir une continuité de la justification entre le domaine privé (ou non public) et le domaine public. Cette affirmation constitue la thèse commune de ces différents auteurs.

Néanmoins, on peut distinguer deux types d'arguments, l'un radical (Wolterstorff, Perry), l'autre plus modéré (Greenawalt), compatibles avec le libéralisme politique rawlsien. Selon une première ligne argumentative, les croyants ont le *devoir* de fonder leur décision politique sur leur conception religieuse, car ce devoir fait partie des normes définies par leur conception religieuse. Ils n'ont donc pas le choix de justifier autrement, de manière strictement politique, leur décision. C'est la thèse de N. Wolterstorff[1]. Il estime en outre que lorsque les questions politiques ont été débattues sur la base des convictions profondes des individus, et lorsqu'elles ont été tranchées de manière démocratique en respectant les procédures de vote (*majority rule*), il n'y a aucune raison de considérer que la décision est illégitime, même si elle repose en dernière instance sur une conception compréhensive religieuse. Les citoyens mis en minorité doivent tout simplement accepter ce résultat comme légitime[2]. Dans la même veine, Michael Perry soutient que les convictions religieuses sont « constitutives » de l'identité du croyant et que « mettre entre parenthèses ses convictions revient à mettre entre parenthèses – annihiler même – des aspects essentiels de son identité personnelle »[3]. Il est évident que pour ces auteurs le fait d'être croyant, d'être affilié à une Église, est incompatible avec les exigences du libéralisme politique, quoi qu'en dise Rawls. Ils utilisent même un argument qu'on pourrait désigner par

*Liberal Democracy*, Cambridge, Cambridge University Press, 2003 ; *Love and Power : The Role of Religion and Morality in American Politics*, Oxford, Oxford University Press, 1991 ; « Religion, Politics, and Abortion », *University of Detroit Mercy Law Review* 79, 2001 ; « Why Political Reliance on Religiously Grounded Morality Does Not Violate the Establishment Clause », *William & Mary Law Review* 42, 2001, p. 663-683.

1. N. Wolterstorff, « The Role of Religion in Decision and Discussion of Political Issues », *op. cit.*, p. 105.

2. Pour une discussion de cette thèse, *cf.* J. Sterba, « Rawls and Religion », *in* V. Davion, C. Wolf (eds), *The Idea of a Political Liberalism, The Idea of Political Liberalism : Essays on Rawls*, Rowman and Littlefield, 1999, p. 34-45.

3. M. J. Perry, *Morality, Politics and Law*, Oxford, Oxford University Press, 1988, p. 181. (Nous traduisons).

l'expression suivante : *argument de la réversibilité de l'accusation de mauvaise foi*. Cet argument veut que le devoir de sincérité des citoyens participant à un débat public consiste à exprimer ses convictions les plus profondes et à ne pas les masquer comme l'exige l'idéal rawlsien de raison publique. Alors que Rawls estime que le croyant doit justifier de manière sincère son vote sur la base d'arguments strictement politiques, Wolterstorff et Perry considèrent que c'est le citoyen rawlsien qui est de mauvaise foi en mettant entre parenthèses ses croyances, et non le croyant qui les déclare publiquement[1]. Le citoyen rawlsien serait condamné à être un hypocrite.

La deuxième ligne argumentative, défendue par Greenawalt, est plus modérée, et elle s'avère en grande partie conforme à l'esprit du libéralisme politique. Selon Greenawalt, il convient tout d'abord de distinguer entre le cas de la personne ayant des responsabilités politiques ou judiciaires, et le cas du simple citoyen. Dans le premier cas, il convient de distinguer encore la personne du juge et la personne du législateur. Pour ce qui est du juge, notamment dans les cours supérieures, la neutralité doit l'emporter car l'autorité du juge vient de ce que sa décision doit pouvoir être prise par n'importe quel autre juge, à partir des mêmes arguments. En revanche, cela devient moins évident avec le législateur. Si Greenawalt reconnaît que le législateur ne peut voter une loi qui favorise une religion ou en défavorise une autre, conformément à la Constitution américaine, il estime que lorsque des sujets complexes se présentent à lui et qu'il n'existe aucune raison politique claire, acceptable pour tous, il a toute latitude pour fonder sa décision sur ses convictions les plus profondes, notamment religieuses[2]. Cela ne signifie pas qu'il puisse brandir la Bible dans l'enceinte de la Chambre des représentants[3], mais il n'y a pas de raison qu'il s'abstienne de mobiliser des arguments non strictement politiques dans la compréhension de questions publiques quand il n'existe pas d'autres

1. Dans le sillage de Michael Perry, voir Philip L. Quinn, « Political Liberalisms and Their Exclusions of the Religious », *Proceedings and Addresses of the American Philosophical Association* 69(2), 1995, p. 35-56.

2. *Cf.* Greenawalt, « Has Religion Any Place in the Politics and Law of Liberal Democracy ? », *op. cit.*, p. 385.

3. On peut s'interroger sur la compatibilité de la neutralité de l'État et du port du voile islamique pour les parlementaires. Voir L. de Briey, « Le foulard de la parlementaire : Républicanisme critique et criticisme républicain », *Revue philosophique de Louvain* 109(4), 2011, p. 697-721.

arguments accessibles ou clairs. Quant aux citoyens, ils n'ont pas l'habitude de masquer leurs convictions religieuses profondes, ou de les éviter quand ils réfléchissent sur des questions politiques. On ne peut attendre d'eux qu'ils le fassent, et encore moins l'exiger. Du reste, Greenawalt souligne qu'il est préférable que les individus déclarent leurs croyances publiquement; en effet, en s'efforçant de se soumettre aux exigences de la raison publique, ils éprouvent de grandes difficultés et peuvent avoir des doutes sur le fait que les autres feront de même ou y parviendront, même s'ils en ont le désir. Cela conduira plutôt à instaurer des relations de méfiance [1].

Rawls n'a pas ignoré ces considérations et il a réévalué les contraintes de la raison publique. Certes, dans les circonstances d'une société bien ordonnée, dans laquelle les libertés et les droits fondamentaux sont protégés, les citoyens doivent faire un usage « exclusif » de la raison publique. Mais ces circonstances ne sont pas toujours réunies, et elles ne l'ont pas toujours été. Quand la société américaine était profondément divisée sur l'esclavage et ne garantissait pas les droits civiques des descendants d'esclaves, il était légitime de défendre les droits des noirs à partir d'une rhétorique politique enracinée dans des conceptions compréhensives partagées, en particulier religieuses et évangélistes. Il en fut ainsi des discours des abolitionnistes dans les années 1830 [2]. Il en fut de même des discours du pasteur Martin Luther King pour la promotion des droits civiques, dont Rawls examine une lettre de 1963 (*Letter from Birmigham City Jail*) [3]. Il montre ainsi comment le pasteur King s'appuyait sur des raisons religieuses pour dire l'injustice et promouvoir l'égalité politique, et surtout comment il était capable de traduire son discours religieux dans la langue politique pour le mettre en conformité avec les exigences de la raison publique. King commence par une définition religieuse d'une loi injuste : « La loi juste est un code fait par les hommes qui s'accorde avec la loi morale ou la loi de Dieu. Une loi injuste est un code qui est en désaccord avec la loi morale. » Puis, il reformule la définition sans faire intervenir d'élément religieux : « Une loi injuste est un code qu'une majorité inflige à une

1. *Ibid.*, p. 384.

2. J. Rawls *LP*, p. 300. Sur les discours abolitionnistes américains, voir *cf.* W. Pease, J. Pease, *The Antislavery Argument*, New York, Bobbs-Merrill, 1964.

3. M. L. King, *A Testament of Hope. The Essential Writings of Martin Luther King*, édition J. M. Washington, San Francisco, Harper & Row, 1986, p. 293 *sq*.

minorité et qui ne l'oblige pas elle-même ». Dans cette définition, King fait appel au critère politique formel de réciprocité de l'engagement; la loi est injuste qui institue une obligation non réciproque, c'est-à-dire pour le dire en termes rousseauistes quand elle est « onéreuse ». Dans le cas de la défense des droits civiques, Rawls dira que King fait un usage « inclusif » de la raison publique : il exhibe les raisons religieuses qui soutiennent sa revendication, mais cette revendication peut se dire dans un autre vocabulaire, un vocabulaire non religieux et strictement politique.

Rawls admet que, même hors circonstances exceptionnelles, il est souvent difficile de trouver des raisons politiques adéquates pour résoudre les questions constitutionnelles les plus fondamentales. Les problèmes de décisions médicales (avortement, euthanasie, recherche sur l'embryon, etc.) semblent particulièrement hors de portée de l'argumentation exclusivement politique. Si l'on prend le cas de l'avortement, on pressent qu'il sera plus difficile de satisfaire les exigences de la raison publique que dans le cas du mariage pour les couples de même sexe. On peut essayer de n'utiliser que des arguments politiques pour trancher le conflit moral, comme le fait Rawls qui propose un argument articulant trois idées politiques fondamentales[1] : le respect dû à la vie; la reproduction ordonnée de la société politique, ce qui inclut des considérations sur la famille; et enfin l'égalité des femmes en tant que citoyennes. En procédant à un équilibre entre ces trois valeurs politiques, on parvient à l'idée que le droit à l'avortement devrait être garanti dans le premier trimestre de la grossesse, en privilégiant la valeur d'égalité des femmes – et, ajoutons, la valeur d'autonomie. Cette manière d'argumenter a le mérite de rester dans le cadre politique fixé par la théorie de la justice, mais il faut bien reconnaître qu'elle n'est guère satisfaisante[2]. On voit mal comment interpréter la valeur de respect dû à la vie dans un cadre strictement politique sans faire appel à des valeurs morales qui outrepassent ce cadre. On voit également mal pourquoi donner la priorité à l'égalité des citoyennes plutôt qu'au

1. J. Rawls, *LP*, p. 293-294, note 1.

2. Pour une critique des arguments rawlsiens en faveur de l'avortement, voir Greenawalt, *Private Conscience and Public Reasons*, *op. cit.*, p. 116-119; du même auteur, *Religious Convictions and Political Choices*, Oxford, Oxford University Press, 1988. Selon Greenawalt, la raison publique est trop superficielle pour pouvoir prendre en charge de tel cas. Il discute âprement la possibilité de définir de manière politique la vie et le statut de l'embryon.

respect dû à la vie, dans le premier trimestre de la grossesse, si ce n'est en recourant à une conception contestable de la personnalité de l'embryon. Ce qui est d'autant plus troublant, c'est que Rawls considère que tout raisonnement qui aboutirait à l'interdiction de l'avortement serait déraisonnable. Ce jugement nous paraît péremptoire en l'absence d'un raisonnement précis et exhaustif justifiant le droit d'avorter – Rawls n'a jamais traité sérieusement la question[1].

Selon nous, on touche ici aux limites du modèle rawlsien, mais cela ne signifie nullement que l'on doive l'abandonner. Nous disons seulement qu'il est possible que, dans des cas comme ceux-là, il soit légitime de recourir à des raisons non publiques, bien que nous réfléchissions sur des *constitutional essentials*, à la condition expresse que l'on se soit assuré que tous les recours à la raison publique sont épuisés et vains. Rawls essaie d'échapper à cette issue en apportant deux précisions : tout d'abord, on n'attend pas de tous les citoyens qu'ils s'entendent sur la réponse politique à ce type de problème ; ensuite, les opposants à une loi sur l'autorisation d'avorter peuvent poursuivre le débat et essayer de trouver les arguments politiques qui permettront de changer la législation. Mais cela a pour effet de rendre le libéralisme politique rawlsien incohérent : dès lors que la loi est passée et qu'elle est reconnue comme étant de valeur constitutionnelle, ce droit d'avorter doit être protégé par la Cour suprême, de sorte que la délibération publique ne peut justifier que l'on revienne sur ce droit[2] ; les opposants peuvent continuer d'en discuter, cela ne changera rien. Dans le cas où la définition même de la personnalité est en jeu, il est peu probable que nous puissions nous passer d'une argumentation plus compréhensive. C'est le cas pour les fœtus, les handicapés frappés de déficience mentale sévère, ou encore les animaux non humains.

Face à de telles difficultés, Rawls a introduit, outre la conception inclusive de la raison publique (*inclusive view*), la conception étendue

1. J. Rawls, « The Idea of Public Reason Revisited », *op. cit.*, p. 607. Nous partageons par ailleurs le constat d'Emmanuel Picavet sur le fait que les désaccords en démocratie sont parfois plus profonds (et moins dangereux) que ne le pense Rawls. *Cf.* E. Picavet, « La doctrine de Rawls et le pluralisme comme modus vivendi », *Revue internationale de philosophie* n° 237, 2006, p. 372-373.

2. Voir l'affaire *Roe v. Wade* 410 U.S. 113 (1973). Sur cette affaire, voir D. A. Strauss, « Abortion, Toleration, and Moral Uncertainty », *The Supreme Court Review* 1992, 1992, p. 1-28.

(*wide view*)[1] : selon cette conception, les doctrines compréhensives raisonnables peuvent être introduites dans la délibération publique, en dépit du devoir de civilité, ce qui aurait l'avantage de permettre aux individus de déclarer publiquement les opinions compréhensives qui façonnent leur justification et leur interprétation de la conception politique publique[2] :

> Cela ne signifie pas cependant que l'on ne puisse pas introduire et discuter dans le registre de la raison publique des conceptions compréhensives raisonnables. Les individus sont en général libres de le faire. L'avantage de cette pratique est que les citoyens font connaître aux autres leur arrière-plan intellectuel, pour ainsi dire, et le fondement de leur soutien à la conception politique publique de la justice[3].

Cette manière de rendre publique ses conceptions compréhensives s'appelle précisément « *declaration* »[4]. En faisant une telle *declaration*, les individus prennent connaissance mutuellement des opinions compréhensives qu'ils défendent et qui deviennent publiques (au sens où elles sont visibles pour tous dans l'espace public, mais aussi au sens où elles deviennent pertinentes pour la politique). Ce type de *declaration* a pour effet de renforcer l'entente publique en approfondissant la compréhension mutuelle et en réduisant la méfiance des individus les uns à l'égard des autres. Ce fait est de nature à encourager la tolérance des individus raisonnables qui ne voient pas dans la diversité axiologique et doctrinale une menace pour la survie de leur propre mode de vie et pour leur conception compréhensive; et les liens de l'amitié civique s'en trouvent renforcés[5].

1. J. Rawls, *Justice as Fairness : A Restatement*, *op. cit.*, p. 90. Pour une discussion de l'idée de « déclaration », voir Larmore, « Public Reason », *op. cit.*, p. 382.

2. Comme nous l'annoncions plus haut, la position de Rawls rejoint, en partie, celle de Greenawalt, « Has Religion any Place in the Politics and Law of Liberal Democracy ? », *op. cit.*

3. J. Rawls, *op. cit.*, p. 90.

4. J. Rawls, « The Idea of Public Reason Revisited », *op. cit.*, p. 594 ; on trouve la même idée, bien que le mot de « déclaration » ne soit pas utilisé, dans *LP*, p. 299-300.

5. Nous avons développé ailleurs l'idée que la déclaration des conceptions non publiques pouvait renforcer la compréhension mutuelle des citoyens ; voir M.-A. Dilhac, « Le pluralisme des langues privées et le langage de la justice chez Rawls et Rorty », dans M.-A. Dilhac et S. Guérard de Latour (dir.), *Étant donné le pluralisme*, Publications de la Sorbonne, 2013 p. 147-170.

Alors, pouvait-on raisonnablement espérer qu'un débat sur l'union, le mariage et la famille pût être mené sans qu'aucun protagoniste ne manifestât ses convictions profondes, ses croyances religieuses ou simplement sa vision de ce qu'est une vie bonne? Et l'introduction de telles considérations dans la délibération publique aurait-elle dû être évitée? En fait, nous sommes partagés entre deux types d'attente différents : d'un côté, nous voulons que les questions politiques ne soient débattues et réglées qu'avec des arguments de nature politique (au sens de Rawls) et nous attendons de nos concitoyens qu'ils observent les devoirs de civilité. Mais, sur des questions qui touchent aux mœurs, à la définition de la famille ou de la personne, nous pouvons douter que cela soit toujours possible. Dans tous les cas, nous admettrons l'ordre de priorité suivant :

1. Dans les circonstances du pluralisme axiologique, nous avons le devoir de débattre des questions politiques en défendant des arguments strictement politiques (interprétation exclusive de la raison publique).

2. Aussi longtemps que dans la discussion nous sommes capables d'argumenter de manière politique, nous pouvons exprimer des jugements moraux, philosophiques et religieux qui sous-tendent notre engagement politique (interprétation inclusive de la raison publique).

3. Quand nous touchons à des questions politiques mettant en jeu des définitions morales fondamentales qui ne peuvent être construites à partir des idées politiques (personne, structure de base de la société, liberté, etc.), nous ne devons pas éviter la discussion et pouvons la poursuivre à partir de nos arguments et convictions moraux, philosophiques ou religieux (interprétation étendue de la raison publique).

La question de l'union civile pour les couples de même sexe (PACS ou mariage) ne semble pas tomber dans la troisième catégorie, et brandir la Bible au sein d'un parlement est un geste qui ne devrait pas se produire. Pour autant, la tolérance implique que, sur un tel sujet, citoyens-électeurs et citoyens-législateurs soient en mesure d'entendre les conceptions morales non publiques au nom de la sincérité de leur engagement public : « Mes chers collègues, je voudrais que vous compreniez bien que mon propos, ce soir, est l'expression d'une conviction profonde et sincère »[1].

1. Christine Boutin, Compte rendu intégral de la 3e séance du 3 novembre 1998, *op. cit.*, p. 7973.

CHAPITRE IV

# EXEMPTIONS ET ACCOMMODEMENTS RAISONNABLES

« Tôt ou tard, tout théoricien politique [...] se sent obligé de dire un mot des Amish de l'Ordre Ancien [*Old Order Amish*] en Amérique du nord », comme le remarque ironiquement Brian Barry, qui s'est lui aussi senti obligé de le faire [1]. Le cas de cette communauté religieuse de carte postale, vivant selon les coutumes d'un autre siècle, est trop tentant pour que nous n'en fassions pas de même. Il y a une raison plus sérieuse de s'y intéresser : l'histoire de cette communauté est celle de l'intolérance religieuse. Les Amish constituent, avec les Mennonites, les Huttérites et les Brethren suisses, une des quatre grandes communautés issues de la branche des anabaptistes qui se développa au XVI^e siècle en Allemagne et en Suisse [2]. En raison de leur doctrine qui les séparait tant des luthériens que des catholiques, ils furent victimes des premières guerres de religion dans la décennie qui a suivi la Protestation de Luther (1517). Une partie des anabaptistes guidée par Jakob Amman, dont elle prit le nom d'Amish, fuit alors les persécutions et arriva en Amérique, dans l'État de Pennsylvanie, au début du XVIII^e

1. B. Barry, *Culture and Equality: An Egalitarian Critique of Multiculturalism*, Cambridge, Polity Press, 2001, p. 176. (Nous traduisons).

2. Pour toutes les données sur l'histoire et le fonctionnement de la communauté amish, nous nous appuierons largement sur l'ouvrage de référence de J. A. Hostetler, *Amish Society* (1963), Baltimore, The Johns Hopkins University Press, 1970. Sur la question de l'éducation, *cf.* J. A. Hostetler, G. E. Huntington, *Children in Amish Society: Socialization and Community Education*, New York, Holt Rinehart & Winston, 1971 ; R. A. Stevick, *Growing Up Amish : the Teenage Years*, Baltimore, The Johns Hopkins University Press, 2000. Voir aussi D. B. Kraybill (éd.), *The Amish and the State*, Baltimore, The Johns Hopkins University Press, 1993.

siècle (1727). Mais la raison principale de notre intérêt pour cette communauté est l'affaire *Wisconsin v. Yoder*[1], qui est au cœur de la littérature politique et juridique sur les Amish.

En 1968, les enfants Frieda Yoder, Barbara Miller et Vernon Yutzy, âgés respectivement de quinze ans, quinze ans et quatorze ans, avaient accompli le cycle du collège (le *eight grade* correspondant à la troisième dans le système scolaire français), mais ne s'inscrivirent pas au lycée, quittant ainsi prématurément le système scolaire. Or, conformément à la loi du Wisconsin sur la scolarisation, *Compulsory School Attendance Law*, sections 118.15 (1) et (5), tous les enfants âgés de sept à seize ans ont l'obligation d'être scolarisés, que ce soit dans un établissement public ou dans un établissement privé. La loi du Wisconsin prévoyait quelques exemptions légales dans le cas de handicap physique ou mental, de maladie et autres motifs soumis à l'appréciation du rectorat, ou dans le cas où l'enfant aurait accompli, avant sa seizième année, une scolarité complète au lycée. Aucune de ces conditions ne s'appliquait dans le cas de l'absentéisme (*truancy*) des enfants Yoder, Miller et Yutzy. En effet, Frieda Yoder et Barbara Miller étaient amish et Vernon Yutzy était mennonite, et c'était pour un motif religieux que les trois enfants ne s'étaient pas présentés au lycée à la rentrée. Les parents, Jonas Yoder, Wallace Miller et Adin Yutzy avaient alors fait valoir qu'il était vital pour le maintien de la communauté amish (et mennonite) que leurs enfants ne soient pas éloignés de la communauté à partir de l'âge de quatorze ans en raison des difficultés importantes qu'ils éprouveraient pour leur transmettre les principes de leur foi et de leur mode de vie. Les parents Yoder et Miller appartenaient à un courant très conservateur, l'Ordre Ancien, fondée sur le respect de l'ordre communautaire (*Ordnung*). Les familles demandaient par conséquent que leurs enfants ne soient scolarisés que jusqu'à l'âge de quatorze ans, assurant qu'ils bénéficieraient ensuite d'une éducation au sein de la communauté. Mais ce motif d'absentéisme était irrecevable pour le rectorat et, conformément à la loi du Wisconsin, les parents Yoder, Miller et Yutzy furent condamnés à payer cinq dollars chacun.

1. *Wisconsin v. Yoder* 406 U.S. 205 (1972).

À ce point, la plupart des lecteurs seront d'accord pour dire que l'affaire est entendue et que les Amish ne sauraient bénéficier d'un traitement particulier pour raison religieuse, un traitement de faveur en quelque sorte. Pourtant, la CS du Wisconsin rendit d'abord un arrêt favorable à Jonas Yoder, ce que l'État du Wisconsin contesta. La CS (É.-U.) sollicitée accepta de se prononcer et confirma à l'unanimité, dans son arrêt de 1972, la décision de CS du Wisconsin. Qu'est-ce qui justifie une telle sollicitude à l'égard des Amish? Comment concilier les impératifs d'instruction publique et la protection de la liberté religieuse? Si on tolère cette revendication des Amish, alors on ne peut plus assigner de limite à la tolérance, on sera obligé de tout tolérer. Comment assurer la stabilité de la société tolérante si certains individus et groupes sont exemptés de satisfaire les exigences de l'éducation à la citoyenneté? Peut-on privilégier les droits des parents sur ceux des enfants? Cette liste de questions est loin d'être exhaustive, mais elle témoigne de l'ampleur de la controverse que l'arrêt a pu susciter.

L'affaire *Yoder* est devenue un véritable cas d'école pour la pensée politique et permet de tester les différentes conceptions politiques de la tolérance dans un contexte qui n'est pas seulement marqué par le pluralisme doctrinal (les conceptions du bien), mais par le pluralisme culturel (les pratiques, les modes de vie). Or les caractéristiques culturelles que l'on rencontre dans la législation et la réglementation sont pour la plupart inévitables. Elles ont pour effet d'exclure les individus et les groupes minoritaires qui éprouvent des difficultés à tirer profit des valeurs constitutionnelles garanties pour tous. Nous devons reconnaître l'écart qui sépare la justification politique neutre des principes constitutionnels, et l'élaboration contextuelle des lois et des règles d'une société déterminée. L'élaboration des normes publiques, d'échelon inférieur à celui des normes constitutionnelles, ne se fait pas dans le cadre de la position originelle, mais dans celui de la société réelle animée par les intérêts des individus et des groupes, intérêts qui reflètent en partie leurs attachements communautaires et leurs caractéristiques culturelles; quand il s'agit de la communauté majoritaire, on appelle cela la nation. Les citoyens ne peuvent dépasser leur horizon communautaire quand ils doivent résoudre des questions de ce type: quel jour de la semaine devons-nous retenir pour le repos hebdomadaire? Quel type d'enseignement les écoles publiques doivent-elles dispenser à nos enfants? Mais, dans ce cas, comment concevoir une société qui soit authentiquement tolérante si elle reflète les caractéristiques culturelles de la majorité? C'est tout l'enjeu de ce chapitre sur la tolérance que nous qualifions, faute de mieux, de « multiculturelle ».

Pour construire ce modèle de tolérance multiculturelle, nous maintiendrons le cadre de la théorie de la justice comme équité, mais nous l'augmenterons de considérations sur l'appartenance culturelle. Notre hypothèse est que la tolérance libérale appliquée au contexte multiculturel doit prendre la forme d'une politique d'exemptions et d'accommodements raisonnables, laquelle assure paradoxalement l'inclusion des minorités. Nous allons évaluer la légitimité des revendications d'exemptions et d'accommodements à l'école en élaborant un schéma de la tolérance multiculturelle qui repose sur les considérations suivantes: il faut d'abord vérifier que la législation affecte le contexte de choix et l'égalité des opportunités des individus; le cas échéant, il faut se demander si l'État a un intérêt impérieux de maintenir cette législation; s'il n'en a pas, et s'il est possible d'accommoder les revendications des individus lésés, alors l'État a le devoir de le faire.

## COMMUNAUTÉ ET CONTEXTE DE CHOIX

La démarche neutraliste que nous avons présentée dans le précédent chapitre implique que l'État n'a pas à se soucier des conséquences de ses actions pourvu qu'il ne promeuve pas une conception du bien en particulier. Dans le cas où le maintien d'une conception du bien requerrait l'emploi illégitime de la force, il faut simplement accepter la disparition de cette conception dans la société libérale[1]. Une fois que l'on s'est assuré que la justice est réalisée, on doit admettre les conséquences de la vie des institutions. Si la mise en œuvre de la liberté de conscience et de l'égalité entraîne la disparition de modes de vie et de conceptions du bien, il convient de l'accepter comme le résultat « inévitable » de la vie démocratique[2]. Ce résultat n'exprime pas l'intolérance des institutions neutres à l'égard des conceptions pénalisées, il découle seulement du fondement déontologique de la démocratie

1. J. Rawls, *LP*, p. 242.

2. *Ibid.*, p. 241. Mais cela signifie que l'acceptation de la conception politique peut entraîner un réaménagement des conceptions compréhensives de telle sorte que les individus soient condamnés à adopter finalement les idéaux libéraux contenus dans la conception politique.

libérale qui consiste à faire passer les droits avant les considérations sur la vie bonne.

Le passage dans lequel Rawls évoque implicitement l'affaire *Yoder* est très court et porte précisément sur cette conséquence de l'adoption du libéralisme politique[1]. Esquissant le problème de l'éducation, Rawls soutient que le libéralisme politique impose des « exigences moindres » que le libéralisme de Kant ou de Mill qui fait la promotion de l'autonomie comme idéal moral. De fait, le libéralisme politique n'exige pas des citoyens qu'ils reconnaissent que la liberté, ou l'autonomie, est la valeur qui doit gouverner toute leur vie et orienter toutes leurs entreprises; il demande seulement que la liberté soit reconnue comme un bien politique que la théorie de la justice comme équité peut légitimement promouvoir dans le domaine politique, c'est-à-dire dans le domaine de la coopération sociale. Bien sûr, la mise en œuvre de la conception libérale peut favoriser *de facto* l'adoption, par les citoyens, de conceptions compréhensives libérales pour lesquelles la valeur de l'existence réside dans l'autonomie de la raison, mais ce n'est pas le but poursuivi par la conception de la justice. Du point de vue du but, elle reste neutre même si ses effets pénalisent certaines conceptions[2].

C'est ainsi que Rawls résout l'affaire *Yoder* à peu de frais: l'éducation se borne à une forme d'instruction civique c'est-à-dire qu'elle ne contient que des éléments qui favorisent l'intégration citoyenne des individus et la stabilité de la coopération sociale selon des termes équitables. L'éducation ne promeut donc pas de conception compréhensive morale, religieuse et philosophique, fût-elle libérale; par conséquent, selon Rawls, il n'y a aucune raison que des communautés religieuses ne puissent continuer de mener leur vie au sein de la société libérale puisque l'éducation à la citoyenneté laisse intacts tous les engagements qui ne remettent pas en cause la stabilité de la coopération sociale. Mais cette position ne tient pas suffisamment compte de la dimension culturelle et pas seulement idéologique de la pluralité; le problème est de savoir si l'on peut ménager un espace (public) pour

1. Rawls ne cite pas l'affaire *Yoder*, mais la référence à cette affaire est limpide dans le passage suivant: « diverses sectes religieuses s'opposent à la culture du monde moderne et souhaitent mener leur vie commune à l'écart de ses effets indésirables. Se pose alors le problème de l'éducation des enfants de ces sectes ainsi que des exigences que l'État est en droit d'imposer en ce domaine » (*LP*, p. 243).

2. *Ibid.*, p. 243-244.

l'expression des différences culturelles. Il est possible que se produise un conflit culturel entre deux groupes qui soutiennent les mêmes principes de justice et partagent la même culture politique, mais qui prennent respectivement leur jour de repos hebdomadaire le dimanche et le samedi[1].

Si le raisonnement de Rawls fournit une réponse adéquate au problème de la tolérance des conceptions compréhensives dans le libéralisme politique, il manque le véritable problème soulevé par l'affaire *Yoder*: la tolérance des pratiques marginales auxquelles le fonctionnement des institutions fait obstacle. En effet, ce ne sont pas tant les conceptions compréhensives qui sont en cause, quoiqu'elles le soient aussi, mais les pratiques qui entrent en conflit avec une législation. Comme le note fort justement Iris M. Young, l'idée de doctrine compréhensive est trop étroite et ne permet pas de traiter le pluralisme qui fait problème dans la société moderne, à savoir le pluralisme des modes de vie :

> Aucun ensemble d'idées, aussi compréhensif ou systématique soit-il, ne définit ni n'engendre généralement un mode de vie. Un mode de vie porte sur les personnes avec qui vous vivez, les pratiques qui commandent l'organisation des jours et de la semaine, la langue que vous parlez et la musique que vous entendez [...][2].

Young a tout à fait raison de faire valoir qu'en mettant l'accent sur le pluralisme doctrinal Rawls s'interdit de penser le pluralisme culturel qui couvre le champ des pratiques sociales, des manières de vivre et de se rapporter les uns aux autres. Il est indiscutable que les conflits sociaux ne naissent pas seulement du pluralisme doctrinal mais au moins autant du pluralisme culturel. Or, dans l'affaire *Yoder*, nous avons une situation dans laquelle les Amish soutiennent le système de justice, votent, participent à la vie économique du pays et protègent leurs enfants, mais revendiquent le droit de ne pas être entravés dans l'éducation de leurs enfants à partir d'un certain âge. Le problème porte donc sur la différence culturelle – différence de conception autant que

1. Hervé Pourtois soutient par exemple que ce sont les significations sociales associées aux pratiques des groupes qui sont la source des conflits en démocratie, même entre des groupes qui soutiennent les mêmes principes. *Cf.* H. Pourtois, « Délibération, participation et sens du désaccord », *Éthique publique* 7(1), 2005, p. 145-154.

2. I. M. Young, « Rawls's Political Liberalism », *Journal of Political Philosophy* 3(2), 1995, p. 185. (Nous traduisons.)

de pratique – que la société juste est capable de tolérer dans le fonctionnement public de ses institutions sans remettre en cause le cadre général de la loi.

Le libéralisme politique en général et la conception de Rawls en particulier ont été sévèrement critiqués par les penseurs que l'on regroupe par commodité sous l'appellation de « communautariens »[1]. Selon ces auteurs, la faiblesse du libéralisme réside dans son individualisme atomiste et son procéduralisme. Il ignorerait l'articulation fondamentale de l'individu et de la société et ne parviendrait pas à tenir compte de l'inscription de l'individu dans la communauté qui est constitutive de son identité. Pour le libéralisme, les individus sont conçus comme des moi non seulement séparés les uns des autres mais aussi abstraits et dépourvus de qualité propre; le moi fait des choix à partir d'un éventail de finalités possibles, mais il n'est pas engagé par ces finalités[2]. Or, comme l'ont bien montré Michael Sandel et Charles Taylor, pour ne citer qu'eux, on ne peut faire de choix signifiant que dans son contexte d'appartenance communautaire qui fournit le langage commun et les significations partagées permettant de valoriser certaines options et d'en dévaloriser d'autres. Selon Taylor, l'authenticité du soi réside précisément dans l'effort d'un soi situé pour interpréter et exprimer son identité profonde constituée des finalités objectives communautaires[3]; cela implique de se détourner des facilités libérales qui encouragent l'individu à s'abandonner à l'inauthenticité de désirs changeants, superficiels[4]. Par ailleurs, les libéraux méconnaissent aussi l'importance de l'éthique sociale, des mœurs pour résoudre les conflits d'interprétation sur la justice : les

1. Voir note 3, p. 122.

2. C'est la critique de l'antériorité du moi par rapport à ses fins qu'a développée Michael Sandel (*Le libéralisme et les limites de la justice*, *op. cit.*, p. 94). Pour une interprétation aristotélicienne de l'enracinement communautaire du moi et de la formation collective des finalités humaines, *cf.* A. MacIntyre, *After Virtue : A Study in Moral Theory*, London, Duckworth, 1981. Sur la critique communautarienne de l'individualisme rawlsien, *cf.* M.-A. Dilhac, « La querelle de l'individualisme : Rawls et les communautariens », dans O. Tinland (dir.), *L'individu*, Paris, Vrin, 2008, p. 167-190.

3. Sur ce terme fondamental dans l'œuvre de Taylor, *cf.* en particulier C. Taylor, *The Ethics of Anthenticity*, Cambridge, Harvard University Press, 1992 ; cette éthique de l'authenticité sous-tend la logique de la reconnaissance ; *cf.* C. Taylor, *Multiculturalisme : Différence et démocratie* (1992), trad. fr. D.-A. Canal, Paris, Flammarion, 2001.

4. C. Taylor, *Hegel et la société moderne* (1979), trad. fr. J. Brindamour et G. Laforest, Paris, Cerf, 1998, p. 157.

valeurs et les finalités partagées par les membres d'une communauté donnée doivent être mises en œuvre pour donner un contenu à la justice; le procéduralisme libéral se trouve pris en défaut quand il faut examiner les cas de l'avortement, de la pornographie, du mariage homosexuel, etc.

La critique communautarienne nous paraît salutaire dans la mesure où elle a servi d'aiguillon au libéralisme, afin qu'il prenne en considération la question de l'identité et de l'appartenance culturelle. Cependant, nous n'en partageons pas les prémisses philosophiques. Deux modèles se dégagent des écrits communautariens, l'un *englobant*, l'autre *limité*: dans le modèle englobant, la communauté est pensée comme le milieu éthique qui non seulement conditionne la vie des individus, mais en outre détermine complètement leur identité. Les finalités communautaires sont partagées par les individus et définissent les normes qui s'appliquent à la vie sociale. Le problème de ce modèle est que la clôture communautaire est telle qu'il semble difficile sinon impossible de mener une réflexion normative sur ce que devraient être les principes politiques en présence d'injustices manifestes. Les communautariens défendent alors l'idée d'une politique du bien commun, mais le bien commun désigne alors le contenu éthique substantiel d'une communauté qui définit des pratiques et des modes de vie communs. Toute pratique qui contribue à la réalisation du bien commun est bonne et doit être encouragée par la puissance publique; toute pratique contraire doit être découragée. Les individus ne peuvent alors légitimement émettre de revendications de justice dans le but de promouvoir une conception du bien qui serait contraire à la conception du bien de la communauté. Nous estimons que cette politique, dans la version forte et englobante du communautarisme, est tout simplement intolérante car elle consiste à dévaluer et à entraver le développement de conceptions du bien et de modes de vie qui s'écartent de l'éthique substantielle de la communauté[1]. Les minorités marginalisées n'ont rien à gagner d'un retour aux idéaux chaleureux de la communauté, terme qui masque avantageusement l'inégalité entre une majorité et des minorités.

Le second modèle communautarien, limité, permet de lier de manière plus souple l'individu et la communauté: la communauté

1. *Cf.* W. Kymlicka, *Liberalism, Community, and Culture*, Oxford, Clarendon Press, 1989, p. 74; J. Lacroix, *Communautarisme versus libéralisme*, *op. cit.* chapitre 3, p. 109 *sq.*

fournit les significations et les finalités qui ont de la valeur pour les individus, mais ces derniers sont capables de se détacher de la toile de fond communautaire pour dessiner des motifs personnels. Ils peuvent mettre en question les normes politiques pour réformer la société, et leur destin n'est donc pas déterminé par la vie de la communauté. C'est cette conception qui nous paraît la plus forte, même si elle perd sa spécificité par rapport à la conception libérale, et entre en tension avec le modèle englobant.

La critique communautarienne a engagé le libéralisme à clarifier, voire à réviser la formulation de ses principes. Restant dans le cadre libéral, Will Kymlicka a tiré parti de cette critique en interprétant le contexte communautaire de formation du moi comme une ressource indispensable à la réalisation individuelle de la vie bonne. Il est vrai que le libéralisme n'a jamais accordé beaucoup d'importance à l'appartenance culturelle, voire ne lui en a pas du tout accordé[1], mais cela ne révèle qu'une erreur des penseurs libéraux, et non une déficience du libéralisme lui-même[2]. Puisque les libéraux, comme Rawls, accordent une grande importance à la liberté de former et de réviser sa conception du bien et son plan de vie, ils doivent aussi s'intéresser au contexte qui rend possible la formation et la révision des conceptions du bien et des plans de vie. Kymlicka insère ainsi dans la théorie libérale un coin lui permettant d'introduire des considérations sur l'appartenance culturelle, qui en étaient absentes. L'idée est que la liberté de choix ne peut s'exercer que sur un éventail de choix qui n'est pas lui-même choisi[3]; en d'autres termes, pour que l'on puisse choisir, il faut que des options pourvues de sens nous soient données, et elles nous sont données par la communauté culturelle à laquelle on appartient, par notre héritage culturel et nos relations intersubjectives signifiantes. La thèse de Kymlicka s'appuie ainsi sur l'enseignement communautarien qui ne contredit d'ailleurs pas les prémisses du libéralisme sur l'inscription de la personne dans une communauté.

En revanche, ce qui est original dans la démarche de Kymlicka, c'est qu'il n'argumente pas à partir d'une ontologie communautarienne qui donne la priorité aux valeurs substantielles de la communauté sur

1. W. Kymlicka, *Liberalism, Community, and Culture op. cit.*, p. 152.

2. C'est la stratégie que Kymlicka met en œuvre à partir du chapitre 8 « The Value of Cultural Membership » (*ibid.*, p. 162 *sq.*)

3. *Ibid.*, p. 164.

les droits et oppose superficiellement téléologie et déontologie[1], ni à partir d'un idéal d'authenticité ou d'une éthique de la reconnaissance de l'identité. Selon Kymlicka, si les libéraux doivent prendre en considération l'appartenance culturelle, ce n'est pas parce que l'individu ne pourrait acquérir son identité en dehors de la communauté, ou bien parce que, refusant de reconnaître publiquement son appartenance communautaire, l'État lui infligerait des « lésions » morales insupportables. La raison est tout autre : l'appartenance culturelle constitue un bien premier, au sens de Rawls, qui rend possible l'autonomie individuelle[2]. Et la communauté fournit alors un « contexte de choix » indispensable à l'exercice de la liberté. La culture définit ce « contexte de choix » sans lequel les options perdent leur signification. Ainsi, la culture n'a pas de valeur intrinsèque, et l'appartenance culturelle n'est pas bonne en soi (ou plutôt, ce sont des questions que l'on doit laisser de côté), mais elle est un bien parce qu'elle offre des « options signifiantes » pour exercer sa liberté de choix[3].

Selon Kymlicka, le « contexte d'identité » n'est pertinent qu'en tant qu'il est un « contexte de choix »[4]. Son originalité tient précisément de ce qu'il ne valorise pas le fait de l'identité pour lui-même. L'appartenance culturelle est la condition de l'autonomie, et si la justice consiste à protéger l'autonomie, elle doit se préoccuper de l'appartenance culturelle. L'idéal d'autonomie chez Kymlicka s'avère très proche de la conception rawlsienne; il repose sur deux principes fixes : les individus devraient vivre conformément à leur conception du bien et leurs croyances; les individus doivent avoir la possibilité de réviser leurs croyances, c'est-à-dire qu'ils doivent

1. *Cf.* W. Kymlicka, « Rawls on Teleology and Deontology », *Philosophy and Public Affairs* 17(3), 1998, p. 173-190. Si nous voulions maintenir la distinction entre déontologie et téléogie, nous devrions reconnaître que le point de vue de Kymlicka est d'ailleurs plutôt « téléologique ». Sa position est assez proche du libéralisme perfectionniste de Joseph Raz, du moins dans la version affaiblie qu'il défend après *Morality of Freedom* (1986), dans le chapitre « Multiculturalism : A Liberal Perspective » de *Ethics in the Public Domain* (Oxford, Oxford University Press, 1994, p. 170-191).

2. W. Kymlicka, *Liberalism, Community, and Culture*, Oxford, Clarendon Press, 1989, chapitre 8, p. 163-181.

3. W. Kymlicka, *La citoyenneté multiculturelle : une théorie libérale du droit des minorités* (1995), trad. fr. P. Savidan, Paris, La Découverte, 2001, p. 124.

4. Voir la critique de R. Forst, « Foundations of a Theory of Multicultural Justice », *Constellations* 4(1), 1997, p. 63-71.

pouvoir discuter de leurs croyances, les mettre en question et, le cas échéant, y renoncer sans pour autant subir de pénalité[1]. Cet idéal d'autonomie implique la mise en œuvre des libertés retenues par Rawls dans la liste des biens premiers[2]. Rainer Forst attire l'attention sur le fait que si c'est le contexte de choix qui importe en vue de l'autonomie individuelle, on devrait privilégier la culture qui offre le plus d'options pour que les individus exercent leur liberté de choix[3]; or, affirme-t-il, la culture dans laquelle on nait et qu'on ne choisit pas est importante non pas parce qu'elle offre un contexte de choix, mais parce qu'elle constitue notre contexte d'identité. Nous pensons néanmoins que Forst se méprend sur la signification de l'idée de contexte de choix, car ce n'est pas le nombre des options qui fait la valeur de la liberté, même si la liberté requiert un minimum de diversité, mais c'est la signification des options disponibles qui rend l'exercice de la liberté individuelle authentique. Kymlicka, comme nous l'avons dit, n'a pas renoncé aux enseignements communautariens, mais il les a réinterprétés pour les inscrire dans une perspective libérale[4].

Un des problèmes que pose néanmoins la théorie multiculturaliste de Kymlicka est qu'elle identifie contexte de choix et culture sociétale; par culture sociétale, il faut comprendre un ensemble de valeurs, de pratiques et d'institutions partagées par une population sur un territoire donné:

> Je dis de ces cultures qu'elles sont "sociétales" pour souligner le fait qu'elles ne renvoient pas simplement à une mémoire ou à des valeurs partagées, mais comprennent en outre des institutions et des pratiques communes[5].

1. W. Kymlicka, *La citoyenneté multiculturelle*, *op. cit.*, p. 120-123.
2. W. Kymlicka, *Liberalism, Community, and Culture*, *op. cit.*, p. 162 *sq.*
3. *Ibid.*, p. 66.
4. Voir d'ailleurs sa réponse à Forst. W. Kymlicka, « Do we Need a Liberal Theory of Minority Rights? Reply to Carens, Young, Parekh and Forst », *Constellations* 4(1)1997, p. 72-87. Kymlicka souligne le fait que contexte de choix et contexte d'identité sont « interdépendants » (*ibid.*, p. 87, note 6); il reste que le contexte d'identité n'a de sens que dans la mesure où il fournit la bas d'un contexte de choix authentique.
5. W. Kymlicka, *La citoyenneté multiculturelle*, *op. cit.*, p. 115. Le terme de « culture sociétale » est forgé en 1995 dans *La citoyenneté multiculturelle*, mais le concept est déjà présent en 1989 dans *Liberalism, Community, and Culture* (*op. cit.*, p. 166 *sq.*); Kymlicka parle alors de « *cultural structure* » et de « *cultural community* ». Il s'inspire de la terminologie de Dworkin qui parlait déjà de « cultural *structure* » et de « *structure of culture* »; *cf.* R. Dworkin, *A Matter of Principle*, *op. cit.*, p. 229-230.

L'accent est donc mis sur le réseau des institutions culturelles qui façonnent la vie des individus en réglant leurs actions au quotidien. L'idée est que les minorités nationales représentent des cultures sociétales distinctes avec leur propre organisation institutionnelle. Pour autant que l'accès à une culture sociétale soit la condition de l'autonomie des individus, l'État doit protéger les cultures sociétales constituées. Quant aux sous-communautés culturelles d'immigration, elles ne disposent pas d'une structure de culture qui en ferait des sociétés à part entière, à côté de la société majoritaire. C'est l'accès à une culture sociétale qui rend possible l'exercice authentique de la liberté. L'une des difficultés est que cela ne permet pas d'affronter le problème de la tolérance des modes de vie et des croyances en l'absence d'un socle sociétal.

Il nous semble que pour traiter la question de la diversité culturelle, il faut affaiblir la notion de culture. La notion de culture est trop rigide chez Kymlicka, même si elle ne fait pas de la culture un monolithe. Avançons alors l'idée simple qu'une culture est un ensemble de références communes qui permettent aux membres d'un groupe de se comprendre et d'élaborer leur identité, leur conception du bien et leur projet de vie, et qui sont véhiculées par une langue, des productions artistiques, une tradition morale, politique et juridique, des textes sacrés, une religion, mais aussi des attitudes, un sens de l'humour, des manières de se saluer, etc.[1] Chaque culture pourra se définir en mettant l'accent sur un des éléments culturels qui la composent et la distinguent d'autres cultures : ce sera, par exemple, l'élément linguistique pour certaines communautés, ou l'élément religieux pour d'autres[2]. L'utilité d'une telle définition est qu'elle n'exclut pas les cultures qui n'ont pas

1. Nous considérons finalement que la conception de Dworkin qui définit la culture comme « *a shared vocabulary of tradition and convention* » (« un répertoire commun de traditions et de conventions ») est la plus flexible et la plus féconde ; *cf.* R. Dworkin, *A Matter of Principle*, *op. cit.*, p. 231. Kymlicka souhaitait lester cette conception « éthérée » avec le poids des institutions, mais nous pensons que la notion de culture sociétale ne doit être mobilisée que dans les cas très précis des minorités nationales, qui ne nous intéressent pas directement. Pour une définition plus complète de la culture, voir B. Parekh, *Rethinking Multiculturalism*, Basingstoke, Palgrave MacMillan, 2006, p. 143 *sq.*

2. Sur les « abus de la revendication de la culture », *cf.* B. Barry, *Culture and Equality*, *op. cit.*, p. 252 *sq.*

de socle national, comme les communautés d'immigration[1], ni celles qui se définissent plutôt par l'engagement religieux, qu'elles soient issues de l'immigration ou qu'elles soient indigènes partageant une langue et une histoire commune avec le reste de la société; enfin, elle n'exclut pas la possibilité de création de communautés culturelles endogènes qui ne sont ni historiques ni nationales, et qui peuvent être laïques.

Contrairement aux tenants du différentialisme[2], pour lesquels ce sont les différences qui sont signifiantes et permettent de désigner des groupes dont l'identité est fluide, nous estimons qu'une culture définit une structure identificatoire durable avec un répertoire de significations commun suffisamment stable pour définir des projets de vie signifiants et évaluer les différents aspects de la vie. Ce point est très important si l'on souhaite que la différence culturelle et religieuse puisse être légitimement prise en considération dans le processus judiciaire d'accommodement, comme nous le verrons[3]. En revanche, afin d'éviter le piège essentialiste[4], les tenants du différentialisme ont raison de souligner que les cultures sont avant tout des constructions sociales complexes qui ne représentent pas des substances éthiques permanentes; du reste, aucun théoricien sérieux ne soutient ce type de conception. L'objection selon laquelle les cultures sont changeantes et que l'homogénéité de l'identité de leurs membres est incertaine ne doit pas nous faire renoncer à tenir compte de la culture dans les décisions administratives et judiciaires. Certes, l'identification d'une culture et d'un groupe culturel est difficile, mais elle est tout à fait possible.

1. Kymlicka admet par exemple que les « immigrants emportent avec eux un "lexique commun de traditions et de conventions", mais [...] ils se sont arrachés aux pratiques sociales auxquelles ce lexique faisait originellement référence et donnait sens » (*La citoyenneté multiculturelle*, *op. cit.*, p. 116-117).

2. Par ce terme, nous désignons les théories de la politique de la différence fondée sur les identités de groupe transitoires; les différences ne renvoient pas à une identité substantielle définie *a priori*, mais elles sont autant de stigmates quand elles sont subies par les minorités opprimées symboliquement. *Cf.* I. M. Young, *Justice and the Politics of Difference*, *op. cit.*, p. 163-173; M. S. Williams, « Justice toward Groups: Political Not Juridical », *Political Theory* 23(1), 1995, p. 67-91; A. Gutmann, *Identity in Democracy*, Princeton, Princeton University Press, 2003.

3. Nous verrons, par exemple, que c'est une des conditions de l'arrêt *Winconsin v. Yoder* 406 US 205 (1972).

4. Nous renvoyons aux analyses de S. Mesure et A. Renaut dans *Alter ego. Les paradoxes de l'identité démocratique* (Paris, Aubier, 1999).

## L'ÉGALITÉ DES CHANCES À L'ÉPREUVE DE LA CULTURE

Nous allons à présent soutenir l'idée que la tolérance peut être développée dans le cadre de la théorie de la justice comme équité en étendant la portée du principe d'égalité des opportunités pour prendre en considération l'appartenance culturelle : si la justice consiste à offrir les mêmes opportunités d'accès aux fonctions sociales, alors il faut s'assurer que les individus ne soient pas entravés par des obstacles culturels illégitimes. Le cas échéant, les individus ont le droit de demander des exemptions à l'égard de règlements ou de législations culturellement orientés, dont certaines dispositions font obstacle à la jouissance de l'égalité des opportunités pour les individus de différentes cultures. Ainsi, dans le cas où un règlement empêche l'accès à un emploi ou un service en vertu d'une disposition qui discrimine sur une base culturelle, il faut ou bien supprimer la disposition ou bien plus modestement accorder des exemptions. C'est la conception dite *de la règle et de l'exemption* (*rule-and-exemption approach*). Comme nous avons privilégié une définition suffisamment large de la culture pour inclure les groupes religieux, nous pensons que le principe de la règle et de l'exemption s'applique aussi bien aux revendications ethniques que religieuses (les deux pouvant parfois se superposer comme c'est souvent le cas pour les revendications des immigrants).

Nous devons tout d'abord clarifier brièvement la signification philosophique du principe d'égalité des opportunités, avant de considérer ses applications possibles. On peut décrire le concept d'égalité comme la relation entre trois éléments : tout d'abord, une opportunité est le bien que possède une personne ou une classe X; ensuite cette opportunité est relative à un but recherché, Y; enfin, elle implique l'absence d'obstacle Z entre l'agent X et le but Y[1]. Des individus ont alors des opportunités égales quand ils ont la possibilité d'atteindre Y, bien qu'ils n'en aient pas la garantie. En outre, il faut distinguer les obstacles qui sont insurmontables de ceux qui sont surmontables : la couleur de la peau, le sexe, le lieu de naissance sont des obstacles insurmontables; la croyance religieuse, la classe sociale ou le statut marital

1. Voir P. Westen, « The Concept of Equal Opportunity », *Ethics* 95(4), 1985, p. 837-850; l'analyse formelle de Westen rappelle le schéma « triadique » de la liberté chez G. McCallum, « Negative and Positive Freedom », *The Philosophical Review* 96, 1967, p. 312-34.

sont en revanche surmontables en ce sens que l'on peut toujours changer de croyance religieuse, de classe sociale ou de statut marital. Évidemment, la question est de savoir quel est le coût équitable que l'on peut imposer aux individus pour changer de croyances religieuses par exemple. Par ailleurs, si nous disons que l'absence d'obstacle donne à X la possibilité, sans garantie, d'obtenir Y, cela suffit-il pour parler d'opportunité ?

L'opposition entre partisans et adversaires du multiculturalisme se joue précisément sur la nature des obstacles qui doivent être pris en considération pour parler d'opportunité et d'égalité des opportunités. Sur ce point, le débat entre Brian Barry et Bhikhu Parekh est instructif. Pour ce dernier, une opportunité dépend des capacités de l'agent à en tirer parti. C'est la doctrine des opportunités dites « *subject-dependent* » ; si un agent manque de certaines dispositions et connaissances culturelles, il lui manque la capacité à profiter des opportunités, qui restent de simples possibilités d'action[1]. Cette conception conteste l'approche formaliste du principe d'égalité des opportunités, lequel considère qu'une opportunité est seulement une possibilité, et que si deux personnes ont les mêmes possibilités, elles ont aussi les mêmes opportunités. Ainsi, pour Barry – bien que son interprétation ne soit pas unifiée sur ce point –, une opportunité repose seulement sur la capacité, non entravée par l'action illégitime d'autrui ou par des circonstances physiques, d'accomplir un acte. Ce n'est pas une question subjective, mais objective; cela ne dépend pas du sujet mais de sa situation objective (*an objective state of affairs*)[2]. Aussi Barry distingue-t-il nettement ce qui relève de nos croyances et ce qui relève de nos limitations physiques. Bien que l'on puisse soutenir que les croyances ne sont pas modifiables à volonté, on doit admettre qu'elles n'empêchent pas d'agir comme le ferait un handicap physique ou une déficience mentale[3].

1. B. Parekh, *Rethinking Multiculturalism*, *op. cit.*, p. 241 ; voir aussi l'article de B. Parekh, « Equality in a Multiracial Society », *in* Jane Franklin (ed.), *Equality*, Londres, Institute for Public Policy Research, 1997, p. 123-155.

2. B. Barry, *Culture and Equality*, *op. cit.*, p. 37.

3. Susan Mendus se trompe donc quand elle écrit que Barry place « la croyance religieuse du côté du choix » ; *cf.* S. Mendus, « Choice, Chance and Multiculturalism », *in* P. Kelly (ed.) *Multiculturalism Reconsidered*, Cambridge, Polity Press, 2002, p. 40.

Il est vrai que les croyances constitutives peuvent entraîner la clôture d'une « structure de choix (*a pattern of choices*) à partir d'un ensemble de opportunités »[1], c'est-à-dire que les croyances d'un individu limitent ses capacités à saisir des opportunités qui sont ouvertes aux autres individus qui ne partagent pas les mêmes croyances. Mais, selon Barry, tous les individus sont placés de la même manière par rapport à cet ensemble de choix, aussi bien physiquement que financièrement, et tous ont donc la possibilité d'en tirer parti. L'exemple de Barry si souvent commenté est que les juifs et les musulmans ont la même opportunité de manger du porc, car rien ne les en empêche si ce n'est leurs croyances[2]. Barry ne conteste pas que l'on ne puisse pas changer de croyance ni de préférence *à volonté*, mais son argument est que l'obligation de ne pas manger de porc est analogue à un goût onéreux. Ils ont la possibilité de manger du porc, mais ils n'en veulent pas; quand bien même cela repose sur des croyances constitutives, ce n'est pas le rôle de l'État que de soutenir les goûts onéreux des citoyens. Conformément à cette théorie de l'égalitarisme libéral, très proche de celle de Rawls et Dworkin, on doit donner aux individus les moyens de réaliser un plan de vie qui permettra de satisfaire leurs préférences, mais on ne doit pas avoir pour objectif la satisfaction des préférences : si l'amateur de champagne utilise ses ressources pour satisfaire uniquement sa préférence pour le champagne au détriment de ses autres intérêts, c'est indifférent du point de vue de la justice; mais la justice ne consiste pas à lui allouer les ressources nécessaires à la satisfaction de cette préférence onéreuse.

Mais peut-on vraiment soutenir que les attachements culturels sont des goûts onéreux ? Nous ne le pensons pas, car une croyance religieuse reçoit une validation intersubjective qui la soustrait à l'empire des préférences individuelles. En outre, elle s'insère dans un réseau de significations partagées qui constitue le contexte de choix indispensable à l'autonomie des individus et rend possible la coopération sociale du groupe considéré. En revanche, on pourrait tout à fait considérer que certaines croyances, religieuses ou non, qui ne s'enracinent pas dans une culture et sont le fait d'individus ayant une interprétation personnelle dépourvue de valeur pour sa communauté, ou ayant une

1. *Ibid.*, p. 36.
2. B. Barry, *Culture and Equality*, *op. cit.*, p. 40.

valeur très marginale, sont analogues à des goûts onéreux. Dans toutes les communautés religieuses, comme dans toutes communautés humaines en général, il y a toujours des groupes qui développent une tendance à l'ultra-réglementation des pratiques – tendance que l'on peut appeler « fanatisme » pour faire court. Dans ce cas, le point de vue pertinent pour évaluer l'importance ou la *centralité* d'une pratique est de s'en remettre à l'étude empirique, sociologique, des communautés. La tâche n'est pas aisée, mais elle n'est pas non plus impossible.

Après avoir écarté l'analogie entre goût onéreux et croyance dans un contexte culturel, nous pouvons avancer l'idée qu'il n'est pas possible de s'en tenir à l'égalitarisme libéral dans la version rawlsienne, mais que celui-ci fournit un cadre adéquat pour penser l'inégalité des opportunités entre les membres de différents groupes. En effet, parce que nous avons étendu l'interprétation de la théorie de la justice comme équité pour prendre en considération l'intérêt culturel, il nous est possible de requalifier le principe d'égalité des opportunités afin de lisser les inégalités dues à la différence culturelle. En suivant Parekh, nous soutenons que les possibilités d'action ne sont des opportunités que si l'individu n'est pas empêché par des obstacles non pertinents d'utiliser ces possibilités. Il serait peut-être plus juste de dire que la « valeur » d'une opportunité dépend des capacités de l'agent à l'utiliser. Il s'agit d'appliquer aux opportunités la distinction entre « l'idée de x » dans l'analyse et « la valeur de x » que Rawls proposait au sujet de la liberté[1]. De même que la valeur d'une liberté réside dans la possession de certaines ressources socio-économiques qui rendent possible l'exercice effectif des libertés protégées par le droit abstrait, la valeur d'une opportunité dépend de la possession de certaines ressources, de certains biens, et de certaines « dispositions culturelles » selon le terme de Parekh.

Le terme de « disposition culturelle » renvoie à la capacité pour l'individu de satisfaire les exigences culturelles qui conditionnent l'accès aux fonctions et aux services sociaux. Si une personne de confession sikhe a la possibilité d'aller à l'école, mais que le règlement de cette école interdit le port du turban, manifestement il n'est pas possible de dire qu'elle a les mêmes opportunités d'aller à l'école que les personnes qui ne sont pas sikhs. C'est le cas dans l'affaire *Mandla*

1. J. Rawls, *TJ*, p. 240; *LP*, p. 386.

*contre Dowell* Lee (1983) en Grande-Bretagne[1]. Un jeune garçon sikh ne put intégrer une école privée et réputée, de Birmingham, en raison du code vestimentaire qui exigeait le port de l'uniforme, d'une casquette et d'une coupe de cheveux règlementaires. Le code vestimentaire revenait à exclure les enfants sikhs d'un enseignement de qualité. Ce cas rappelle naturellement les différentes affaires de voile en France. La Chambre des Lords jugea discriminatoires les dispositions règlementaires de cette école. S'il s'en tenait à sa définition des opportunités, Barry devrait soutenir qu'il n'y a aucune discrimination puisque que le jeune sikh a les mêmes opportunités du moment qu'il accepte de retirer son turban[2].

Pour soutenir le caractère discriminatoire de ce type de règlement, on peut avancer deux arguments : le premier consiste à dire que le coût imposé par ce type d'exigence est trop élevé et que l'individu ne peut décider d'aller à l'encontre de ses croyances fondamentales sans que cela affecte profondément son contexte de choix signifiant et sans subir une perte importante du respect de soi[3]. Le deuxième argument consiste à dire que le règlement n'est pas neutre culturellement et qu'il impose donc un coût non seulement trop élevé mais aussi injustifié. Le fait d'imposer le port de l'uniforme, de la casquette et de la coupe de cheveux n'est pas un fardeau également réparti sur les différents enfants en raison de leur culture. Les opportunités n'ont pas de sens si elles ne tiennent pas compte des caractéristiques des individus, et l'égalité des opportunités est profondément minée quand des obstacles culturels empêchent certaines personnes d'accéder aux positions sociales recherchées (l'enfant sikh est condamné à une double peine en étant privé d'un enseignement de qualité, ainsi que des perspectives sociales favorables offertes par cet enseignement).

1. *Mandla and another v Dowell Lee and another* 2 AC 548 (1983).

2. Notons que Barry ne soutient pas cette position et qu'il est favorable à l'admission des enfants sikhs en turban dans les écoles publiques ; *cf.* B. Barry, *Culture and Equality*, *op. cit.*, p. 61 ; « Second Thoughts – and Some First Thoughts Revived », *in* Kelly (ed.), *Multiculturalism Reconsidered*, *op. cit.*, p. 213.

3. Parekh, *Rethinking Multiculturalism*, *op. cit.*, p. 241.

## EXEMPTIONS ET ACCOMMODEMENTS RAISONNABLES

Nous avons montré dans le chapitre précédent en quel sens il fallait comprendre la neutralité de l'État pour lui donner un contenu: neutralité du but et limitation au domaine politique de la législation. Pour autant, nous sommes obligé de reconnaître que la neutralité culturelle des institutions est pour ainsi dire impossible, même dans l'État libéral, pour la raison simple qu'elles sont les institutions d'une culture sociétale particulière. Cependant, si nous sommes désireux de promouvoir l'égalité des opportunités, et si nous savons par ailleurs que la structure culturelle d'une société « colore » ses institutions, son droit et ses pratiques publiques, nous ne pouvons adopter l'attitude *color-blind* dénoncée à juste titre par les penseurs multiculturalistes [1]. Quand la puissance publique ne peut justifier scrupuleusement les dispositions légales et réglementaires qui imposent un fardeau en raison de la différence culturelle et religieuse, et qui affectent l'égalité des opportunités, il convient de prévoir des exemptions et des accommodements raisonnables afin que personne ne soit exclu ou marginalisé.

Il y a trois positions possibles relativement aux accommodements culturels : la première consiste à refuser l'idée que l'on doive accorder des exemptions et aménager des exceptions à la règle, précisément parce qu'une règle n'a de sens que si elle est appliquée de façon uniforme. Barry défend cette position, estimant que, si l'on doit faire des exceptions à la règle, cela signifie que la règle est mauvaise et qu'il convient donc de la changer [2]. La deuxième position consiste à maintenir la règle et à prévoir des exemptions; cela correspond à la structure générale des normes juridiques et, contrairement à ce que semble affirmer Barry, une règle qui admet des exceptions n'est pas mauvaise en elle-même. La troisième position consiste à accorder de nouveaux droits et de nouvelles dispositions législatives pour accom-

1. À l'origine le terme *color-blind* est employé pour dénoncer l'insensibilité de la législation à la couleur de la peau, puis à la différence en général; on parle alors de « *color-blind laws* ». Nous utilisons l'expression pour signaler que la législation peut être insensible à sa propre coloration culturelle; ce qui implique aussi une insensibilité à la différence culturelle. *Cf.* W. Kymlicka, *La citoyenneté multiculturelle*, *op. cit.*, chapitre 1.

2. B. Barry, *Culture and Equality*, *op. cit.*, p. 39. Se reporter aussi à la discussion de la thèse de Barry par Simon Caney que nous suivons sur ce point; S. Caney, « Equal Treatment, Exceptions and Cultural Diversity », *in* Kelly (ed.) *Multiculturalism Reconsidered*, *op. cit.*, p. 84 *sq.*

moder la minorité. Cette position semble être défendue par les différents penseurs multiculturalistes, comme Charles Taylor, Iris M. Young, Melissa Williams et Will Kymlicka.

Des trois options possibles, nous rejetons la première, et nous donnons la priorité à la deuxième sur la troisième, même si parfois elles convergent pour produire des résultats identiques[1] : en effet, le constat selon lequel les institutions sont toujours colorées culturellement ne devrait pas nous conduire à établir des lois nouvelles reposant sur des droits culturels spécifiques pour chaque composante de la société, car cela finirait par rendre impossible toute législation commune. Cela devrait plutôt nous inciter à prévoir des exceptions pour les minorités qui sont pénalisées par certaines dispositions législatives et réglementaires culturellement orientées. C'est le sens même de l'idée de tolérance que nous défendons : la tolérance ne réclame rien de plus que la possibilité pour les individus et les groupes de vivre selon leur conception du bien sans être accablés par des lois et des règlements de la majorité, qui les excluent sur la base de l'appartenance culturelle et religieuse. La tolérance n'exige pas que chaque individu, chaque groupe et chaque communauté soient gouvernés selon une législation spécifique, en fonction des obligations de leur conscience; en revanche, elle exige que ceux qui ne partagent pas la même culture et les mêmes croyances que la majorité ne soient pas marginalisés ni pénalisés par la législation commune.

Remarquons que la ligne de démarcation entre les deuxième et troisième positions n'est pas toujours très distincte. Plusieurs dispositions législatives et réglementaires que nous classerions dans la catégorie des exemptions et des accommodements sont considérées comme des droits spécifiques. Ainsi, quand Kymlicka soutient que l'égalité justifie « l'instauration de certains droits déterminés en fonction de l'appartenance à des groupes »[2], il donne comme exemple les exemptions à la législation sur les jours fériés et le jour de repos. On peut sans doute considérer que ces exemptions sont des droits à ne pas être soumis à la même législation que la majorité. Cependant, ces droits ne remettent pas en cause le cadre législatif commun et restent

1. Nous partageons l'analyse de Simon Caney qui soutient le principe de l'exemption et non de la création de normes spécifiques, culturelles pour les minorités; S. Caney, « Equal Treatment, Exceptions and Cultural Diversity », *op. cit.*, p. 88-90.

2. W. Kymlicka, *La citoyenneté multiculturelle*, *op. cit.*, p. 167.

*exceptionnels* (des exemptions). Par ailleurs, il ne semble pas que la reconnaissance de la contribution culturelle des différents groupes, sous la forme par exemple de l'étude de leurs productions artistiques dans les programmes scolaires, ou par un soutien financier public aux activités culturelles des minorités, consiste en une création de nouveaux droits[1]. Quoi qu'il en soit, la tolérance dans un contexte multiculturel ne justifie pas la création de nouvelles lois qui limitent l'application des principes de justice et interfèrent avec la législation commune en matière de libertés fondamentales. Simon Caney rappelle l'exemple de la législation, réclamée par certains groupes au moment de l'affaire Rushdie, qui crée un délit de blasphème afin de protéger les convictions de certaines minorités religieuses[2]. Cette demande, même soutenue par un intérêt de groupe, nous paraît tout à fait illégitime[3].

Les principes théoriques de la tolérance multiculturelle que nous avons dégagés constituent, nous semble-t-il, le cœur de la doctrine des exemptions telle qu'elle a été élaborée dans l'histoire jurisprudentielle de la CS (É.-U.) Cette histoire commence avec l'affaire *Sherbert* (1963)[4]. Parce que nous avons refusé de limiter notre analyse aux revendications culturelles issues des cultures sociétales et parce que nous avons étendu la notion de culture pour y inclure la dimension essentiellement religieuse de certaines communautés, nous pouvons analyser les différentes affaires religieuses que la CS (É.-U.) a traitées comme des cas d'accommodement culturel[5].

L'affaire *Sherbert*[6] a été cruciale dans la mesure où elle a permis de préciser ce que l'État pouvait légitimement imposer comme fardeau

1. *Ibid.*, p. 62, 143-144.

2. S. Caney, « Equal Treatment, Exceptions and Cultural Diversity », *op. cit.*, p. 89; B. Barry, *Culture and Equality*, *op. cit.*, p. 30-32.

3. Nous ne partageons pas, sur ce point, l'analyse d'A. E. Galeotti, *Toleration as Recognition*, Cambridge, Cambridge University Press, 2002, p. 197.

4. *Sherbert v. Verner*, 374 U.S. 398 (1963).

5. Cela s'accorde du reste avec la position de Kymlicka qui fait lui-même référence à plusieurs affaires mettant en cause des communautés religieuses. Le problème est qu'il ne distingue pas précisément les communautés religieuses (amish et huttérite) et les communautés ethniques et ne donne pas de raison de les considérer comme analogues voire identique du point de vue multiculturaliste; les droits polyethniques s'appliquent, en effet, aussi bien aux communautés ethniques qu'aux communautés religieuses, mais on ne sait pas très bien pourquoi; *cf.* W. Kymlicka, *La citoyenneté multiculturelle*, *op. cit.*, p. 52; sur l'affaire *Wisconsin v. Yoder*, *ibid*, p. 229-231.

6. *Sherbert v. Verner*, 374 U.S. 398 (1963).

aux minorités religieuses sous le régime de la séparation de l'Eglise et de l'État consacré par les clauses de non-établissement (*establishment clause*) et de libre exercice (*free exercise clause*) du Premier Amendement. « Le Congrès ne fera aucune loi qui touche l'établissement ou interdise le libre exercice d'une religion »[1]. La notion d'« *establishment* » renvoie à l'histoire de l'Église anglicane, Église établie par la Couronne britannique; il exigeait ainsi de l'État fédéral qu'il assure le libre exercice de tous les cultes[2]. La clause de non-établissement qui interdit à l'État d'établir une Église, de passer des lois qui favorisent une religion, et de contraindre un individu à croire ou à ne pas croire, a ensuite été interprétée comme l'interdiction pour l'État d'imposer des règles qui interfèrent avec le libre exercice religieux, c'est-à-dire qui imposent un fardeau trop lourd pour les croyants. Ce fut, en tout cas, tout l'enjeu de l'arrêt *Sherbert*.

Adell Sherbert était membre de l'Église adventiste du septième jour, fondée en 1863 dans le sillage tracé par le prédicateur William Miller. Cette Église n'est pas marginale puisqu'elle rassemble plus de treize millions de membres et compta dans ses rangs des personnages influents comme le fondateur des industries Kellogg's, William Keith Kellogg[3]. La particularité du culte de l'Église adventiste du septième jour est que pour elle le jour du sabbat n'est pas le dimanche, comme pour les autres chrétiens, mais le samedi; c'est cette particularité qui suscita l'affaire. En effet, Adell Sherbert travaillait cinq jours sur sept dans un moulin de Beaumont, en Caroline du Sud, et pouvait ainsi concilier sa vie professionnelle et ses activités religieuses, notamment

1. « *Congress shall make no law respecting an establishment of religion, or prohibiting the free exercise thereof* ».

2. La clause de non-établissement ne vise pas seulement les religions constituées, mais la religion en général, en bannissant toute référence religieuse dans les textes et les institutions de l'État. Pour une critique de l'interprétation non préférentialiste (*non-preferentialist*) de la clause de non-établissement, voir D. Laycok, « Non-preferential Aid to Religion : a False Claim About Original Intent », *William and Mary Law Review* 27, 1986, p. 875-923; M. Nussbaum, *Liberty of Conscience : in Defense of America's Tradition of Religious Equality*, New York, Basic Books, 2008, p. 109-110.

3. M. Nussbaum, *Liberty of Conscience*, *op. cit.*, p. 135. Sur cette affaire, voir aussi C. Cookson, *Regulating Religion*, Oxford, Oxford University Press, 2001, p. 28-30; W. A. Carroll, « The Constitution, the Supreme Court, and Religion », *The American Political Science Review* 61(3), 1967, p. 660-661. Pour une appréciation des modifications de la jurisprudence du Premier Amendement, voir D. Laycock « La religion et l'État aux États-Unis : affrontement des théories et changements historiques », dans E. Zoller (dir.), *La conception américaine de la laïcité*, *op. cit.*, p. 35-70.

l'observation du sabbat. Cependant, en 1959, à la suite d'une crise économique dans le secteur, les propriétaires des moulins de la région passèrent à la semaine de six jours ouvrés. Or le seul jour chômé accordé par la législation de l'État était le dimanche, ce qui ne permettait plus à Adell Sherbert de participer aux cérémonies du samedi. Adell Sherbert proposa alors de travailler le dimanche afin de disposer de son samedi, mais cette demande d'accommodement fut rejetée par l'employeur. Refusant de se soumettre à l'obligation de travailler le samedi, elle fut licenciée. Après plusieurs tentatives vaines pour retrouver un emploi lui permettant de pratiquer son culte le samedi, elle s'adressa aux services sociaux de l'État afin de bénéficier de ses indemnités de chômage. L'État rejeta sa demande en arguant qu'elle avait volontairement refusé des emplois convenables (*suitable work*) dans son secteur d'activité, et que par conséquent elle s'était mise en faute – en quelque sorte, son obligation religieuse était considérée comme un goût onéreux, sinon comme une fantaisie. Elle considéra que l'État lui imposait un tel fardeau que cela restreignait illégitimement sa liberté de culte.

L'affaire fut portée devant la CS de l'État de Caroline du Sud qui estima que l'État n'avait pas limité les droits garantis constitutionnellement par le Premier Amendement et rejeta donc la plainte d'Adell Sherbert. Le contentieux fut finalement tranché par la CS (É-U.) qui rendit à celle-ci, par la voix du juge William Brennan, une décision favorable à la plaignate. Le juge Brennan commença par soutenir que l'État de Caroline du Sud avait manifestement favorisé la liberté religieuse d'une partie de la population en protégeant le droit de chômer le dimanche et uniquement ce jour-là; ainsi, si un individu refuse de travailler le dimanche, il n'est pas soumis aux pénalités que subissent ceux qui refusent de travailler le samedi. Cette disposition légale impose au croyant un « fardeau substantiel » (*substantial burden*) et constitue une « discrimination religieuse » (*religious discrimination*)[1]. La CS (É.-U.) précise d'ailleurs qu'en reconnaissant à Adell Sherbert le droit de ne pas travailler le samedi et de bénéficier de ses indemnités, elle affirme seulement « les obligations de neutralité de l'État par rapport aux différences religieuses »[2]. La CS (É.-U.) reconnaît donc

1. *Sherbert v. Verner* 374 U.S. 398, at 406.

2. *Ibid.*, at 409. Nous ne retiendrons pas ce deuxième critère qui impose à l'État de démontrer que sa législation est la moins onéreuse possible ; il nous paraît problématique de

que la loi est religieusement orientée, et que si la majorité ne peut s'en plaindre il convient néanmoins d'accommoder les revendications des minorités qui sont pénalisées[1].

Cependant, l'État de Caroline du Sud ne manquait pas de souligner que sa législation n'avait pas pour but de discriminer une partie de la population pour raison religieuse mais qu'elle poursuivait un intérêt politique : garantir un jour de repos hebdomadaire pour tous les travailleurs. Ainsi, pour le dire en termes rawlsiens, quand bien même la loi ne serait pas neutre du point de vue des effets, elle l'est quant au but puisqu'elle ne poursuit qu'un but séculier et politique. Si certains croyants sont pénalisés *de facto* par la législation, ils ne peuvent pas légitimement proclamer les droits de la conscience contre les intérêts politiques de l'État. C'est pour répondre à ce type d'argument que Brennan a introduit un test décisif qui a constitué, jusqu'en 1990, le cœur de la doctrine juridique de l'exemption et l'accommodement raisonnable, et qui constitue, pour nous, un des critères philosophiques essentiels pour justifier la tolérance dans le contexte du pluralisme religieux et culturel : il s'agit du test « de l'intérêt d'État impérieux » (*compelling state interest*). Chaque fois qu'une loi (ou un règlement) fait peser un fardeau substantiel sur les pratiques religieuses des croyants, et même si elle est neutre en ce qui concerne le but, l'État doit démontrer deux choses : tout d'abord, qu'il poursuit un intérêt impérieux ; ensuite, que la loi mise en œuvre pour atteindre ce but est la moins onéreuse pour les croyants qu'elle pénalise de fait[2]. Toute la charge de la preuve est désormais transférée à l'État qui doit justifier

renverser de cette manière la charge de la preuve dans la mesure où il n'est pas possible de prouver la non-existence d'une meilleure solution. En revanche, s'il s'agit de formuler un principe régulateur qui impose qu'entre deux législations on choisisse la moins onéreuse pour les croyants, cela nous paraît raisonnable. C'est du reste ainsi qu'il faut comprendre la jurisprudence de l'accommodement dans l'affaire *Sherbert* ; on dit en droit américain que la loi doit être « *narrowly tailored* », c'est-à-dire « étroitement taillée » afin d'épouser son but sans empiéter sur les droits fondamentaux des individus. *Cf.* aussi M. Nussbaum, *Liberty of Conscience*, *op. cit.*, p. 137, 210.

1. Kymlicka avance aussi l'argument de l'égalité de traitement quand il écrit : « Ayant organisé le travail sur la base de la foi chrétienne, on peut difficilement faire valoir le principe de séparation de l'État et de l'ethnicité pour s'opposer aux exemptions accordées aux juifs et aux musulmans. Ces groupes demandent tout simplement que leurs besoins religieux soient pris en considération, au même titre que ceux des chrétiens » (*La citoyenneté multiculturelle*, *op. cit.*, p. 167).

2. *Ibid.*, p. 407.

son action quand elle interfère avec les intérêts religieux d'un individu – la seule charge imposée au croyant est de démontrer que la loi lui impose un fardeau substantiel.

La CS (É.-U.) considéra alors qu'il n'y avait eu que très peu de demandes d'exemption pour le jour de sabbat et que manifestement l'administration pouvait séparer les demandes de bonne foi des demandes frauduleuses, sans subir un coût organisationnel et économique excessif. Elle en conclut que le refus d'indemniser Adell Sherbert ne reposait pas sur un intérêt d'État impérieux. L'égalité de traitement impose que l'on considère la demande d'exemption de la législation commune comme légitime dès lors que cette législation reflète les pratiques culturelles de la majorité et discrimine un groupe. Évidemment, cette demande ne doit pas être automatiquement satisfaite, car il faut prendre en considération son coût financier et organisationnel, mais il reste qu'elle est légitime[1].

Deux questions restent en suspens : tout d'abord, les demandes non religieuses, laïques, sont-elles admissibles au régime d'exemption et d'accommodement? Ensuite, quels critères doit-on appliquer pour s'assurer qu'un fardeau est « substantiel »? Les deux questions sont liées. Pour ce qui est de la première, il paraît clair que, du point de vue de la constitution américaine, c'est le critère de *centralité* de la religion qui est retenu pour accepter les demandes d'accommodement sous le Premier Amendement[2]. Pour être plus précis, c'est toujours par rapport à une discrimination religieuse que les demandes d'exemption doivent être formulées, qu'elles reposent sur une croyance (*belief*) ou une non-

1. Voir par exemple l'arrêt *Koen* du Conseil d'État, 14 avril 1995. Le proviseur du lycée Masséna à Nice avait refusé l'inscription de l'élève Yonathan Koen en classes préparatoires en raison de sa demande d'exemption de cours le samedi matin, pour raison religieuse. Le Conseil d'État rejeta la requête de M. Koen d'annuler l'ensemble des décisions à son encontre pour le motif suivant : « Les contraintes inhérentes au travail des élèves en classe de mathématiques supérieures font obstacle à ce qu'une scolarité normale s'accompagne d'une dérogation systématique à l'obligation de présence le samedi, dès lors que l'emploi du temps comporte un nombre important de cours et de contrôles de connaissances organisés le samedi matin ». Pour des raisons d'organisation du travail en classes préparatoires, l'exemption ne pouvait être accordée. Mais il est impératif de noter que M. Koen avait pu bénéficier d'un accommodement pendant toute sa scolarité secondaire. Par conséquent, ce n'est pas le principe de l'accommodement qui a été visé par l'arrêt *Koen*, mais son application dans le cas très précis d'une scolarité en classes préparatoires.

2. *Cf.* S. White, « Toleration of Religious Discrimination in Employment », *in* McKinnon, Castiglione (eds), *The Culture of Toleration in Diverse Societies*, *op. cit.*, p. 187 *sq.*

croyance (*disbelief*)[1]. Dans l'affaire *Yoder* que nous reprendrons plus loin, le juge Warren E. Burger déclare ainsi :

> On ne peut opposer à la régulation raisonnable de l'éducation par l'État un mode de vie, aussi vertueux et admirable soit-il, s'il est fondé sur des considérations purement séculières; pour obtenir la protection des clauses relatives à la religion, les revendications doivent prendre leur source dans la croyance religieuse[2].

Cette déclaration peut paraître déroutante, mais elle est commandée par une nécessité juridique. En effet, pour pouvoir examiner la protection du Premier Amendement, c'est-à-dire les clauses relatives à la religion (*Religion clauses*), le juge Burger commence par s'assurer que le motif des Amish est religieux. Cependant, si on comprend bien la raison juridique, on peut s'interroger sur le bien-fondé normatif de cette exclusion des motifs séculiers. Pourquoi accorder à la religion une place si particulière, sinon pour des raisons purement historiques, donc factuelles? Martha Nussbaum propose une réponse complexe à cette question complexe[3] : la religion porte sur le sens de la vie et de la mort et sur la fondation éthique de l'existence humaine. Or la faculté de réflexion en vertu de laquelle nous nous mettons en quête du sens ultime de la vie, faculté que l'on appelle *conscience*, a une valeur intrinsèque. Par conséquent, nous devons respecter cette faculté en autrui et protéger l'environnement requis pour son exercice authentique. Il s'agit de rendre possible la « capabilité » (*capability*) des individus de donner du sens à leur existence[4]. M. Nussbaum soutient l'idée que l'État doit

1. *Everson v. Board of Education of Ewing TP.*, 330 U.S. 1 (1947); Sherbert v. Verner 274 US 398, at 416. *Cf.* aussi la discussion du terme « secular » dans Carroll, « The Constitution, the Supreme Court, and Religion », *op. cit.*, p. 661.

2. 406 US 205, at 214. (Nous traduisons).

3. M. Nussbaum, *Liberty of Conscience*, *op. cit.*, p. 168-169.

4. Ce terme fait explicitement écho au concept développé par Amartya Sen. Selon Sen, il faut distinguer les propriétés objectives qu'un bien possède et qui ne sont pas relatives à l'agent, et la « capabilité » de l'agent à utiliser ces propriétés objectives, c'est-à-dire à convertir les propriétés des biens en fonctionnement effectif : par exemple, une bicyclette est un bien qui possède la propriété de transporter, et cette propriété est indépendante de l'agent; en revanche, ce qui compte dans l'évaluation du bien-être de l'agent, ce n'est pas la possession de la bicyclette, mais sa capabilité à convertir sa propriété, à savoir « transporter », en fonctionnement effectif, à savoir « se déplacer ». Chez Nussbaum, la notion de capabilité est très proche de celle de Sen; la différence est qu'elle n'est pas liée à l'évaluation du bien-être, mais à celle de la valeur de la vie digne d'être vécue. *Cf.* A. K. Sen, *Collective Choice and Social Welfare*, *op. cit.*; M. Nussbaum, *Woman and Human Development*, Cambridge,

protéger les facultés qui permettent à l'individu de mener une telle recherche, indépendamment du résultat qu'il obtiendra et des options religieuses ou métaphysiques qu'il privilégie (ce qui permet de ne pas exclure le sceptique ou l'agnostique).

Cette explication nous paraît sujette à caution à deux titres : tout d'abord, il est étrange de commencer un raisonnement qui se propose d'établir la spécificité de la religion et d'achever ce raisonnement en dégageant un critère qui écarte la spécificité de la religion ; en effet, ce n'est finalement pas la protection de la religion que justifie le respect dû à la conscience d'autrui, mais la protection des facultés qui peuvent être exercées dans la religion comme dans la métaphysique ou la science[1]. Ensuite, justifier le respect que l'on doit aux facultés d'autrui requiert une métaphysique et une philosophie morale qu'il est peu vraisemblable que tous les citoyens acceptent, fussent-ils raisonnables[2]. La pratique de la tolérance doit reposer sur un fondement philosophique plus étroit, compatible avec les exigences de la liberté politique. Ce fondement approprié nous paraît être l'appartenance de l'individu à une communauté de sens qui constitue, selon la théorie de Kymlicka, son contexte de choix ; et ce contexte ne peut donc être réduit à la seule sphère religieuse.

Martha Nussbaum rejette cette option, car elle souhaite inclure dans la pratique de l'exemption les « chercheurs solitaires » (*solitary seekers*)[3]. Cependant, cette solution ignore complètement ce qui fait la spécificité des questions multiculturelles et religieuses : l'importance des pratiques et des croyances collectives qui rendent possible le développement de l'identité, et l'accès à des options de vie pourvues d'une valeur intersubjective. Qu'au sein de chaque groupe culturel humain des individus doivent disposer de l'opportunité de dépasser

Cambridge University Press, 2001, « Introduction », p. 11 *sq.*, p. 198-206, et p. 232-234 sur le rôle de l'argument des capabilités dans l'affaire *Yoder*.

1. Nous partageons la critique de la thèse de Nussbaum par Brian Leiter ; *cf.* B. Leiter, *Why Tolerate Religion ?* (Princeton, Princeton University Press, 2013, p. 68 *sq.* Mais nous sommes en profond désaccord avec le reste de l'ouvrage ; *cf.* notre recension dans *Philosophiques* 40(1), 3013, p. 243-248.

2. Dans d'autres passages, Nussbaum évoque une capabilité religieuse dont la valeur intrinsèque doit être respectée ; cette conception nous paraît assez confuse en l'absence d'une justification complète du devoir de respecter la valeur des capabilités et de la valeur intrinsèque de la capabilité religieuse ; or, elle ne la fournit jamais. *Cf.* M. Nussbaum, *Women and Human Development*, *op. cit.*, p. 198.

3. M. Nussbaum, *Liberty of Conscience*, *op. cit.*, p. 167.

l'horizon communautaire afin de mener une recherche solitaire du sens de la vie, c'est précisément ce que le principe de tolérance rend nécessaire en protégeant la liberté de conscience. Par ailleurs, pour qu'une telle recherche solitaire soit possible, il est nécessaire qu'existe cet horizon communautaire de valeurs et de significations que l'on cherche à dépasser. Ce qui est en jeu dans la pratique de l'exemption, ce sont des pratiques qui ont une valeur collective ou communautaire, et le contexte de choix se caractérise par sa dimension intersubjective et non par sa dimension religieuse. Par conséquent, la religion ne devrait pas avoir ce statut si spécial qu'elle a dans le droit positif américain ; si elle doit être prise en considération dans les revendications d'exemption et d'accommodement, c'est parce qu'elle est une dimension importante de certaines cultures et conditionne le contexte de choix des individus.

En procédant ainsi, on peut écarter les objections suivantes sur l'arbitraire de la notion de « fardeau substantiel » : les individus pourront revendiquer des exemptions et des accommodements au gré de leur fantaisie, soutenant que telle croyance, vaguement spirituelle ou philosophique, définit effectivement son contexte de choix et ses opportunités. Qui sera alors compétent pour arbitrer entre les différentes revendications ? Pour répondre à cela, il suffit de rappeler que l'importance des croyances doit être attestée par des pratiques sociales, collectives, et c'est pourquoi nous privilégions le cadre d'analyse multiculturaliste de Kymlicka, bien que nous ayons révisé et affaibli sa définition de la culture sociétale. Si on peut déterminer qu'une pratique validée socialement a une importance centrale pour définir les intérêts des membres d'une communauté culturelle, toute interférence avec cette pratique impose alors un fardeau substantiel[1] Mais, évidemment, cela ne suffit pas pour exempter les individus de la législation commune, car l'autorité de l'État l'emporte sur les droits de la conscience si, et seulement s'il peut démontrer qu'il a un intérêt impérieux de mettre en place cette législation.

1. Nous empruntons l'idée de « validation » à J. Raz, « Free Expression and Personal Identification », *Ethics in the Public Domain*, *op. cit.*, p. 153-157.

## OBLIGATION DE SCOLARISATION ET ACCOMMODEMENTS : RETOUR SUR L'AFFAIRE *YODER*

Après avoir posé les fondations philosophiques d'une politique d'accommodement, nous pouvons reprendre le fil de l'affaire *Yoder*, exposer la décision judiciaire de la CS (É.-U.), et en faire une évaluation critique. Tout d'abord, on doit commencer par tenir compte du caractère communautaire des revendications des familles. Une brève présentation de cette communauté nous permettra de saisir l'enjeu de la demande d'accommodement[1].

On sait en général des Amish qu'ils vivent sans électricité, ni voiture, ni aucune autre innovation technologique moderne. Mais ce stéréotype tend à représenter les Amish comme un groupe d'excentriques qui ne peuvent être pris au sérieux par la société[2]. La doctrine amish repose sur les valeurs évangéliques d'humilité, d'austérité, de travail, de soumission et d'obéissance aux règles de la communauté; elle rejette les valeurs mondaines du luxe, de l'arrogance de la compétition, ou de la technique qui aliène, etc. La séparation du spirituel et du mondain constitue donc le fondement de la doctrine et le principe d'organisation de la communauté[3]. Les Amish sont pacifiques, ne prennent part à aucune guerre, et refusent tout contact avec les armes. Suivant l'enseignement de l'Évangile, ils refusent d'une manière générale de participer aux institutions politiques, de sorte que les Amish ne peuvent assurer des fonctions civiles, ni prêter serment, ni s'engager directement dans des procès devant les tribunaux civils. Cependant, même s'il leur est interdit de convoiter des charges publiques et d'avoir des responsabilités politiques, ils votent en conscience et de manière informée[4]. Les Amish vivent principalement

1. Nous nous appuierons sur les différents mémoires présentés à la CS (É.-U.) ainsi que sur la transcription de l'audition des parties ; tous ces documents, volumineux mais précieux pour comprendre les enjeux de l'affaire *Yoder*, sont consignés dans l'édition P. B. Kurland et G. Casper, *Landmark Briefs and Arguments of the Supreme Court of the United States : Constitutional Law*, Arlington, University Publications of America, 1975, vol. 71, p. 515-826. Nous signalerons ce volume par l'abréviation *LB* 71.

2. C'est ce dont s'inquiète la défense des familles Yoder, Miller et Yutzy ; *cf.* « Brief for Respondents », *LB* 71, p. 604.

3. J. A. Hostetler, *The Amish Society*, *op. cit.*, p. 48 *sq.*

4. *Cf.* « Brief for Respondents », *LB* 71, p. 627. Voir aussi Hostetler, *The Amish Society*, *op. cit.*, p. 151. L'auteur précise que ce sont les hommes qui votent et qu'il est rare que les

des activités agricoles, mais en raison de difficultés économiques (prix des terrains en hausse et revenus agricoles en baisse), l'artisanat s'est développé; notons que certains Amish travaillent aussi à l'extérieur de leur village. L'activité agricole reste majoritaire et satisfait à l'idéal amish de proximité avec la nature[1]. Enfin, bien que la communauté amish soit fondée sur la doctrine de la séparation avec l'ordre mondain, il est inexact de dire qu'elle refuse toute innovation technologique. En effet, certains villages amish sont dotés de lignes téléphoniques, ce qui permet aux habitants d'utiliser des cabines téléphoniques communes, pour les urgences par exemple; les Amish ont aussi la possibilité d'utiliser des transports publics comme le train, et même des véhicules motorisés, pour autant qu'ils n'en soient ni les propriétaires ni les chauffeurs. Enfin, l'utilisation de l'électricité est autorisée pour les équipements médicaux, et l'usage de fauteuils roulants motorisés est aussi admis.

Le juge Burger a d'ailleurs longuement souligné le caractère communal de la religion amish, l'organisation sociale de leur communauté et sa stabilité dans le temps. Cet aspect a finalement été plus décisif dans la décision de la CS (É.-U.) que le motif strictement religieux :

> Le mode de vie traditionnel des Amish n'est pas simplement une affaire de préférence personnelle, mais il s'enracine dans une conviction religieuse profonde, partagée par un groupe organisé et intimement liée à l'aménagement de la vie quotidienne[2].

Cette vie communale amish est très austère, et la préparation des enfants à cette vie nécessite un encadrement rigoureux. Les Amish sont ainsi favorables à la scolarisation des enfants pour l'apprentissage de la lecture, de l'écriture et des autres compétences élémentaires, mais ils refusent l'éducation secondaire après l'âge de quatorze pour deux raisons : tout d'abord, ils estiment que les compétences acquises avant cet âge sont suffisantes pour préparer un enfant à la vie adulte, que ce soit dans la communauté amish ou à l'extérieur; ensuite, ils estiment que la période de l'adolescence, période de tentation, est cruciale pour

femmes fassent de même. Cela illustre la division sexuelle des fonctions au sein de la communauté amish.

1. *Ibid.*, p. 66.

2. 406 U. S. 205, 216. (Nous traduisons).

enseigner à leurs enfants les valeurs morales de la communauté, et que la prolongation des études les expose aux valeurs mondaines incompatibles avec la vie amish. Le juge Burger s'est appuyé sur le témoignage de John A. Hostetler, l'auteur de *Amish Society*, un Amish qui avait quitté la communauté et poursuivi des études universitaires. Il reconnut que la scolarisation des enfants au-delà de l'âge de quatorze sapait les conditions de leur intégration dans la communauté, et par conséquent faisait peser un fardeau substantiel sur les capacités de parents à transmettre leur religion aux enfants[1].

L'enjeu de la controverse portait dès lors sur la détermination de l'âge critique en deçà duquel les Amish ne pouvaient légitimement retirer leurs enfants de l'école sans remettre en cause un intérêt impérieux de l'État. Ce dernier revendiquait le monopole de la prérogative de fixer la durée de scolarisation obligatoire conformément à la doctrine *parens patriae*, « le père de la patrie » : « La doctrine du *parens patriae* énonce que l'État détient l'autorité et le pouvoir d'assurer la protection de la personne et de la propriété des personnes qui ne sont pas *sui juris* »[2], c'est-à-dire qui n'ont pas les capacités légales d'agir d'elles-mêmes en leur nom. Les enfants étant soumis à l'autorité du *parens patriae* quand leurs intérêts sont en jeu, ils ne peuvent faire l'objet de revendication concurrente des parents. En l'occurrence, il est dans l'intérêt des enfants de bénéficier d'une éducation qui leur permette de développer leurs facultés morales et cognitives, leur autonomie et leur capacité à exercer leur liberté politique. Or, en n'assurant pas l'éducation des enfants, l'État les priverait de tout choix de vie authentique et les condamnerait à la seule option disponible, celle imposée par la communauté à laquelle ils appartiennent[3].

Les parents amish ne contestaient pas le *parens patriae*, mais uniquement l'arbitraire de la durée légale de scolarisation[4], et cherchaient donc à obtenir un accommodement raisonnable pour pouvoir exercer leurs droits parentaux à l'éducation religieuse de leurs

1. Témoignage de John A. Hostetler, *cf.* « Brief for Respondents », *LB* 71, p. 598; J. A. Hostetler, *The Amish Society*, *op. cit.*, p. 194 : « Le lycée arrive à un moment de la vie de l'enfant où l'isolement est très important pour le développement de sa personnalité au sein de sa culture. Pendant cette période, il apprend à connaître sa propre individualité dans les limites de sa société ». (Nous traduisons).

2. *Corpus Juris Secundum*, volume LXVII, p. 624.

3. « Brief for Respondents », *LB* 71, p. 576.

4. *Ibid.*, p. 623-624.

enfants. Les Amish demandaient donc l'application de la jurisprudence *Sherbert* dans la mesure où il s'agissait pour eux de protéger leur liberté religieuse contre l'arbitraire de l'État[1]. L'État devait ainsi démontrer qu'il avait un intérêt impérieux d'imposer la scolarisation des enfants jusqu'à leur seizième année. Mais justifier la décision d'arrêter l'âge minimal de scolarisation à seize ans plutôt qu'à quatorze est une tâche particulièrement difficile. Faut-il retenir l'âge de discernement moral, qui diffère d'un pays à l'autre et sur lequel les experts eux-mêmes s'opposent? Faut-il retenir l'âge de maturité intellectuelle à partir duquel un enfant peut embrasser en toute conscience une religion? Est-ce à l'âge de treize ans comme dans le judaïsme orthodoxe[2]? Les Amish eux-mêmes ne sont pas très précis sur cette question; le baptême, qui marque le moment où l'individu devient pleinement adulte, a lieu à la fin de l'adolescence, mais il n'existe pas de règle concernant l'âge de baptême[3]. La CS (É.-U.) mit le procureur de l'État du Wisconsin, John W. Calhoun, particulièrement dans l'embarras en lui demandant : « Vos arguments auraient-ils été différents si, au lieu de seize, l'âge légal avait été vingt-et-un ans ? » Le procureur répondit que le principe de sa défense aurait été le même, à savoir qu'il revient au corps législatif conseillé par les experts en éducation de fixer l'âge minimal de sortie de l'école. Cependant, il reconnut aussi que l'âge de vingt-et-un ans ne lui semblait pas un seuil approprié puisque l'on est pleinement dans l'âge de raison. En revanche, dans l'affaire en cours, la zone de partage entre l'âge où l'enfant doit être scolarisé et l'âge où l'on peut le soulager de cette obligation était floue; mais il faut bien trancher, et la décision n'est pas arbitraire même si on ne peut la justifier complètement[4]. Néanmoins, l'État ne pouvait, selon l'opinion de la CS (É.-U.), justifier un intérêt impérieux à scolariser les enfants jusqu'à l'âge de seize ans.

Le juge appliqua donc le test *Sherbert* pour déterminer le seuil à partir duquel les exigences de l'État, même si elles sont neutres, ne peuvent légitimement interférer avec les intérêts des parents. En l'occurrence, l'examen fut assez bref : l'État du Wisconsin soutint que si les enfants quittaient l'école à quatorze ans, ils ne pourraient plus

1. « Brief for Respondents », *LB* 71, p. 621.
2. *Cf.* « Brief Amici Curiae for the Synagogue Council of America », *LB* 71, p. 799.
3. J. A. Hostetler, *The Amish Society*, *op. cit.*, p. 51.
4. « Oral Argument … », *LB* 71, p. 812.

mener de vie autonome en dehors de la communauté, ce qui les privait de toute liberté de choix. La CS (É.-U.) estima que cette affirmation était hautement spéculative (*highly speculative*)[1] et que par conséquent l'État n'avait pas fait la preuve d'un intérêt impérieux à scolariser les enfants amish au-delà de l'âge de quatorze ans. Le fait que la communauté amish avait démontré, dans son histoire centenaire, sa loyauté à l'égard de l'État américain et son ardeur au travail contribua largement à la décision du juge Burger : l'exemption fut accordée.

## L'ÉDUCATION À LA CITOYENNETÉ DÉMOCRATIQUE

Le test *Sherbert* a donc été appliqué scrupuleusement[2], et l'arrêt *Yoder* a permis d'établir clairement l'ordre des présomptions et d'assigner la charge de la preuve à l'une des deux parties : la clause de libre exercice crée une présomption en faveur des revendications des croyants, mais cette présomption est réfutable si l'État est en mesure de démontrer qu'il a un intérêt impérieux[3]. La tolérance implique que l'exemption doit être accordée sans remise en cause du cadre général de la loi qui s'applique à tous ceux qui ne sont pas membres d'une minorité défavorisée par l'application de la loi. C'est très exactement ce principe que la CS (É.-U.) a mis en œuvre dans l'arrêt *Yoder*[4]. Pour autant, il nous semble que la manière dont le juge Burger a mis en équilibre l'intérêt de l'État et l'intérêt des parents en matière d'éducation est sujet à caution.

En effet, la question cruciale était de savoir si la communauté amish était véritablement en mesure de poursuivre l'éducation des enfants, à partir de quatorze ans, en assurant les compétences et les vertus que l'État est en droit d'exiger de ses citoyens, et les préparer elle-même à

1. *Wisconsin v. Yoder* 406 U.S. 205, 224.

2. Malheureusement, la sensibilité de la CS (É.-U.) aux revendications religieuses des amish et sa rigueur dans l'application de la jurisprudence *Sherbert* lui ont fait défaut dans l'examen d'affaires impliquant les Amérindiens. C'est notamment le cas de l'affaire *Lyng v. Northwest Indian Cemetery Protective Association*, 485 US 439 (1988) ; la CS (É.-U.) n'a pas retenu les objections des Amérindiens contre le tracé d'une ligne de chemin de fer qui passait sur une terre sacrée où ceux-ci enterraient leurs morts. *Cf.* en particulier D. E. Wilkins, *American Indian Sovereignty and the U.S. Supreme Court : The Masking of Justice*, Austin, University of Texas Press, 1997, p. 241 *sq.*

3. C. Cookson, *Regulating Religion*, *op. cit.*, p. 31.

4. *Ibid.*, at 236.

l'entrée dans le monde adulte. Les Amish assuraient être « catégoriquement en faveur de l'éducation, mais une "éducation pour la vie" »[1]; il faut comprendre qu'ils sont favorables à une éducation permettant à leur enfant de mener une vie conforme à la conception amish, c'est-à-dire une vie orientée vers « l'union avec Dieu »[2]. Pour y parvenir, les Amish privilégient l'enseignement de la sagesse morale (*moral wisdom*) contre celui de l'esprit technique (*technos*). Ils estiment que la sagesse doit former des hommes de bien (*good men*) alors que l'esprit technique peut produire des « barbares compétents, des émeutiers intellectuels, des révolutionnaires, et des criminels[3]. L'éducation a donc pour but d'inculquer les valeurs et les vertus promues par la doctrine de la séparation avec l'ordre mondain mais, ajoutent les Amish, ces valeurs et ces vertus permettent de développer des « compétences séculières » (*secular competence*) : ce sont des citoyens non violents et des travailleurs loyaux; ils protègent la nature, honorent leurs responsabilités familiales, prennent soin des enfants, entretiennent de bonnes relations de voisinage[4]. Ces caractéristiques de la communauté ont beaucoup impressionné le juge Burger, qui a considéré que l'éducation amish satisfaisait aux exigences qu'un État peut imposer à l'éducation des futurs citoyens.

L'État pouvait-il sérieusement contester la valeur de l'éducation amish sans entrer dans un conflit sur les conceptions compréhensives, les modes de vie et les cultures désirables ? Les Amish pointaient justement la non-neutralité culturelle de l'État. Dans l'affaire *Yoder* s'affrontaient en réalité deux conceptions de la citoyenneté, l'une fondée sur la participation démocratique, l'autre sur la loyauté politique. Dans « Democratic Autonomy and Religious Freedom : A Critique of Wisconsin v. Yoder », Arneson et Shapiro ont mis en cause la conception étriquée de la citoyenneté du juge Burger, qui reposait sur la disposition à se soumettre à la loi et à ne pas causer de problème[5].

1. « Brief for Respondents », *LB* 71, p. 609.

2. *Loc. cit.*

3. *Loc. cit.*

4. *Ibid.*, p. 610. Ce point sera souligné par W. Galston dans *Liberal Pluralism : The Implications of Value Pluralism for Political Theory and Practise* (Cambridge, Cambridge University Press, 2002, p. 107).

5. R. J. Arneson, I. Shapiro, « Democratic Autonomy and Religious Freedom : A Critique of Wisconsin v. Yoder », *in* I. Shapiro, *Democracy's Place*, Ithaca, Cornell University Press, 1996, p. 146-147.

Cette conception, soutiennent les deux auteurs, ne convient pas à l'idéal spécifique de citoyenneté démocratique, car c'est ce que n'importe quel État, démocratique ou non, attend de ses citoyens. La citoyenneté démocratique requiert la capacité de voter de manière intelligente, sur la base d'une information maîtrisée, et en faisant une évaluation critique des différentes options proposées dans les programmes politiques. L'éducation doit donc préparer les enfants à devenir des acteurs compétents de la délibération démocratique (*competent democratic deliberator*[1]). Si c'est bien l'objectif que doit poursuivre l'État, il est impératif de faire passer l'intérêt des enfants avant celui des parents, lesquels voudraient inhiber le développement de leurs compétences morales et politiques afin de leur imposer des croyances et un mode de vie qui les rend incapables de participer à la vie démocratique. Être citoyen d'une démocratie implique le droit de voter et d'influencer l'opinion des concitoyens en utilisant les procédures démocratiques de décision, par la délibération publique et le vote. Mais il devient impossible d'assurer « l'intégration démocratique » des citoyens si l'on concède aux parents le droit de retirer leurs enfants de l'école pour leur inculquer des valeurs de séparation à l'égard du monde, et notamment de la société politique environnante.

On pourrait émettre deux objections contre cet argument : tout d'abord, les citoyens membres de la majorité culturelle sont rarement des acteurs éclairés de la délibération publique, et pourtant ils n'en sont pas moins des acteurs de plein droit. Ensuite, certaines minorités ne placent pas aussi haut que Arneson et Shapiro la valeur du vote et de la participation démocratique. Par conséquent, on ne devrait pas les contraindre à se préparer à une activité qu'elles refusent de toute façon. Les auteurs répondent à ces deux objections en opposant la question *quid facti* à la question *quid juris* : il est vrai d'un point de vue factuel que les citoyens réels sont rarement des citoyens exerçant pleinement leurs capacités et qu'ils sont souvent manipulés par des politiciens habiles ; pour autant, cette objection factuelle n'a aucune valeur normative. La réalité de l'ignorance et de la vénalité des citoyens dans l'exer-

1. *Ibid.*, p. 147. Nous laissons de côté l'examen de l'idéal délibératif qui fait l'objet de la critique de Shapiro, notamment pour son caractère abstrait et son incapacité à lutter contre les mécanismes réels de domination. Shapiro défend l'importance cruciale de la délibération dans la démocratie, mais cette délibération repose sur l'évaluation critique des programmes politiques en compétition. *Cf.* I. Shapiro, *Democratic Justice*, Yale University Press, 1999.

cice de leurs droits politiques ne doit pas conduire l'État à renoncer à éduquer les enfants en vue de leur participation politique à la délibération démocratique[1]. La réponse à la deuxième objection consiste à montrer que le refus factuel d'exercer un droit n'implique pas l'illégitimité de l'éducation en vue d'utiliser ou non ce droit. L'État a un intérêt supérieur dans le fait que tous aient la capacité de voter, même s'il n'exige pas que tous les citoyens l'exercent[2].

Arneson et Shapiro défendent ainsi un idéal d'autonomie limité au domaine politique et non comme conception libérale compréhensive; contrairement à ce qu'ils laissent entendre, leur démarche est très proche de celle de Rawls. L'État doit protéger l'autonomie des enfants non parce qu'ils ont un droit à un avenir « ouvert », qui leur offre le plus d'options de vie différentes, mais parce qu'ils se destinent à la vie démocratique. Ils rejettent donc certaines conceptions de l'autonomie selon lesquelles celle-ci doit être protégée parce qu'elle permet de maximiser les opportunités disponibles de mener la vie qui convient le mieux à leurs capacités naturelles[3]. En effet, cette conception n'est pas très consistante dans la mesure où les options authentiques ont tendance à s'exclure mutuellement: donner à un individu une opportunité effective de mener la vie d'un agriculteur amish revient à lui retirer l'opportunité effective de mener une vie d'astronaute; l'inverse est aussi vrai. Aussi n'y-t-il pas beaucoup de sens à vouloir protéger l'éventail de modes de vie le plus grand possible, et il faut donc renoncer à la thèse de la maximisation des opportunités[4].

Il faut considérer plutôt que la valeur de l'autonomie est relative à la vie démocratique à laquelle les citoyens se destinent. Dans un régime

1. *Cf.* R. J. Arneson, I. Shapiro, « Democratic Autonomy and Religious Freedom », *op. cit.*, p. 148.

2. *Ibid.*, p. 149.

3. J. Feinberg, « The Child's Right to an Open Future », *in* W. Aiken, H. LaFolette (eds), *Whose Child? Children's Rights, Parental Authority, and State Power*, Totowa, Rowman & Littlefield, 1980, p. 134-135. Voir aussi J. Elster, « Solomonic Judgments : Against the Best Interests of the Child », *Solomonic Judgments : Studies in the Limitations of Rationality*, Cambridge, Cambridge University Press, 1989, p. 137. A. Gutmann, « Children, Paternalism, and Education », *Philosophy and Public Affairs* 9(4), 1980, p. 350.

4. L'argument d'Arneson et Shapiro ne remet pas en cause l'idée libérale multiculturaliste qu'il faut protéger le contexte de choix. Comme nous l'avons déjà montré, selon Kymlicka, le contexte de choix ne représente pas un bien parce qu'il fournit l'éventail de choix le plus large, mais parce qu'il offre aux individus des options significatives, dotées de valeurs.

démocratique, l'État est en droit d'attendre des citoyens qu'ils participent à la vie politique et, pour parvenir à ce résultat, il est légitime d'éduquer les enfants afin qu'ils puissent exercer leurs facultés rationnelles et leurs aptitudes à la délibération publique. Cela signifie notamment que l'on ne peut se contenter d'un enseignement civique abstrait des droits protégés par la Constitution et du fonctionnement des institutions. Il convient alors, selon Arneson et Shapiro, de maintenir les enfants dans une structure éducative qui stimule leur capacité à exercer leur raison critique, à évaluer la pertinence des doctrines enseignées afin de pouvoir juger des programmes politiques en compétition, à se mettre à la place d'autrui, et à discuter avec autrui de manière contradictoire. Il est alors évident que l'exercice politique de la raison, afin d'exercer leurs droits démocratiques, aura une influence sur la manière dont les individus évaluent leur vie. S'ils exercent leur raison critique dans l'espace public pour examiner les propositions politiques qu'on leur soumet, ils auront aussi tendance à l'exercer pour examiner leurs options de vie, leurs conceptions et leurs croyances[1]. Mais il est illégitime de refuser de former les individus à la citoyenneté et à l'exercice de la raison critique parce que l'on souhaite éviter cette conséquence.

C'est à la même conclusion que Rawls parvient après avoir spécifié les deux exigences que le libéralisme politique peut légitimement imposer en matière d'éducation : la première est *épistémique*, la deuxième *dispositionnelle*. L'exigence *épistémique* concerne les connaissances que les citoyens doivent acquérir sur l'organisation politique et le système juridique. L'objectif est de lutter contre les formes de domination qui reposent sur l'ignorance[2]. Aussi les futurs citoyens doivent-ils impérativement connaître « leurs droits civiques et constitution-

1. Sur l'effet des principes de la justice sur la morale des citoyens, *cf.* S. Macedo, « Liberal Virtues, Constitutional Community », *The Review of Politics* 50(2), 1988, p. 215-240; « The Politics of Justification », *Political Theory* 18(2), 1990, p. 287 *sq.*; *Liberal Virtues : Citizenship, Virtue, and Community in Liberal Constitutionalism*, Oxford, Clarendon Press, 1990, p. 254 *sq.*

2. Le concept de liberté comme non-domination est tellement lié à la théorie du républicanisme élaborée par Philip Pettit que nous ne nous aventurerons pas à l'utiliser dans un autre contexte théorique. Il nous semble néanmoins que, dans ce passage de *LP*, l'idée de Rawls renvoie à la notion de non-domination des citoyens que des individus et des groupes pourraient manipuler en utilisant l'ignorance juridique de ceux-ci. Sur la liberté comme non-domination, voir P. Pettit, *Républicanisme* (1997), trad. fr. P. Savidan et J.-F. Spitz, Paris, Gallimard, 2004.

nels » afin de ne pas intérioriser des normes qui restreindraient leur liberté de conscience et d'expression : ce serait le cas si, par exemple, ils pensaient que l'apostasie était un crime puni par la loi, car alors ils hésiteraient à renoncer publiquement à leur foi par crainte de subir un châtiment qui n'a aucun fondement légal. Une communauté religieuse qui ne pourrait subsister qu'en recourant à la menace de punition pour des crimes qui n'existent pas légalement aurait tout intérêt à ce que ses plus jeunes membres ignorent les droits que l'État garantit et qu'ils ne bénéficient pas d'une éducation civique. C'est pour éviter ce type de domination sur les futurs citoyens que l'État est en droit d'exiger des jeunes gens qu'ils connaissent leurs droits fondamentaux ainsi que le fonctionnement des institutions judiciaires qui en assurent la protection effective.

Mais cette connaissance civique est relativement limitée. L'État peut-il exiger des individus qu'ils acquièrent d'autres connaissances qui ne sont pas strictement politiques? Rawls reste très allusif sur cette question; il évoque simplement l'idée que « l'enseignement doit préparer [les jeunes] à être des membres à part entière de la société ». Dans le mesure où cet enseignement est introduit comme un supplément à l'instruction civique, on peut estimer qu'il porte en partie sur d'autres types de connaissance commune comme la connaissance de la littérature, de l'histoire, de la géographie, des mathématiques, de la science physique ou encore de la biologie. Être membre à part entière de la société implique en effet qu'on partage avec ses concitoyens un certain nombre de références communes. Ce point nous semble confirmé par la remarque de Rawls dans *TJ* sur la valeur de l'éducation. Il explique que l'éducation n'a pas seulement de valeur en ce qui concerne l'efficacité et le bien-être social, mais que son rôle fondamental est de « rendre une personne capable de goûter la culture de sa société et d'y jouer un rôle », et ainsi de lui donner « l'assurance de sa propre valeur »[1].

On objectera que cela confirme l'inattention de Rawls à la différence culturelle puisqu'il n'envisage pas qu'il y ait non pas « une culture » de la société mais « des cultures ». Bien que nous pensions que Rawls n'ait pas témoigné un grand intérêt pour la question de la différence culturelle, nous estimons que cette remarque sur la valeur de

1. J. Rawls, *TJ*, p. 132.

l'éducation a un intérêt philosophique pour penser la tolérance multiculturelle : en effet, la société multiculturelle n'est pas une société où les cultures sont cloisonnées, mais une société de l'échange culturel dans laquelle la culture dominante (« la culture de [la] société ») accueille les cultures minoritaires [1]. Pour que cet échange soit possible, il est indispensable que les membres des minorités puissent maîtriser les références culturelles de la majorité sans devoir renoncer à leurs propres références culturelles. Nous soulignons le fait que c'est même le maintien de leurs références culturelles marginales, indispensables à la définition de leur contexte de choix, qui rend possible leur inclusion dans la société majoritaire. L'enseignement public doit avoir pour fonction de transmettre aux enfants des références communes, alliant héritage de la culture dominante et des cultures minoritaires, afin que les membres des minorités et de la majorité fassent *société*.

Le deuxième type d'exigence que le libéralisme politique impose aux futurs citoyens est d'ordre *dispositionnel*. Cela signifie que l'éducation doit aussi avoir pour objectif de développer certaines dispositions et compétences des individus qui leur permettent de participer à la coopération sociale et de ne pas être sous la domination financière d'autrui. Mais Rawls se garde bien de préciser quelles sont ces compétences, il écrit simplement :

> L'enseignement doit préparer [les individus] à être des membres à part entière de la société et les rendre capables d'indépendance (*self-supporting*). Il devrait aussi encourager les vertus politiques afin qu'ils soient désireux de respecter les termes équitables de la coopération sociale dans leurs relations avec le reste de la société [2].

Comme nous l'avons déjà vu, les citoyens doivent pouvoir exercer leurs deux facultés morales, la rationalité et la raisonnabilité : 1) la

1. Bhikhu Parekh insiste beaucoup sur cet aspect de la société multiculturelle comme société d'échange culturel. *Cf.* Parekh, *Rethinking Multiculturalism*, *op. cit.*, p. 163 *sq.*, et p. 213 *sq.* On n'entrera pas ici dans un débat, à notre avis vain, sur la différence entre multiculturalisme et interculturalisme, terme par lequel on veut souligner le dialogue et l'échange culturel entre les communautés au sein d'une société politique. Voir G. Bouchard, « Qu'est-ce que l'interculturalisme ? », *Revue de droit de McGill* 56(2), 2011, p. 395–468 ; C. Taylor, « Interculturalism or Multiculturalism », *Philosophy and Social Criticism* 38(4–5), 2012, p. 413–423 ; L. de Briey, « Multiculturalisme libéral vs. interculturalisme républicain », *The Tocqueville Review / La revue Tocqueville* 34(1), 2013, p. 89-119.

2. J. Rawls, *LP*, p. 244 : « Their education should also prepare them to be fully cooperating members of society and enable them to be self-supporting ».

capacité de formuler un jugement, de développer une pensée et de faire des inférences; 2) la capacité d'avoir un sens de la justice. Grâce à ses dispositions morales et cognitives, l'individu peut devenir un membre à part entière de la société dans son ensemble, qu'il décide ensuite de vivre selon les valeurs de la société industrielle et urbaine, ou de la société agraire. Dans tous les cas, il lui sera possible d'examiner rationnellement par lui-même les conceptions du bien dont il hérite afin de les endosser ou de les rejeter. Ensuite, Rawls précise les vertus que l'État devrait encourager[1] : la tolérance, la civilité, l'esprit de compromis (« *being ready to meet others halfway* »), le sens de l'équité, le respect mutuel et la modération. On notera que les vertus dont il est question sont toutes relatives à la coopération sociale, et plus précisément à l'entente des citoyens pour assurer la stabilité de la coopération; on notera aussi que la vertu de tolérance apparaît le plus souvent au premier rang des vertus politiques. La position du libéralisme politique est très proche des théories de la démocratie, celles de Shapiro et de Meiklejohn notamment, qui justifient par leur fonction démocratique la valeur des droits et des libertés fondamentales, ainsi que de l'autonomie[2].

William Galston, qui adopte un point de vue pluraliste, refuse cette hiérarchisation des intérêts donnant la priorité absolue aux intérêts politiques, et il défend résolument la décision du juge Burger[3]. Selon lui, si l'on prend au sérieux le pluralisme de la valeur et la démocratie comme régime de la pluralité, l'on doit reconnaître les propositions suivantes : il n'existe pas de finalité ni de valeur uniques à partir desquelles on puisse hiérarchiser les autres finalités et valeurs; il n'existe pas de compétence unique à partir de laquelle on puisse juger qu'un individu est un bon citoyen; il n'existe pas de source unique de l'autorité à laquelle nous devons nous soumettre pour organiser notre vie[4]. En conséquence, Galston estime que l'intérêt des parents à

1. J. Rawls, *LP*, p. 197, 238.

2. A. Meiklejohn, *Political Freedom : The Constitutional Powers of the People*, *op. cit.* ; Shapiro, *Democratic Justice*, *op. cit.*

3. William Galston s'inscrit dans la tradition du pluralisme de la valeur d'Isaïah Berlin; *cf.* I. Berlin, *Éloge de la liberté*, *op. cit.* ; sur le pluralisme de Berlin, *cf.* J. Gray, *Isaiah Berlin*, Princeton, Princeton University Press, 1996; D. Weinstock, « The Graying of Berlin », *Critical Review* 11(4), 1997, p. 481-501.

4. W. Galston, *Liberal Pluralism*, *op. cit.*, p. 36. Galston se réfère alors à la théorie « des autorités et des souverainetés multiples » (« Theory of multiple sovereignties ») défendue par

éduquer leurs enfants dans la culture et la religion qu'ils souhaitent est un intérêt supérieur légitime, et qu'il est important que l'État le respecte. Ensuite, il rejette l'idée que de bons citoyens soient nécessairement des individus qui valorisent l'usage de la raison critique, notamment pour évaluer les conceptions du bien et les modes de vie hérités de leurs parents ou de leur communauté locale; l'État ne peut légitimement poursuivre l'objectif de former les enfants à la pensée critique, encore moins au scepticisme, même s'il admet que les citoyens doivent être capables de formuler un jugement public raisonnable (*reasonable public judgment*)[1]. Enfin, il soutient que les vertus de participation politique et de délibération ne sont pas les seules vertus exigées par la citoyenneté: le sens de la soumission à la loi, la responsabilité familiale et personnelle, la tolérance à l'égard de la diversité sociale, le respect des autres concitoyens, le souci du bien commun sont aussi des vertus très importantes.

En ce qui concerne le cas spécifique des Amish, Galston souligne qu'à bien des égards ce sont des citoyens plus loyaux que bien des Américains qui appartiennent à la culture dominante (*mainstream*) et contestent l'autorité du pouvoir fédéral. Par ailleurs, il n'y a aucune raison de considérer que les Amish ne sont pas capables d'un sens critique, même si celui-ci est exercé à partir de leur culture religieuse; en cela, les Amish ne sont pas de moins bons citoyens que les autres. Galston rappelle ainsi que la raison critique n'est pas seulement formée dans l'éducation libérale, mais que l'étude de textes de la tradition religieuse permet aussi le développement d'un sens critique. Par exemple, les débats théologiques, l'exégèse des textes de la tradition chrétienne permettent d'aiguiser le sens critique aussi rigoureusement que les programmes libéraux de l'éducation publique[2]. Enfin, Galston reconnaît que les enfants ont aussi des intérêts qu'il est légitime que les

les auteurs britanniques tels que J. N. Figgis, G. D. H. Cole ou H. Laski. Selon cette théorie, il existe plusieurs sources d'autorité qui gouvernent notre vie, comme l'autorité parentale, l'autorité religieuse, celle relevant de nos différents engagements associatifs, et bien sûr celle de l'État; mais aucune n'est absolument dominante. Sur la thèse « des autorités et des souverainetés multiples », voir les textes sélectionnés par P. Q. Hirst ainsi que son introduction, dans *The Pluralist Theory of the State : Selected Writings of G. D. H. Cole, J. N. Figgis, and H. J. Laski* (London, Routledge, 1989).

1. *Cf.* W. Galston, *Liberal Purposes : Goods, Virtues, and Diversity in the Liberal State*, Cambridge, Cambridge University Press, 1991, p. 253.

2. W. Galston, *Liberal Pluralism*, *op. cit.*, p. 107.

parents et l'État protègent[1], et il soutient que les Amish protègent les intérêts de leurs enfants et ne mettent pas en cause leur capacité à être de bons citoyens. Pour toutes ces raisons, il y a donc tout lieu non seulement de tolérer un groupe comme celui des Amish, mais encore de leur accorder une exemption raisonnable de scolarisation à partir de quatorze ans. Selon Galston, la décision du juge Burger était donc juste et avisée.

Nous pensons que Galston se trompe d'enjeu et que son argumentation, loin de soutenir la position du juge Burger, en ruine les fondements. N'oublions pas qu'au départ il y a le test *Sherbert* avec la condition d'intérêt impérieux pour l'État. Si nous suivons Galston, il existe des intérêts à mettre en équilibre, et l'État ne peut pas *a priori* imposer ses intérêts de manière absolue. La thèse que nous avons défendue est que l'État, quand il impose un fardeau substantiel à une communauté en raison de sa non-neutralité culturelle, doit faire la preuve que l'intérêt qu'il promeut est impérieux. Dans l'affaire *Yoder*, l'intérêt de l'État à former les futurs citoyens était de ce type; la seule question était de savoir si l'âge de quatorze ans pouvait être considéré comme un seuil à partir duquel les enfants sont suffisamment formés et peuvent être exemptés de scolarisation. Il ne nous appartient pas de donner notre opinion sur l'âge de maturité intellectuelle en dessous duquel les enfants ne devraient pas quitter l'école. Nous doutons néanmoins du bien-fondé de la décision du juge Burger. Selon Eamonn Callan, spécialiste de l'éducation, parce que les enfants amish reçoivent déjà dans leur communauté une éducation qui engendre des risques sérieux « d'adhésion servile » (*servile adherence*), notamment parce que les enfants doivent apprendre à se soumettre à l'*Ordnung*, aux commandements de la communauté, il semble nécessaire de ne pas réduire la durée de scolarité obligatoire. Et en tous cas, il n'est pas du tout évident que la scolarisation des enfants jusqu'à l'âge de seize constitue un fardeau substantiel: « Les deux dernières années de scolarité obligatoire laisseraient encore beaucoup de latitude aux parents amish pour façonner l'identité de leurs enfants; au mieux, cela constituerait un léger contrepoids à la capacité très importante de la

1. Les parents, comme l'État, ont le devoir de protéger l'intérêt des enfants à devenir des personnes autonomes (Callan) ou du moins indépendantes (Galston), et capables de choix et de réflexion. *Cf.* E. Callan, *Creating Citizens*, *op. cit.*, p. 152 *sq.*

communauté à se conserver »[1]. Les études sur les Amish montrent clairement que, s'ils acceptent l'acquisition des compétences élémentaires comme la lecture, l'écriture et le calcul, ils refusent par principe tout enseignement qui n'a pas l'approbation de la communauté, c'est-à-dire qui n'est pas conforme à leurs croyances ni à l'*Ordnung*[2]. Par ailleurs, les auditions de l'avocat de la défense avaient mis en lumière deux faits importants : tout d'abord, les écoles élémentaires fréquentées par les Amish étaient plutôt des écoles régionales, de telle sorte que les enfants amish côtoyaient plutôt des Amish à l'école; ensuite la mixité des élèves, étant plus importante à partir du lycée, pouvait expliquer, au moins en partie, le refus des parents amish d'y inscrire leurs enfants. La défense admit ces deux points[3]. Ce refus de la mixité des communautés et de l'exposition à la diversité pose un véritable problème qui a été ignoré par la CS (É.-U.) dans son opinion majoritaire[4].

Notre défense de la politique d'exemption et d'accommodement raisonnable ne va pas au-delà de ce que le libéralisme politique peut légitimement exiger pour la coopération sociale : la raison critique est indispensable pour devenir un citoyen indépendant; il est, par conséquent, indispensable de la développer chez les jeunes personnes. Si les jeunes personnes exercent leur raison pour examiner les conceptions religieuses que leurs parents leur imposent, ainsi que les attachements culturels qui les lient à leur communauté, c'est une conséquence que le libéralisme politique ne cherche pas à obtenir mais qu'il ne peut non plus chercher à éviter. Il se peut en effet que les connaissances que les enfants reçoivent à l'école et les compétences qu'ils y développent soient utilisées pour mettre en question les valeurs de leurs parents qu'elle soient religieuses ou laïques. Si cela se produit, c'est une conséquence qu'il est raisonnable d'accepter, « même à regret »[5].

1. E. Callan, « Galston's Dilemmas and Wisconsin v. Yoder », Theory and Research in *Education* 4(3), 2006, p. 272.

2. *Cf.* W. A. Peters, *The Yoder Case: Religious Freedom, Education, and Parental Rights*, Lawrence, University of Kansas Press, 2003, p. 28-31.

3. « Oral Argument, Decembre 8, 1971 », *LB* 71, p. 819-820.

4. Stephen Macedo retient comme mesure pédagogique pour favoriser la vertu individuelle de tolérance l'exposition à la diversité et il argumente contre les accommodements à l'école quand les parents veulent réduire cette exposition; *cf.* S. Macedo, « L'éducation civique libérale et le fondamentalisme religieux : *L'affaire Dieu contre John Rawls* » (1995), trad. fr. M.-A. Dilhac, *Raisons politiques* 47, 2012, p. 149-188.

5. J. Rawls, *LP*, p. 244.

## Les droits de sortie

À présent, nous pouvons conclure notre raisonnement général en ajoutant une condition indispensable à l'application de la tolérance comme régime d'exemptions et d'accommodements : le droit de sortie (*right of exit*). Rappelons que notre hypothèse est que la tolérance se comprend, dans la société démocratique, comme un idéal d'inclusion politique. Cette idée ne doit pas nous quitter quand nous devons affronter le paradoxe apparent des effets d'exclusion de la politique d'inclusion multiculturelle. En effet les droits attribués aux minorités culturelles (et religieuses), notamment sous la forme d'exemptions et d'accommodements, sont justifiés pour protéger un contexte de choix signifiant pour les membres de ces minorités. Autrement dit, pour le libéralisme politique, les membres des minorités doivent avoir les mêmes opportunités de choix que les autres citoyens, et cela implique des mesures culturelles. Ainsi, c'est dans un souci d'inclusion politique des membres des minorités que l'État doit protéger les contextes culturels. Cependant, en accordant des dérogations spécifiques pour les membres des minorités, il peut contribuer au développement de communautés intolérantes dont l'objectif n'est pas l'inclusion politique des membres à la société dans son ensemble, mais au contraire leur exclusion[1]. La tolérance aurait alors pour conséquence possible le renforcement de l'exclusion de certains groupes et individus. Cette conséquence est inacceptable, puisqu'elle sape les fondements mêmes de la tolérance.

Cependant, ce paradoxe cesse lorsqu'on introduit la condition de droit de sortie dans le dispositif de la tolérance multiculturelle. Un droit de sortie est tout simplement la protection juridique dont doivent jouir, comme tout citoyen, les membres appartenant à une minorité culturelle s'ils désirent quitter leur communauté. Cette notion est liée au développement de la philosophie libérale, comme le rappelle Nancy Rosenblum : historiquement, le libéralisme a poursuivi deux objectifs, la limitation du pouvoir des groupes religieux dans l'espace public, et la limitation du pouvoir du groupe sur ses membres[2]. La séparation du

1. *Cf.* A. Harel, « The Boundaries of Justifiable Tolerance : A Liberal Perspective », *in* D. Heyd (ed.), *Toleration : An Elusive Virtue*, *op. cit.*, p. 114-126.

2. *Cf.* N. L. Rosenblum, *Another Liberalism : Romanticism and the Reconstruction of Liberal Thought*, Harvard University Press, 1987, p. 60.

politique et du religieux ainsi que l'individualisme sont donc des traits caractéristiques du libéralisme. Mais l'intérêt pour cette notion s'est affirmé seulement après que Will Kymlicka eut tenté d'élaborer la première théorie multiculturaliste. En effet, Kymlicka, nous l'avons vu, reconnaît aux communautés culturelles des droits d'organisation spécifiques afin de protéger les libertés de leurs membres. La finalité de l'octroi de droits culturels ou de droits d'exemption, à savoir la promotion de la liberté, devrait servir de critère d'évaluation des communautés. Lorsque des communautés culturelles utilisent ces droits pour diminuer *in fine* la liberté de leurs membres, ou de certains d'entre eux, il convient de se demander s'il est raisonnable de le tolérer. Jusqu'où tolérer le pouvoir que la communauté (c'est-à-dire une partie de ses membres) a sur ses membres (c'est-à-dire une autre partie de ses membres)? Cette question est au cœur de la polémique entre C. Kukathas et W. Kymlicka[1].

Résumons la position de Kukathas, et la réponse que lui fait Kymlicka. Selon Kukathas, la notion de droit culturel n'est pas pertinente dans le libéralisme, car cette doctrine ne reconnaît de droit qu'aux individus. Bien sûr, le libéralisme n'est pas indifférent à la question culturelle; Kukathas affirme même que c'est une de ses préoccupations majeures[2]. Cependant, il ne croit pas, comme Kymlicka, qu'il faille accorder des droits collectifs, parce que le seul sujet de droit que le libéralisme reconnaît est l'individu. Comment concilier la préoccupation culturelle du libéralisme ainsi que son souci de protéger les droits individuels et de n'accorder de droits qu'aux individus? La solution libérale-libertarienne de Kukathas consiste à concevoir la communauté culturelle comme une association privée, volontaire, qui repose donc sur l'usage de la liberté individuelle[3]. Les individus qui forment une telle association sont les seuls responsables de son organisation interne, et la société dans son ensemble ne peut s'ingérer dans les affaires de la communauté, aussi longtemps qu'elle reste une association volontaire. Leur organisation peut être tout à fait illibérale, reconnaît Kukathas;

1. C. Kukathas, « Are There Any Cultural Rights ? », *Political Theory* 20(1), 1992, p. 105-139; W. Kymlicka, « The Rights of Minority Cultures : Reply to Kukathas », *Political Theory* 20(1), 1992, p. 140-146; C. Kukathas, « Cultural Rights Again : A Rejoinder to Kymlicka », *Political Theory* 20(4), 1992, p. 674-680.

2. C. Kukathas, « Are There Any Cultural Rights ? », *op. cit.*, p. 107.

3. *Ibid.*, p. 115 *sq.*

pour autant, personne n'a le droit de casser une telle association[1]. Ainsi, si l'on considère le problème de l'éducation, on devra admettre que la société n'a pas le droit d'imposer des exigences qui vont à l'encontre des principes institués par la communauté culturelle.

Selon Kukathas, cela permet de donner consistance à l'idée de communauté culturelle, bien que la communauté ne soit pas en tant que telle un sujet de droit. L'autorité (*authority*) de la communauté repose sur le consentement de ses membres; mais on peut ajouter que ce consentement ne consiste pas en un transfert de droits, et ne crée aucun droit nouveau. Le problème est que Kukathas semble ignorer le fait que les communautés culturelles ne sont pas des regroupements volontaires d'individus, des agrégations libres, si l'on peut dire, mais des groupes dont l'existence précède celle des individus qui sont comme des parties intégrées du tout. En réalité, Kukathas reconnaît ce fait, mais il définit un test permettant de conférer à une communauté qui n'a pas été formée par un accord de volontés libres la valeur d'une association volontaire : si les individus restent dans la communauté alors qu'ils ont le droit d'en sortir, c'est une preuve (*evidence*) de son caractère volontariste[2]. On comprend alors que les droits de sortie constituent le pivot sur lequel tourne toute la théorie de Kukathas. Si des individus restent alors qu'ils jouissent d'un droit de sortie substantiel, l'association est volontaire. Il suffit donc de s'assurer que les individus ont effectivement ce droit de sortie, qui est une « liberté de dissociation » (*freedom of dissociation*) inséparable de la liberté d'association[3]. Cette liberté est possible uniquement s'il existe une société plus vaste, englobant les communautés, dans laquelle les individus peuvent se réfugier.

Raisonnons à partir d'un cas concret, celui de l'affaire *Hofer v. Hofer*[4] : deux membres d'une communauté huttérite, convaincus d'apostasie, en avaient été exclus. Les commu-nautés huttérites sont des communautés anabaptistes très fermées, dans lesquelles la propriété privée n'existe pas. Les deux membres exclus ne possédaient donc aucun bien dans la communauté. Mais comme ils avaient contribué à accroître, par leur travail, les richesses de la communauté, et comme ils avaient besoin de certains biens pour pouvoir vivre à

1. C. Kukathas, « Are There Any Cultural Rights ? », *op. cit.*, p. 117.
2. *Ibid.*, p. 116.
3. *Ibid.*, p. 133.
4. *Hofer v. Hofer et al.* (1970) S.C.R. 958.

l'extérieur de la communauté, ils demandèrent une part de ce qu'ils avaient produit. Devant le refus des autorités de la communauté, ils portèrent plainte[1].

Dans un tel cas, comment la théorie de Kukathas s'applique-t-elle? Il nous semble que, formellement, les membres de la communauté huttérite disposent bien d'un droit de sortie, puisqu'ils peuvent s'installer hors de la communauté. Mais on aurait beaucoup de mal à considérer qu'il s'agit là d'un droit de sortie substantiel, dans la mesure où les individus n'ont aucun moyen matériel de survivre en dehors de la communauté. Pour reprendre un concept rawlsien que nous avons déjà employé, leur valeur de liberté est pour ainsi dire nulle. Il nous semble que Kukathas devrait admettre que, dans ce cas, les individus ont besoin, pour utiliser leur droit de sortie, de davantage de moyens que la simple autorisation formelle de quitter la communauté, car en réalité ils ne peuvent pas faire usage de leur liberté de dissociation. En réalité, Kukathas dirait que la communauté huttérite, en imposant la fidélité des membres au groupe et en les faisant travailler sans qu'ils aient la moindre part des biens produits, pratique une forme d'esclavage qui est inacceptable d'un point de vue libéral, puisque la liberté d'association et de dissociation est niée. En conséquence, la communauté huttérite doit satisfaire la demande des membres exclus de recevoir une part de leurs biens, sous peine d'être dissolue.

Est-ce suffisant? Kymlicka ne le croit pas. Il ouvre une brèche dans l'argumentation de Kukathas sur le problème de l'éducation. Kymlicka estime en effet qu'il est très insuffisant d'accorder un droit formel de sortie aux individus si leur communauté les a privés de l'éducation nécessaire pour faire un usage de ce droit. Même s'ils avaient les moyens matériels de faire le choix de quitter leur communauté, les individus privés d'éducation n'en concevraient pas l'idée[2]. Par conséquent, le modèle libertarien de Kukathas ne fonctionne pas: il affirme la nécessité de droits de sortie qu'il ne peut défendre à partir de ses principes. Selon Kymlicka, la promotion des droits culturels a l'avantage de reposer sur la protection de l'autonomie des individus. Kymlicka défend une conception de l'autonomie significativement plus substantielle que Rawls. On attend donc de lui une solution qui soit

1. W. Kymlicka, *La citoyenneté multiculturelle*, *op. cit.*, p. 229-230.

2. *Cf.* W. Kymlicka, « The Rights of Minority Cultures: Reply to Kukathas », *op. cit.*, p. 143.

à la mesure du problème posé par les droits de sortie … mais cette attente est déçue.

D'un côté, la société libérale est en droit de réclamer que les membres des communautés illibérales soient traités de telle sorte qu'ils puissent développer leur autonomie. L'éducation qui permet aux individus d'être des citoyens complets est une exigence fondamentale. Les communautés ne peuvent réclamer de leur côté le droit d'*emprisonner* leurs membres en les privant de cette éducation [1]. D'un autre côté, Kymlicka souligne que les libéraux n'ont pas le droit d'imposer le libéralisme [2]; ils peuvent seulement l'exiger moralement des communautés illibérales et essayer de le promouvoir auprès de leurs membres. Finalement, la solution de Kymlick consiste à soutenir que les droits des individus appartenant à une minorité nationale sont en théorie prioritaires, mais qu'en pratique ils sont conditionnés par la législation et les pratiques de la communauté. Dans ce cas, les individus ne peuvent faire valoir leurs droits contre une discrimination qu'au sein de la communauté, sans aucune garantie que leur demande soit satisfaite. La décision des juges de la CS du Canada de débouter les membres exclus de la communauté huttérite dans l'affaire *Hofer* est donc une décision légitime selon Kymlicka. Cela nous semble clairement incompatible avec le libéralisme politique. Affirmer, comme le fait Kymlicka, que les libéraux n'ont pas le droit d'imposer le libéralisme aux minorités nationales repose sur une méprise: les libéraux n'imposent rien; en revanche, les individus lésés – comme dans l'affaire *Hofer* – peuvent demander une protection de leurs libertés à l'État contre le droit de leur communauté d'appartenance.

L'État libéral, dans un souci de tolérance comme inclusion, doit soutenir que les droits des individus sont inviolables et que, pour pouvoir tirer parti du contexte de choix, les individus doivent pouvoir user, sans contrainte illégitime, de leur liberté de conscience. Les droits des minorités sont alors *effectivement* conditionnés par le respect des libertés fondamentales défendues par les libéraux. Cette position est parfaitement cohérente avec un multiculturalisme libéral de filiation rawlsienne, qui se proposait d'étendre le plus possible le système des libertés compatibles, afin d'inclure la protection du contexte de choix

1. *Cf.* W. Kymlicka, *La citoyenneté multiculturelle*, *op. cit.*, p. 234.
2. *Ibid.*

indispensable à l'exercice de ces libertés. C'est le modèle que nous soutenons. Nous touchons ici aux limites qu'il est indispensable d'imposer à la tolérance multiculturelle : les exemptions à la législation et les accommodements sont légitimes aussi longtemps qu'ils permettent de promouvoir la liberté des individus. Au-delà de ce point, la tolérance cesse.

Qu'en est-il, pour finir, de la fameuse affaire *Yoder*? La question de l'accommodement des Amish ne peut être tranchée *in fine* qu'à partir de l'évaluation des droits de sortie dont bénéficient leurs membres. On peut soutenir, comme le fait Galston, que les droits de sortie sont reconnus par la communauté amish dans la mesure où les jeunes membres ont la possibilité de passer une année hors de la communauté pour faire un choix qui les engage ensuite : revenir dans la communauté ou la quitter définitivement[1]. Cependant, l'enjeu est ailleurs. En effet, nous devons nous demander si l'éducation que reçoivent les jeunes Amish leur permet de faire effectivement le choix de quitter la communauté. En d'autres termes, l'éducation amish permet-elle aux plus jeunes d'être des membres à part entière de la société et d'exercer leur droit de sortie? C'est une question de principe qui doit recevoir une réponse informée empiriquement. Le cas de John Hostetler, l'universitaire amish qui avait apporté son concours à la CS (É.-U.) dans l'affaire *Yoder* reste sans doute un cas exceptionnel. Emonn Callan soutient que les deux dernières années dans l'enseignement public obligatoire sont essentiels et que les parents amish sont susceptibles d'utiliser ces deux années pour inculquer plus profondément leurs valeurs afin que les enfants ne soient pas en mesure de contester le mode de vie communautaire[2]. Nous adhérons à cette affirmation. Mais c'est un problème empirique qui n'affecte pas la théorie des droits de sortie.

1. W. Galston, *Liberal Pluralism*, *op. cit.*, p. 106 : « *The Amish community is not a prison* » (« La communauté amish n'est pas une prison »).

2. E. Callan, « Galston's Dilemmas and Wisconsin v. Yoder », *op. cit.*, p. 272.

CONCLUSION

# LEVER LE VOILE [1]

En suivant notre fil conducteur, à savoir que la tolérance réalise l'idéal démocratique d'inclusion, nous avons dégagé plusieurs principes qui permettaient de comprendre, sinon de résoudre les cas pratiques difficiles que nous avons rencontrés. Ces cas étaient tous liés à des croyances et pratiques religieuses. Ainsi, lorsqu'il aborde la question de la tolérance dans *TJ* (§ 34-§ 35), Rawls y traite lui aussi en priorité de la tolérance religieuse. Pourtant, au moment où paraît *TJ*, les problèmes de tolérance aux États-Unis ne semblaient plus porter sur la coexistence des religions mais, comme le rappelle Claudia Mills, sur « la question raciale, ethnique et sexuelle »[2]; elle estime d'ailleurs que, si Rawls choisit de traiter la tolérance religieuse en priorité, c'est parce que la religion ne suscitait plus de passion confessionnelle.

Pourtant, rien n'est moins sûr ! Tout d'abord, loin que l'on puisse s'assurer que les sociétés modernes soient « sorties de la religion », on constate plutôt que les pratiques et les croyances religieuses n'ont pas disparu et que, si elles n'ont plus la puissance nécessaire pour organiser une véritable vie collective des croyants, comme le montre M. Gauchet[3], elles n'en sont pas moins contraignantes pour les

1. C'est aussi le titre d'un article de Patrick Weil dans lequel il explique son engagement dans la commission Stasi en 2003 et les raisons qui ont convaincu la commission de la nécessité d'une loi sur les signes religieux ostensibles à l'école. *Cf.* P. Weil, « Lever le voile », *Esprit*, janvier 2005, p. 45-53.

2. Cl. Mills, « Not a Mere Modus Vivendi », *in* Davion et Wolf (eds), *The Idea of Political Liberalism*, *op. cit.*, p. 203.

3. M. Gauchet, *La religion dans la démocratie*, *op. cit.*

membres des différentes confessions et continuent donc d'être de véritables faits sociaux. Faut-il alors conclure à un « réenchantement du monde » pour reprendre une expression forgée par Peter Berger[1] ? Nous n'avançons rien de tel. L'analyse de Marx dans *La question juive* conserve sa pertinence aujourd'hui : il estime non seulement que « l'existence de la religion ne s'oppose en rien à la perfection de l'État » mais encore qu'il faut voir dans la religion « le phénomène de la limitation laïque » ; l'État démocratique créerait un manque que seule la religion serait à même de combler[2]. On peut aussi penser à un argument de type internaliste qui suggère un lien entre démocratie et diversification des conceptions morales et religieuses : dans une société démocratique, le pluralisme axiologique n'est pas condamné à se réduire comme peau de chagrin, mais au contraire à se développer, se diversifier et se reconfigurer[3]. Appliquant cet argument à la question religieuse, Christopher Eberle écrit ainsi : « L'institution de la religion nuit à la religion, et la liberté religieuse profite à la religion »[4]. La liberté et le pluralisme n'ont pas pour conséquence la sortie de la religion, mais le maintien des croyances religieuses dans des configurations sociales nouvelles. Si l'on tient compte du fait que la société française se conçoit essentiellement comme une société sécularisée et que néanmoins, dans cette société démocratique, le fait religieux n'est pas destiné à disparaître, on comprend pourquoi on assiste à de violents conflits d'interprétation sur les implications de la laïcité dont certains voudraient qu'elle soit l'instrument d'une sécularisation complète et irréversible.

Par ailleurs, la religion reste le problème le plus délicat pour une théorie de la tolérance : les croyances religieuses sont sans doute les convictions que les individus sont le moins disposés à mettre entre parenthèses dans la délibération sur les principes de justice. C'est parce que la tolérance religieuse met en jeu les convictions et les conceptions les plus profondes de l'individu que la réflexion sur la tolérance religieuse est aussi la plus difficile et constitue un véritable test pour le libéralisme politique. Si nous pouvons résoudre la question de la tolé-

1. P. L. Berger (dir.), *Le réenchantement du monde*, trad. J.-L. Pouthier, Paris, Bayard, 2001.

2. K. Marx, *La question juive*, Paris, Union générale d'éditions, 1968. C'est évidemment une critique de l'État démocratique incapable de dépasser, par la promotion abstraite de la liberté, les conditions effectives de l'aliénation des citoyens.

3. J. Rawls, *LP*, p. 27.

4. C. J. Eberle, *Religious Conviction in Liberal Politics*, *op. cit.*, p. 27. (Nous traduisons).

rance religieuse, nous pouvons raisonnablement espérer être en mesure de résoudre les autres questions de tolérance par une simple extension du principe de tolérance. En outre, les questions religieuses divisent toujours autant les Américains et, d'une manière générale, les citoyens des démocraties libérales, que ce soit sur l'enseignement du créationnisme dont le *Monkey trial* n'a été que le premier acte, sur l'avortement, le mariage homosexuel, la liberté de blasphémer, etc. Bien que les problèmes liés à la culture aient crû très fortement dans les dernières décennies, les questions religieuses restent de première importance dans les démocraties libérales, notamment en raison des religions introduites à l'occasion des migrations : les affaires liées aux religions d'immigration se sont multipliées depuis la parution de *TJ* et, pour n'en prendre que deux, nous pouvons citer l'affaire des turbans sikhs au Royaume-Uni (1973-1976)[1] et l'affaire du voile islamique en France (1989-2004).

On nous objectera que, si c'est la religion qui constitue le véritable problème, il convient plutôt de promouvoir la laïcité que la tolérance. Nous avons rencontré cette question en introduction, et nous voudrions conclure en y apportant une réponse plus complète à partir des enseignements de notre parcours de la tolérance. En France, depuis 1994, il existe une fâcheuse tendance à résoudre ces conflits par la suppression des droits de la conscience : circulaire « Bayrou » n° 1649 du 20 septembre 1994 recommandant que le port de signes religieux ostentatoires soit interdit dans les établissements scolaires (c'est le voile islamique qui est visé) ; loi 2004-228 du 15 mars 2004 interdisant le port de signes religieux ostentatoires dans les établissements scolaires (c'est toujours le voile islamique qui est visé) ; loi 2010-1192 du 11 octobre 2010 interdisant le port du voile islamique intégral ; rapport du Haut Conseil à l'intégration sur l'« expression religieuse et la laïcité dans les établissements publics de l'enseignement supérieur en France », préconisant l'interdiction du port du voile islamique à l'université (août 2013), etc. Alors faisons simple : la laïcité, est-ce l'interdiction de toute expression de la conscience, de toute manifestation religieuse ? Et en quoi la laïcité, si elle doit être autre

1. Au Canada, c'est l'affaire du port du kirpan sikh qui a été la plus vive avec l'arrêt de la CS du Canada *Multani contre la Commission scolaire Marguerite-Bourgeoys* (2006).

chose qu'un principe de tolérance, rendrait-elle plus aisée la solution aux conflits entre l'autorité civile et la conscience ?

## LA LAÏCITÉ : UN CONCEPT, DEUX INTERPRÉTATIONS

Nous voudrions rappeler que la laïcité bien comprise est l'autre nom de la tolérance limitée au rapport entre l'État, les cultes, et les croyants [1], et que son application implique des arbitrages très proches de ceux que nous avons défendus dans ce livre. Reconnue en 1905 comme une valeur de niveau législatif, la laïcité est cependant très vite perçue comme une valeur constitutionnelle au même titre que la liberté ou l'égalité devant la loi. La consécration constitutionnelle arrive en 1946, avec la Constitution de la IVe République. Dans ce texte, la valeur constitutionnelle de laïcité se manifeste progressivement, tout d'abord dans le préambule puis dans le texte même de la Constitution : la République est laïque.

Le problème que pose cette constitutionnalisation est celui de la définition de la laïcité. La constellation des textes juridiques qui mettent en place un régime laïque renvoie en effet à un principe hétérogène, tantôt identifié à la séparation de l'Église et de l'État, tantôt au principe de liberté de conscience ou encore à celui d'égalité devant la loi [2]. Il reste que, dès la fondation de la IIIe République, la laïcité est pensée conjointement en termes de séparation et de neutralité [3]. En fait, pour les juristes dans les années 1950, il existe un usage déterminé dont le sens a été précisé par le publiciste Jean Rivero :

> Pour le juriste, la définition de la laïcité ne soulève pas de difficulté majeure; des conceptions fort différentes ont pu être développées par des hommes politiques [...] mais une seule a trouvé place dans les documents officiels; les textes législatifs, les rapports parlementaires qui les commentent, les circulaires qui ont accompagné leur mise en

1. Cf. *supra*, p. 16.

2. P. Mazet, « Construction contemporaine de la laïcité par le juge et la doctrine », dans J. Baudouin, Ph. Portier (dir.), *La laïcité, une valeur d'aujourd'hui?* Rennes, Presses Universitaires de Rennes, 2001, p. 263-284.

3. *Cf.* F. Buisson, « Laïcité », *Dictionnaire de pédagogie et d'Instruction primaire*, t. 1, Paris, Hachette, 1882-1893. Sur l'interprétation de la laïcité comme neutralité, *cf.* Laborde, « On Republican Toleration », *op. cit.*, p. 168-171 *sq.*

> application ont toujours entendu la laïcité en un seul et même sens, celui de la neutralité de l'État[1].

Notons comment Rivero met à distance les usages politiques, ou plutôt politiciens de la laïcité. Comme séparation, la laïcité désigne la neutralité confessionnelle de l'État et la neutralité politique des cultes[2]. À présent, on peut aisément retracer le lien qui unit la laïcité comme neutralité et la liberté de conscience : la neutralité, qui n'est pas n'est pas une valeur intrinsèque, est la condition de possibilité de la liberté de conscience, et cette dernière est la finalité de la première.

Il reste à préciser ce qu'implique cette neutralité confessionnelle. C'est à l'occasion de ce que l'on appelle désormais « la première affaire du voile » que la demande de clarification du principe de laïcité s'est élevée avec la force de l'urgence sociale. La fameuse affaire éclate au début de l'année scolaire 1989, quand trois jeunes filles (Samira Saïdani, Leïla et Fatima Achaboun) refusent d'enlever leur voile dans l'enceinte de leur collège et sont exclues du collège Gabriel-Havez de Creil (Oise) par le principal Ernest Chénière; le même principal avait dû faire face l'année précédente à des demandes d'accommodement de collégiens juifs qui souhaitaient une certaine flexibilité pour pouvoir observer le shabbat[3]. Ce sont là les faits bruts.

Le principe de laïcité peut alors être l'objet de deux interprétations, et le fait de privilégier l'une ou l'autre est lourd de conséquences sur l'intégration du pluralisme[4] :

1) Interprétation libérale : cette interprétation insiste sur la neutralité confessionnelle de l'État et fait de la protection de la liberté de conscience l'enjeu de la démocratie.

2) Interprétation communautarienne : dans cette interprétation, on exige la neutralité symbolique de l'espace public; il s'agit de promouvoir moins la liberté de conscience qu'une conception du bon citoyen dégagé de toute affiliation religieuse. (Nous justifierons plus loin le qualificatif de « communautarien »).

1. J. Rivero, *La notion juridique de laïcité*, Paris, Dalloz, Chronique XXXIII, 1949, p. 137.

2. Voir les articles 26 à 28 de la loi de 1905.

3. *Cf.* la relation de l'évènement par N. Moruzzi, « A Problem with Headscarves », *Political Theory* 22, 1994, p. 653-672.

4. Voir aussi C. Laborde, *Français, encore un effort pour être républicains*, Paris, Seuil, 2010, p. 21.

L'interprétation libérale a été défendue par le Conseil d'État après la première affaire du voile en 1989. Sollicité par le ministre de l'Éducation nationale, Lionel Jospin, il rendit le 27 novembre 1989 un avis contraire à la décision du principal du collège Gabriel-Havez de Creil :

> [L]e principe de la laïcité de l'enseignement public, qui est l'un des éléments de la laïcité de l'État et de la neutralité de l'ensemble des services publics, impose que l'enseignement soit dispensé dans le respect d'une part de cette neutralité par les programmes et par les enseignants, et d'autre part de la liberté de conscience des élèves. [...] La liberté ainsi reconnue aux élèves comporte pour eux le droit d'exprimer et de manifester leurs croyances religieuses à l'intérieur des établissements scolaires [1].

Le Conseil d'État rappelait ainsi que la laïcité signifie seulement la neutralité de l'État et des différentes institutions publiques à l'égard des croyances des individus, ainsi qu'une protection de la liberté de conscience des mêmes individus, libres de manifester leurs croyances. Plus précisément, la neutralité de l'État implique que les programmes scolaires aussi bien que le personnel enseignant soient neutres à l'égard des différentes convictions, mais elle n'implique pas de limitation à la liberté de conscience des élèves qui ne sont pas soumis à la même réserve. La haute juridiction administrative reconnaissait aussi que la liberté de conscience entraîne celle de manifester ses convictions par des paroles (liberté d'expression) ou par des symboles et des actes [2]. Cette interprétation fait de la laïcité un principe de tolérance.

Mais bien sûr, la liberté de conscience assortie de celle d'exprimer ses croyances n'est pas illimitée. Le Conseil d'État spécifiait alors les circonstances dans lesquelles la liberté de conscience pouvait être légitimement restreinte. La liberté de conscience peut entrer en conflit avec d'autres valeurs et principes de la République, et il y a quatre

1. Avis du 27 novembre 1989, Assemblée générale, n° 346.893.

2. Pour Claude Durand-Prinborgne, le Conseil d'État a tout simplement hiérarchisé « liberté de conscience et laïcité pour faire prévaloir la première sur la seconde ». Ce jugement ne paraît pas correct, car il fait ainsi de la liberté de conscience une valeur étrangère à la laïcité ou du moins en concurrence, ce qui est très douteux d'autant plus que l'auteur reconnaît de manière explicite que la laïcité, telle qu'elle a été juridiquement mise en œuvre par la loi de 1905, protège la liberté de conscience. Cl. Durand-Prinborgne, « La circulaire Jospin du 12 décembre 1989 », *Revue française de droit administratif* 6(1), 1990, p. 10-22; *La laïcité*, Paris, Dalloz, 1996, p. 68, 78.

causes qui rendent légitime la restriction de la liberté : l'empiètement sur la liberté d'autrui, par des actes de pression ou par des menaces; la réduction du pluralisme par le prosélytisme et la propagande, qui menacent aussi la liberté; les troubles à l'ordre public et les atteintes au bon fonctionnement de l'école; et bien entendu les atteintes à la santé et à la dignité des personnes.

Quant à l'interprétation communautarienne, c'est l'interprétation qui fut objectivement institutionnalisée en 2004 et se résume à la formule suivante : la neutralité du service public implique la neutralité symbolique qui exclut tout signe religieux à l'école, qu'il soit porté par le personnel de l'institution scolaire ou par les élèves – sauf s'il est discret. Ainsi, la loi du 15 mars 2004 dispose que : « Dans les écoles, les collèges et les lycées publics, le port de signes ou tenues par lesquels les élèves manifestent ostensiblement une appartenance religieuse est interdit »[1]. Nous qualifions cette interprétation de communautarienne parce qu'elle fait des conventions vestimentaires de la communauté culturelle majoritaire la norme qui doit prévaloir[2] : on découvre son chef dans un espace clos, c'est une question de bienséance. Cette norme doit l'emporter sur d'autres usages vestimentaires, même s'ils ne sont pas religieux d'ailleurs. (Le port du chèche, turban touareg, serait tout aussi inconvenant, même s'il n'est pas motivé par des raisons religieuses). En fait de neutralité symbolique, on pratique l'exclusion de tout symbole étranger à la culture majoritaire, mais on admet les signes compatibles avec l'expression de la foi catholique (port de petites croix). On se donne ainsi l'illusion de l'universalité par l'uniformité symbolique. Cette interprétation de la laïcité est incompatible avec l'idéal de tolérance[3].

Du point de vue idéologique, on peut l'expliquer par deux facteurs; le premier relève de l'histoire des idées et le deuxième de la logique

1. La circulaire du 18 mai 2004 précisera les signes interdits par la loi, à savoir le voile, la kippa et les croix de grande dimension. D'autres signes non précisés par la circulaire tombent néanmoins sous l'interdiction, comme le turban sikh.

2. Cécile Laborde, quant à elle, évoque la « communauté » comme une composante de la laïcité française; les deux autres composantes sont l'autonomie et la neutralité. *Cf.* C. Laborde, « On Republican Toleration », *op. cit.*, p. 175 *sq.* Nous renvoyons également à son livre majeur : *Critical Republicanism : The Hijab Controversy and Political Philosophy*, Oxford, Oxford University Press, 2008.

3. Sur la « nouvelle laïcité », voir J. Baubérot, *La laïcité falsifiée*, Paris, Éditions La Découverte, 2012.

interne de cette pratique de la laïcité. Le premier facteur est celui de l'héritage des Lumières françaises qui ont élaboré une conception substantielle de la liberté individuelle comme autonomie rationnelle et développé une méfiance très marquée à l'égard de tout dogme religieux considéré comme un facteur suffisant d'hétéronomie [1]. La protection de la liberté de conscience ne serait ainsi légitime que pour des citoyens parvenus à l'autonomie intellectuelle et morale; par autonomie, on entend alors la capacité de l'individu d'être son propre guide en rejetant toute autorité et toute croyance héritée, principalement religieuses [2]. Le deuxième facteur est l'autolimitation de cette politique de l'autonomie : comme il est difficile, sinon impossible de s'assurer de la réalisation de l'autonomie des jeunes citoyens et de leur indépendance à l'égard des croyances religieuses, la promotion de l'autonomie rationnelle s'est transformée en exclusion de tous signes de dépendance, d'hétéronomie. C'est en ce sens que nous parlons d'autolimitation de la politique de l'autonomie, car l'objet de cette politique change à mesure qu'on essaie de la promouvoir par les moyens du droit, c'est-à-dire en essayant de contrôler la liberté intérieure par les moyens de contrainte extérieure.

## LA LAÏCITÉ ET LA LIBERTÉ DE CONSCIENCE

À l'aune de la théorie de la tolérance que nous avons établie, cette interprétation et le projet politique qu'elle porte sont illégitimes et constituent une entrave de la citoyenneté démocratique. L'autonomie personnelle ne peut se développer sans la liberté de conscience, même pour de jeunes individus; l'une sans l'autre, c'est la liberté du vide. Si l'on croit sincèrement que l'interdiction des signes religieux ostentatoire a pour effet de protéger l'individu contre ses allégeances religieuses, on commet tout simplement une erreur : retirer la croix qui pèse sur la poitrine du croyant ne le soulagera pas de son poids. Si on estime que l'exclure de l'école est bon pour lui, on commet alors une

1. Cette tendance est incarnée, entre autres, par C. Kintzler (*La République en questions*, Paris, Minerve, 1996).

2. Sur les deux sources du libéralisme, l'une étant la Réforme, l'autre les Lumières, et sur leurs implications pour une conception de la tolérance, voir W. Galston, « Two Concepts of Liberalism », *Ethics* 105(3), 1995, p. 516-534.

faute[1]. Retirer le voile d'une jeune fille ne lui fera pas voir le soleil, et l'exclure d'un lieu de savoir la privera simplement des lumières de ce savoir. Contrairement au cas de l'exemption de scolarisation pour les Amish, l'argument de l'autonomie ne fonctionne pas du tout ici : exclure un individu des bénéfices de l'éducation ne peut jamais contribuer au développement de ses facultés; forcer sa conscience sans un motif valable ne peut d'ailleurs que l'encourager à maintenir ses croyances envers et contre tout. Cette leçon que les hommes du XVI^e^ siècle avaient apprise de l'expérience des persécutions s'est perdue dans la furie révolutionnaire[2].

Une autre stratégie argumentative a consisté à faire de l'école un espace public particulier qui ne peut tolérer la manifestation des différences religieuses et idéologiques, car elle empêcherait la formation à l'autonomie rationnelle des futurs citoyens. Comme le rappelle Dominique Schnapper : « [L'école] est un lieu [...] qui est construit contre les inégalités réelles de la vie sociale, pour résister aux mouvements de la société civile. L'ordre de l'École est donc l'analogue de la citoyenneté. [...] L'abstraction de la société scolaire doit former l'enfant à comprendre et à maîtriser l'abstraction de la société politique »[3]. Cet argument est curieux : on peut au contraire considérer que les particularités et les différences ne devraient pas être masquées parce qu'elles sont l'unique horizon de la société qui attend les élèves. La dissimulation des différences ne contribue pas à la formation citoyenne; c'est la démocratie dans la société réelle et différentiée que les élèves doivent apprendre à maîtriser, et c'est à la diversité ou à la mixité sociale, idéologique, sexuelle qu'ils doivent être le plus tôt exposés[4].

En outre, parce que l'État doit être neutre dans ses buts et ne prendre parti pour aucune religion ni aucune philosophie, il lui est impossible de juger la valeur de la pratique en cause. Il doit se contenter d'évaluer sa compatibilité avec les buts séculiers qu'il se propose légitimement.

1. Pour une discussion serrée des différents arguments en faveur de l'interdiction, voir J.-F. Spitz, « Headscarves in School Again : How Republican Is the 2004 Law Banning Ostentatious Religious Signs from Public Schools ? », *in* J. C. Merle (ed.), *Spheres of Global Justice*, 2013, p 403-414.

2. S. Castellion, *Traité des hérétiques*, *op. cit.* ; W. Walwyn, *The Compassionate Samaritane*, *op. cit.*

3. D. Schnapper, *Qu'est-ce que la citoyenneté ?* Paris, Gallimard, 2000, p. 156.

4. S. Macedo, « L'éducation civique libérale et le fondamentalisme religieux ... », *op. cit.*

Plaçons-nous du point de vue de la position originelle et revêtons quelques instants un voile d'ignorance : nous devons décider un code vestimentaire et nous savons qu'il y aura deux coutumes différentes : pour les uns, il sera important de porter le chapeau pointu en raison d'une croyance religieuse, et ils considèreront que ne pas le porter relève de l'ignorance de la vérité ; pour les autres, les croyances religieuses sont stupides, et ils considèreront que le port du chapeau pointu relève également de l'ignorance de la vérité. Nous ne savons pas auquel des deux groupes nous appartiendrons une fois le voile levé, mais nous voulons un code qui régule la manifestation de ces croyances. Comment faire ? Quel que soit le règlement adopté, nous savons qu'un des deux groupes y perdra (nous l'avons montré, la neutralité des effets est impossible), et nous voulons protéger notre intérêt pour vivre conformément à ce qu'ordonne notre conscience, dans un cas comme dans l'autre. La seule issue rationnelle et raisonnable est de choisir un principe de liberté de conscience assortie du droit d'exprimer ses croyances et ses opinions dans les limites de la même liberté accordée à autrui.

Levons le voile : nous découvrons que dans notre société la coutume veut que nous portions le chapeau pointu. Mais certaines personnes ne croient pas qu'il soit justifié de le faire et demande à pouvoir ne pas le porter. Parce que nous avons reconnu que la liberté d'exprimer ses croyances était légitime et inaliénable, nous devons les autoriser à ne pas porter de chapeau pointu. On peut changer de groupe dominant, sans que cela ne modifie en rien le raisonnement. Le caractère, religieux ou non, de la pratique vestimentaire ne peut constituer un motif d'interdiction ou d'autorisation, sans quoi on remet en question la neutralité de l'État, la séparation du politique et du religieux, et en un mot la laïcité. On peut aussi imaginer que la société désire, pour des raisons traditionnelles, maintenir tel code vestimentaire ; dans ce cas, la seule issue compatible avec le principe de neutralité est d'accorder des exemptions et des accommodements raisonnables. Loin d'être contraire à la neutralité de l'État, la politique des accommodements est commandée par elle.

En revanche, si le port du chapeau pointu (très pointu au bout !), ostensible ou discret, constituait une menace pour la sécurité et la liberté des autres personnes, nous aurions toutes les raisons de l'interdire. Dans le cas du kirpan sikh, petit poignard que le croyant a l'obligation de porter, on pourrait avancer le motif séculier de la sécurité.

Mais même dans ce cas l'argument ne marche pas, parce que le kirpan est un poignard symbolique, dont le tranchant est émoussé et qui est fixé à son fourreau. Dans le cas du voile islamique, de la kippa ou de la croix orthodoxe, ces signes ostensibles ne peuvent pas raisonnablement être considérés comme des menaces sérieuses à la sécurité des personnes ou des atteintes à la liberté d'autrui, à moins d'en faire des armes… le ridicule de l'hypothèse est évident.

Y a-t-il des arguments compatibles avec l'idéal démocratique de tolérance, qui permettent de justifier la loi de 2004? Chargée en 2003 par le Président de la République, Jacques Chirac, de réfléchir à de nouvelles dispositions légales pour adapter la laïcité aux évolutions de la société française, la commission Stasi a refusé de se prononcer sur la signification religieuse du voile islamique et n'a pas considéré que l'expression religieuse portait atteinte au principe de laïcité[1]. En cela, elle restait dans le cadre de la neutralité de l'État. Mais dans le contexte de l'école, milieu clos fréquenté majoritairement par des mineurs[2], la commission soulignait que la liberté de certaines musulmanes de porter le voile entraînaient l'aliénation d'autres musulmanes contraintes, par

1. *Cf.* P. Weil, *La République et sa diversité*, Paris, Seuil, 2005, p. 65-76; « Lever le voile », *op. cit.*

2. Il est courant de penser que le Premier Amendement est très favorable à l'exercice religieux, contrairement à la loi française de 1905 sur la séparation de l'Église et de l'État. Ce poncif suggère qu'il n'existe pas aux États-Unis de séparation stricte de l'Église et de l'État; ce qui serait confirmé par différentes pratiques politiques comme celle du serment présidentiel sur la Bible. Il y aurait beaucoup à dire sur cette erreur massive, mais cela n'est pas l'objet de ce livre. Il convient simplement de faire remarquer que la laïcité française n'a pas séparé l'Église et l'État aussi radicalement qu'on le pense d'ordinaire, puisque l'État conserve un intérêt pour la religion explicitement défendu dans la loi de 1905 (pour des raisons qui ne sont pas illégitimes d'ailleurs); l'article 2 de la loi dispose en effet que « pourront toutefois être inscrites auxdits budgets les dépenses relatives à des services d'aumônerie et destinées à assurer le libre exercice des cultes dans les établissements publics tels que lycées, collèges, écoles, hospices, asiles et prisons ». L'État peut donc financer la pratique cultuelle dans les conditions déterminées par la loi, principalement dans les espaces institutionnels clos. Un tel financement des aumôneries est strictement interdit par le Premier Amendement. En revanche, la Constitution américaine autorise l'auto-organisation des communautés religieuses de telle sorte qu'il leur est possible de financer elles-mêmes les aumôneries, et ne distingue pas entre les différentes religions. On peut en particulier se reporter à l'arrêt *Widmar v. Vincent*, 454 U.S. 263 (1981) sur le financement des aumôneries sur les campus universitaires. *Cf.* aussi E. Zoller, « La laïcité aux États-Unis ou la séparation des Églises et de l'État dans la société pluraliste », dans E. Zoller (dir.), *La conception américaine de la laïcité*, *op. cit.*, p. 27.

la pression sociale, de le porter quand elles ne le souhaitent pas[1]. Les libertés d'une « majorité silencieuse » auraient ainsi été menacées par un phénomène d'uniformisation sociale qui tendait à imposer, dans certains espaces urbains (les *cités* en banlieue des grandes villes françaises), une pratique religieuse[2].

Membre de la commission Stasi, Patrick Weil exprime de manière limpide le raisonnement qui a prévalu au sein de la commission : « Ces jeunes filles qui ne souhaitent pas porter le voile ont aussi droit à leur liberté de conscience, et elles représentent une large majorité »[3]. Ce qui est visé, c'est un phénomène de contrainte sociale qui ne se réduit pas à des actes pris isolément. Le problème de la tolérance du voile à l'école est alors posé en termes de compatibilité des libertés ou, plus précisément, de cohérence du système de libertés étendu à la manifestation des convictions religieuses dans l'espace public. Cette idée est tout à fait rawlsienne; comme nous l'avons montré, les libertés sont prioritaires et ne peuvent être limitées qu'au nom d'autres libertés. Il ne nous appartient pas de juger le fondement empirique de l'argument – y avait-il menace réelle sur les libertés des individus? – mais nous pouvons admettre que, formellement, c'est un argument valide.

Cependant, si les préoccupations des membres de la commission Stasi étaient compréhensibles et légitimes, elles ne suffisaient pas à justifier la loi elle-même. En effet, en visant explicitement des symboles religieux, cette loi viole *le critère de neutralité formelle*[4]. L'État ne pouvait être neutre qu'en interdisant (tous) les symboles par lesquels un élève manifeste sa vision du monde, sa conception compréhensive, religieuse, morale ou philosophique. Du point de vue d'un État authentiquement neutre, il n'y a pas de différence entre un voile islamique, un t-shirt avec l'inscription « Végétarien – La viande c'est le meurtre », et une barbe marxiste. Mais bien sûr, ce qui était visé par la loi n'était pas le port de signe religieux en général, encore moins les manifestations philosophiques substantielles, mais le port du voile islamique. En réalité, si empiriquement la situation de menace sur les

1. *Cf.* Commission de réflexion sur l'application du principe de laïcité dans la République, « Rapport au Président de la République », *La documentation française*, 2004, en particulier au chapitre 3.3. 2 « Des menaces sur les libertés individuelles ».

2. *Ibid.*, chapitre 4.2. 2.1, « L'école ».

3. P. Weil, *La République et sa diversité*, *op. cit.* p. 68.

4. Cf. *supra*, p. 119.

libertés des jeunes filles était avérée – ce que nous nous garderons bien de juger – seule une loi d'application limitée dans le temps aurait été légitime pour poursuivre un objectif de simple « police ».

Le cas de l'interdiction du voile intégral (ou *niqab*) dans la rue est plus simple, car il concerne des personnes majeures dans un espace qui est ouvert, mais la loi de 2011 est beaucoup plus subtile que la loi de 2004 parce qu'elle ne viole pas dans son énoncé le principe de neutralité formelle: « Nul ne peut, dans l'espace public, porter une tenue destinée à dissimuler son visage » (Art. 1). Aucune religion en particulier, ni même la religion en général, n'est mentionnée dans le texte de la loi. Cependant, le nombre et la nature des exceptions qu'elle comporte remettent très clairement en cause sa neutralité selon le *critère d'applicabilité générale*[1]: « L'interdiction prévue à l'article premier ne s'applique pas si la tenue [...] s'inscrit dans le cadre de pratiques sportives, de fêtes ou de manifestations artistiques ou traditionnelles » (Art. 2). Autrement dit, les restrictions à l'application de la loi sont telles que celle-ci ne s'applique finalement qu'au voile intégral islamique qui est l'objet réel de la loi. Octroyer des exemptions pour des manifestations festives, artistiques ou traditionnelles, ruine la légitimité de la loi et accentue le côté communautarien de l'interdiction. Cela devrait suffire à disqualifier ce type de loi sans avoir à recourir à l'argument du respect (juridique) de la conscience : ici, les droits de la conscience sont supprimés quand le droit de faire la fête est protégé. Que l'on prenne le point de vue de la tolérance ou de la laïcité, ce type de disposition légale est purement et simplement illégitime.

## ÉPILOGUE : L'INSTITUTION DE L'INTOLÉRANCE

Le 3 février 2010, alors qu'elle flâne dans un magasin de décoration du 15e arrondissement de Paris, Marlène R. remarque une femme portant le *niqab*. La vision de ce voile la choque, et devant ce spectacle qu'elle ressent comme une provocation et qui la dégoûte moralement, car c'est le spectacle d'une femme soumise et dégradée derrière son voile qu'elle voit, Marlène décide de lui arracher le tissu hérétique. Aux policiers qui l'arrêtent, elle déclarera : « Je savais que j'allais craquer un

1. Cf. *supra*, p. 120.

jour. Cette histoire de *burqa* commençait à m'agacer »[1]. Et pour justifier son acte, elle ajoutera : « Pour moi, le port du voile intégral est une agression, je me suis sentie agressée en tant que femme », dira-t-elle[2]. Le 4 novembre 2010, le tribunal correctionnel de Paris la condamne pour son comportement violent qui « révèle une intolérance à autrui contraire à toute possibilité d'explication, de cohabitation ou de dialogue entre des personnes aux modes de vie différents ou aux convictions opposées ». Au sens premier du terme, la tolérance est la vertu qui consiste à supporter ce qui nous répugne moralement. Vertu individuelle difficile à mettre en œuvre, les institutions démocratiques se doivent de la soutenir par la défense stricte de la liberté de conscience et d'expression. Ironie de l'histoire, le jugement qui condamne Marlène R. intervient une semaine après la validation, par le Conseil constitutionnel, de la loi interdisant le port du voile intégral dans l'espace public. Quand le discours public encourage les citoyens à développer une aversion pour les pratiques d'une minorité culturelle, quand la loi se fait l'incarnation institutionnelle de l'intolérance, il ne faut pas espérer que les individus se montrent plus vertueux. Faire le pari de la tolérance est toujours un risque, mais prendre ce risque est un impératif politique en démocratie.

1. « Un mois de prison avec sursis pour avoir arraché un *niqab* », *Le Monde.fr* (avec AFP), édition du 4 novembre 2010.

2. Propos rapportés par Fl. Galaud, « Un mois de prison avec sursis pour avoir arraché un *niqab* », *Le Figaro*, édition en ligne du 4 novembre 2010.

# BIBLIOGRAPHIE


ACKERMAN, Bruce A., « What is Neutral about Neutrality ? », *Ethics* 93(2), 1983, p. 372-390.

– « Constitutional Politics/Constitutional Law », *Yale Law Journal* 99(3), 1989, p. 453-547.

– « Why Dialogue ? », *The Journal of Philosophy* 86(1), 1989, p. 5-22.

– *Au nom du peuple* (1991), trad. fr. J.-F. Spitz, Paris, Calmann-Lévy, 1998.

ARENDT, Hannah, *Vies politiques*, Paris, Gallimard, 1974.

ARNESON, Richard J., « The Principle of Fairness and Free-Rider Problems », *Ethics* 92(4), 1982, p. 616-633.

– « Primary Goods Reconsidered », *Noûs* 24(3), 1990, p. 426-454.

ARNESON Richard et Ian SHAPIRO, « Democratic Autonomy and Religious Freedom : A Critique of Wisconsin v. Yoder », *in* Ian Shapiro, *Democracy's Place*, Ithaca, Cornell University Press, 1996, p. 137-174.

ARROW, Kenneth J., *Social Choice and Individual Values*, New York, John Wiley and Sons, 1963.

ARTIGAS, Mariano, *The Ethical Nature of Karl Popper's Theory of Knowledge*, Bern, Peter Lang, 1999.

AUDARD, Catherine (dir.), *John Rawls : politique et métaphysique*, Paris, P.U.F., 2004.

AUDARD, Catherine, *John Rawls*, Londres, Acumen Press, 2006.

AUDI, Robert, Nicholas WOLTERSTORFF, *Religion in the Public Square*, Lanham, Rowman & Littlefield Publishers, 1997.

BADIOU, Alain, *Abrégé de métapolitique*, Paris, Seuil, 1998.

BANNISTER, Robert C., *Social Darwinism : Science and Myth in Anglo-American Social Thought*, Philadelphia, Temple University Press, 1989.

BARRY, Brian, *Justice as Impartiality*, Oxford, Oxford University Press, 1995.

– *Culture and Equality : An Egalitarian Critique of Multiculturalism*, Cambridge, Polity Press, 2001.

– « Second Thoughts – and Some First Thoughts Revived », Paul Kelly (ed.) *Multiculturalism Reconsidered*, Cambridge, Polity Press, 2002, p. 204-238.

BAUBEROT, Jean, *La laïcité falsifiée*, Paris, Éditions La Découverte, 2012.

BAUDOIN, Jean, *La philosophie politique de Karl Popper*, Paris, P.U.F., 1994.

BELLAMY, Richard, *Liberalism and Pluralism : Towards a Politics of Compromise*, London, Routledge, 1999.

BERGER, Peter L. (dir.), *Le réenchantement du monde*, trad. Jean-Luc Pouthier, Paris, Bayard, 2001.

BERLIN, Isaïah, *Éloge de la liberté*, trad. fr. J. Carnaud et J. Lahana, Paris, Calmann Lévy, 1988.

BERTEN, André, Pablo DA SILVEIRA et Hervé POURTOIS (dir.), *Libéraux et communautariens*, Paris, P.U.F., 1997.

BOLLINGER, Lee C., « The Skokie Legacy : Reflections on an "Easy Case" and Free Speech Theory », *Michigan Law Review* 80(4), 1982, p. 617-633.

– *The Tolerant Society*, Oxford, Oxford University Press, 1986.

– *Images of a Free Press*, Chicago, The University of Chicago Press, 1991.

BOSSUET, Jacques Bénigne, *Histoire des variations des Églises protestantes*, Paris, Garnier Frères, 1921.

BOUCHARD, Gérard, « Qu'est-ce que l'interculturalisme ? », *Revue de droit de McGill* 56(2), 2011, p. 395-468.

BOULEGUE, Jean, *Le blasphème en procès : l'Église et la mosquée contre les libertés 1984-2009*, Paris, Éditions Nova, 2010.

BRENNAN, William J., « The Supreme Court and the Meiklejohn Interpretation of the First Amendment », *Harvard Law Review* 79, p. 11-19, 1965.

BRIEY, Laurent (de), « Le foulard de la parlementaire : Républicanisme critique et criticisme républicain », *Revue philosophique de Louvain* 109(4), 2011, p. 697-721.

– « Multiculturalisme libéral vs. interculturalisme républicain », *The Tocqueville Review/La revue Tocqueville* 34(1), 2013, p. 89-119.

BUCHANAN, Allen, « Revisability and Rational Choice », *Canadian Journal of Philosophy* 5, 1975, p. 395-408.

BUISSON, Ferdinand, « Laïcité », *Dictionnaire de pédagogie et d'instruction primaire*, t. 1, Paris, Hachette, 1882-1893.

CALLAN, Eamonn, *Creating Citizens – Political Education and Liberal Democracy*, Oxford, Oxford University Press, 1997.

– « Galston's Dilemmas and Wisconsin v. Yoder », Theory and Research in *Education* 4(3), 2006, p. 261-273.

CAMPOS, Paul F., « Secular Fundamentalism », Columbia Law Review, 94(6), 1994, p. 1814-1827.

CANEY, Simon, « Exceptions and Cultural Diversity », *in* Paul Kelly (ed.) *Multiculturalism Reconsidered*, Cambridge, Polity Press, 2002, p. 81-101.

CANTO-SPERBER, Monique, « How Far Can Tolerance Go? », *Diogenes* 176(44), 1996, p. 175-188.

CARROLL, William A., « The Constitution, the Supreme Court, and Religion », *The American Political Science Review* 61(3), 1967, p. 657-674.

CASTELLION, Sébastien, *Traité des hérétiques* (1554), Genève, A. Jullien, 1913.

CHAUVIER, Stéphane, « Biens premiers et besoins fondamentaux », *in* Catherine Audard (dir.), *John Rawls, Politique et métaphysique*, Paris, P.U.F., 2004, p. 63-94.

COHEN, Andrew Jason, « What Is Toleration », *Ethics* 115, 2004, p. 68-95.

COOKSON, Catharine, *Regulating Religion*, Oxford, Oxford University Press, 2001.

CRICK, Bernard, « Toleration and Tolerance in Theory and Practice », *Government and Opposition* 6, 1971, p. 144-171.

DANIELS, Norman, « Equal Liberty and Unequal Worth of Liberty », *in* Norman Daniels (ed.), *Reading Rawls, Reading Rawls : Critical Studies on Rawls A Theory of Justice*, New York, Basic Books, 1975, p. 253-281.

DEVLIN, Patrick, *The Enforcement of Morals*, Oxford, Oxford University Press, 1965.

DILHAC, Marc-Antoine, « La querelle de l'individualisme : Rawls et les communautariens », dans Olivier Tinland (dir.), *L'individu*, Paris, Vrin, 2008, p. 167-190.

– « Le pluralisme des langues privées et le langage de la justice chez Rawls et Rorty », dans M.-A. Dilhac et S. Guérard de Latour (dir.), *Étant donné le pluralisme*, Publications de la Sorbonne, 2013, p. 147-170.

DIMITRAKOPOULOS, Ioannis G., *Individual Rights and Liberties Under the U.S. Constitution*, Martinus Nijhoff Publishers, Leiden, Pays-Bas, 2007.

DOMBROWSKI, Daniel A., *Rawls and Religion*, Albany, State University of New York Press, 2001.

DREBEN, Burton, « Rawls and Political Liberalism », *in* Freeman, *The Cambridge Companion to Rawls*, Cambridge, Cambridge University Press, 2002, p. 316-346.

DUMBAULD, Edward, *The Bill of Rights and What It Means Today* (1957), Westport, Greenwood Press, 1979.

DUMITRU, Speranta, « La raison publique : une conception politique et non épistémologique ? », *Archives de philosophie du droit* 49, 2005, p. 159-170.

DUPUY, Jean-Pierre, *Le sacrifice et l'envie*, Paris, Calmann-Lévy, 1992.

DURAND-PRINBORGNE, Claude, « La circulaire Jospin du 12 décembre 1989 », *Revue française de droit administratif* 6(1), 1990, p. 10-22.

– *La laïcité*, Paris, Dalloz, 1996.

DWORKIN, Ronald, « Lord Devlin and the Enforcement of Morals », *The Yale Law Journal* 75(6), 1966, p. 986-1005.

– *A Matter of Principle*, Cambridge, Harvard University Press, 1985.

EBERLE, Christopher J., *Religious Conviction in Liberal Politics*, Cambridge, Cambridge University Press, 2002.

EDWARDS, David, « Toleration and Mill's Liberty of Thought and Discussion », *in* Susan Mendus (ed.), *Justifying Toleration: Conceptual and Historical Perspectives*, Cambridge, Cambridge University Press, 1988, p. 87-114.

– « The History of Blasphemy and the Rushdie Affair », *in* John Horton (ed.), *Liberalism, Multiculturalism and Toleration*, Basingstoke, The MacMillan Press, 1993, p. 157-177.

ELSTER, Jon, *Solomonic Judgments: Studies in the Limitations of Rationality*, Cambridge, Cambridge University Press, 1989.

FEINBERG, Joel, « The Child's Right to an Open Future », *in* William Aiken, Hugh LaFolette (eds.), *Whose Child? Children's Rights, Parental Authority, and State Power*, Totowa, Rowman & Littlefield, 1980, p. 124-153.

FERGUSON, A.T. (ed.), *Revolution or Reform? A Confrontation. Herbert Marcuse and Karl Popper*, Chicago, New University Press, 1976.

FISHKIN, James S., « Can There Be a Neutral Theory of Justice? », *Ethics* 93(2), 1983, p. 348-356.

FORST, Rainer, « Foundations of a Theory of Multicultural Justice », *Constellations* 4(1), 1997, p. 63-71.

– « Tolerance as a Virtue of Justice », *Philosophical Explorations* 4(3), 2001, p. 193-206.

– « The Limits of Toleration », *Constellations* 11, 2004, p. 312-325.

FREEMAN, Samuel (ed.), *Cambridge Companion to Rawls*, Cambridge, Cambridge University Press, 2002.

– *Justice and the Social Contract : Essays on Rawlsian Political Philosophy*, Oxford, Oxford University Press, 2007.

– *Rawls*, New York, Routledge, 2007.

FURMAN, Jesse, « Political Illiberalism : The Paradox of Disenfranchisement and the Ambivalences of Rawlsian Justice », *The Yale Law Journal* 106(4), 1997, p. 1197-1231.

GALEOTTI, Anna Elisabetta, « Do We Need Toleration as a Moral Virtue ? », *Res Publica* 7(3), 2001, p. 273–292.

– *Toleration as Recognition*, Cambridge, Cambridge University Press, 2002.

GALSTON, William, *Liberal Purposes : Goods, Virtues, and Diversity in the Liberal State*, Cambridge, Cambridge University Press, 1991.

– « Two Concepts of Liberalism », *Ethics* 105(3), 1995, p. 516-534.

– *Liberal Pluralism : The Implications of Value Pluralism for Political Theory and Practice*, Cambridge, Cambridge University Press, 2002.

GARDNER, Peter, « Toleration and Education », *in* John Horton (ed.), *Liberalism, Multiculturalism and Toleration*, Basingstoke, Macmillan, 1993, p. 91.

GAUCHET, Marcel, *La religion dans la démocratie : parcours de la laïcité*, Paris, Gallimard, 1998.

GEDICKS, Frederick M., « Exemptions religieuses, neutralité et laïcité », dans E. Zoller (dir.), *La conception américaine de la laïcité*, Paris, Dalloz, 2005, p. 179-197.

GEORGE, Robert P., « Public Reason and Political Conflict : Abortion and Homosexuality », *The Yale Law Journal* 106(8), 1997, p. 2475-2504.

– *Clash of Orthodoxies : Law Religion & Morality in Crisis*, Intercollegiate Studies Institute, 2002.

GEORGE, Robert P., Christopher WOLFE, « Natural Law and Public Reason », *in* George, Wolfe (eds.), *Natural Law and Public Reason*, Georgetown University Press, 2000, p. 51-74.

GRAY, John, *Isaiah Berlin*, Princeton, Princeton University Press, 1996.

GREENAWALT, Kent, « Has Religion Any Place in the Politics and Law of Liberal Democracy? », *Proceedings of the American Philosophical Society* 142(3), 1998, p. 378-387.

– « Religious Convictions and Lawmaking », *Michigan Law Review* 84(3), 1985, p. 352-404.

– *Religious Convictions and Political Choices*, Oxford, Oxford University Press, 1988.

– « On Public Reason », *Chicago-Kent Law Review* 69, 1994, p. 669-689.

– *Private Conscience and Public Reasons*, Oxford, Oxford University Press, 1995

– « Secularism, Religion, and Liberal Democracy in The United States », *Cardozo Law Review* 30(6), 2009, p. 2383-2400.

GUILLARME, Bertrand, « Le républicanisme libéral de John Rawls », *in* Catherine Audard (dir.), *John Rawls : politique et métaphysique*, Paris, P.U.F., 2004, p. 119-140.

GUTMANN, Amy, « Children, Paternalism, and Education », *Philosophy and Public Affairs* 9(4), 1980, p. 338-358.

– *Identity in Democracy*, Princeton, Princeton University Press, 2003

HAARSHER, Guy, « Tolerance of the Intolerant? », *Ratio Juris* 10(2), 1997, p. 236-246.

HABERMAS, Jürgen, *Raison et légitimité* (1973), trad. fr. Jean Lacoste, Paris, Payot, 1978.

– *Théorie de l'agir communicationnel* (1981), 2. vol., trad. fr. Jean-Marc Ferry, Paris, Fayard, 1987.

HAMPTON, Jean, « Contracts and Choices : Does Rawls Have a Social Contract Theory? », *Journal of Philosophy* 77, 1980, p. 315-338.

HAREL, Alon, « The Boundaries of Justifiable Tolerance : A Liberal Perspective », *in* David Heyd (ed.), *Toleration : An Elusive Virtue*, Princeton, Princeton University Press, 1996, p. 114-126.

HART, H. L. A, *The Concept of Law*, Oxford, Oxford University Press, 1961.

– « Rawls on Liberty and its Priority », *University of Chicago Law Review* 40, 1973, p. 534-555.

HAWKINS, Mike, *Social Darwinism in European and American Thought, 1860-1945 : Nature as Model and Nature as Threat*, Cambridge, Cambridge University Press, 1997.

HIRST, Paul Q. (ed.), *The Pluralist Theory of the State : Selected Writings of G. D. H. Cole, J. N. Figgis, and H. J. Laski*, London, Routledge, 1989.

HORTON, John, « Philosophy and the Practice of Toleration », *in* John Horton, Peter Nicholson (eds.), *Toleration : Philosophy and Practice,* Aldershot, Avebury, 1992.

– « Three (Apparent) Paradoxes of Toleration », *Synthesis Philosophica* 9, 1994, p 7-20.

– « The Satanic Verses Controversy : A Brief Introduction », *in* John Horton (ed.), *Liberalism, Multiculturalism and Toleration,* Basingstoke, The MacMillan Press, 1993, p. 104-113.

– « Toleration as a Virtue », *in* David Heyd (ed.), *Toleration : An Elusive Virtue*, Princeton, Princeton University Press, 1996.

HORTON John and Peter Nicholson (eds.), *Toleration : Philosophy and Practice,* Aldershot, Avebury, 1992.

HOSTETLER, John A., *Amish Society* (1963), Baltimore, The John Hopkins University Press, 1970.

HOSTETLER, John A. and Gertrude E. HUNTINGTON, *Children in Amish Society : Socialization and Community Education*, New York, Holt Rinehart & Winston, 1971.

HUME, David, *Traité de la nature humaine* (1740), livre III, *La morale,* trad. fr. Ph. Saltel, Paris, Flammarion, 1993.

HUNYADI, Mark, « À l'aube du monde commun : la tolérance, mise en latence de conflits continués », *Revue de métaphysique et de morale* 58(2), 2008.

JONES, Peter, « Blasphemy, Offensiveness and Law », *British Journal of Political Science* 10, 1980, p. 129-148.

– « Respecting Beliefs and Rebuking Rushdie », *in* John Horton (ed.), *Liberalism, Multiculturalism and Toleration*, Basingstoke, The MacMillan Press, 1993, p. 114-138.

KALVEN, Harry, « The New York Times Case : A Note on "The Central Meaning of the First Amendment" », *Supreme Court Review* 191, 1964. H. Kalven, *A Worthy Tradition : Freedom of Speech in America*, New York, Harper & Row, 1988.

KANT, Emmanuel, *Critique de la raison pure* (1781), trad. fr. Alexandre Delamarre et François Marty, Paris, Gallimard, 1980.

– *Critique de la faculté de juger* (1790), trad. fr. Alexis Philonenko, Paris, 1986.

– *La religion dans les limites de la simple raison* (1794), trad. fr. Gibelin, Paris, Vrin, 1965.

– *Doctrine du droit* (1797), trad. fr. A. Philonenko, Paris, Vrin, 1988.

– *Logique* (1800), trad. fr. L. Guillermit, Paris, Vrin, 1989.

KELLY Erin et Lionel MCPHERSON, « On Tolerating the Unreasonable », *The Journal of Political Philosophy*, 9(1), 2001, p. 38-55.

KELLY, Paul, « Justifying "justice" », *in* David Boucher, P. Kelly (eds.), *The Social Contract from Hobbes to Rawls*, London, Routledge, 1994, p. 226-244.

KING, Martin Luther, *A Testament of Hope. The Essential Writings of Martin Luther King*, J. M. Washington (ed.), San Francisco, Harper & Row, 1986.

KING, Preston, *Toleration*, London, George Allen & Unwin Ltd, 1976.

KINTZLER, Catherine, *La République en questions*, Paris, Minerve, 1996.

– *Tolérance et laïcité*, Nantes, Pleins Feux, 1998.

KLAUSEN, Jytte, *The Cartoons that Shook the World*, New Haven, Yale University Press, 2009.

KRAYBILL, Donald B. (ed.), *The Amish and the State*, Baltimore, The Johns Hopkins University Press, 1993.

KUKATHAS, Chadran, « Are There Any Cultural Rights ? », *Political Theory* 20(1), 1992, p. 105-139.

– « Cultural Rights Again : A Rejoinder to Kymlicka », *Political Theory* 20(4), 1992, p. 674-680.

KYMLICKA, Will, *Liberalism, Community, and Culture*, Oxford, Clarendon Press, 1989.

– « Liberal Individualism and Liberal Neutrality », *Ethics* 99(4), 1989, p. 883-905.

– « The Rights of Minority Cultures : Reply to Kukathas » *Political Theory* 20(1), 1992, p. 140-146.

– *La citoyenneté multiculturelle : une théorie libérale du droit des minorités* (1995), trad. fr. P. Savidan, Paris, La Découverte, 2001.

– « Do We Need a Liberal Theory of Minority Rights ? Reply to Carens, Young, Parekh and Forst », *Constellations* 4(1)1997, p. 72-87.

– « Rawls on Teleology and Deontology », *Philosophy and Public Affairs* 17(3), 1998, p. 173-190.

LABORDE, Cécile, « On Republican Toleration », *Constellations* 9(2), 2002, p. 167-183.

– *Critical Republicanism : The Hijab Controversy and Political Philosophy*, Oxford, Oxford University Press, 2008.

– *Français, encore un effort pour être républicains*, Paris, Seuil, 2010.

– « The Danish Cartoon Controversy and the Challenges of Multicultural Politics », *Perspectives on Politics* 9, 2011, p 603-605.

LACLAU Ernesto et Chantal MOUFFE, *Hégémonie et stratégie socialiste : vers une politique démocratique radicale* (1985), trad. fr. Julien Abriel, Besançon, Les Solitaires intempestifs, 2008.

LACROIX, Justine, *Communautarisme versus libéralisme*, Bruxelles, Éditions de l'Université de Bruxelles, 2003.

LARMORE, Charles, *Patterns of Moral Complexity*, Cambridge, Cambridge University Press, 1987.

– « Public Reason », *in* Samuel Freeman (ed.), *The Cambridge Companion to Rawls*, Cambridge, Cambridge University Press, 2002, p. 368-394.

LAYCOK, Douglas, « Non-preferential Aid to Religion : a False Claim About Original Intent », *William and Mary Law Review* 27, 1986, p. 875-923.

– « Formal, Substantive and Disaggregated Neutrality Toward Religion », *DePaul Law Review* 39, 1990, p. 993-1018.

– « La religion et l'État aux États-Unis : affrontement des théories et changements historiques », *in* Elisabeth Zoller (dir.), *La conception américaine de la laïcité*, Paris, Dalloz, 2005, p. 35-70.

LECLERC, Joseph, *Histoire de la tolérance au siècle de la Réforme*, Paris, Aubier-Montaigne, 1955.

LEIF, Wenar, « Political Liberalism. An Internal Critique », *Ethics* 106(1), 1995, p. 32-62.

LEITER, Brian, *Why Tolerate Religion ?* Princeton, Princeton University Press, 2013.

LOCKE, John, *Lettre sur la tolérance et autres textes*, Paris, Flammarion, 1992.

MACEDO, Stephen, « Liberal Virtues, Constitutional Community », *The Review of Politics* 50(2), 1988, p. 215-240.

– « The Politics of Justification », *Political Theory* 18(2), 1990, p. 280-304.

– *Liberal Virtues : Citizenship, Virtue, and Community in Liberal Constitutionalism*, Oxford, Clarendon Press, 1990.

– « L'éducation civique libérale et le fondamentalisme religieux : *L'affaire Dieu contre John Rawls* » (1995), *Raisons politiques* 47, 2012, p. 149-188.

MACINTYRE, Alasdair, *Herbert Marcuse : An Exposition and a Polemic*, New York, The Viking Press, 1970.

– *After Virtue : A Study in Moral Theory*, London, Duckworth, 1981.

– *Whose Justice ? Which Rationality ?* Notre Dame, University of Notre Dame Press, 1988.

– « Toleration and the Goods of Conflict », *in* Susan Mendus (ed.), *The Politics of Toleration in Modern Life*, Edinburgh, Edinburgh University Press, 1999, p. 133-156.

MARCUSE, Herbert, *L'homme unidimensionnel* (1964), trad. fr. Monique Wittig et H. Marcuse, Paris, Éditions de Minuit, 1968.

– « La tolérance répressive », *Critique de la tolérance pure* (1965), trad. fr. Liliane Roskopf et Luc Weibel, Paris, Les Éditions John Didier, 1969, p. 13-55.

MARTIN, T. T., *Hell and the High Schools*, Kansas City, Western Baptist Publishing Co., 1923.

MARX, Karl, *La question juive*, Paris, Union générale d'éditions, 1968.

MAZET, Pierre, « Construction contemporaine de la laïcité par le juge et la doctrine », *in* Jean Baudouin, Philippe Portier (dir.), *La laïcité, une valeur d'aujourd'hui ?* Rennes, Presses Universitaires de Rennes, 2001, p. 263-284.

MCCLOSKEY, H. J., « Mill's Liberalism », *The Philosophical Quaterly* 13(51), 1963.

– « Liberty of Expression : its Grounds and Limits (I) », *in* G.W. Smith (ed.), *John Stuart Mill's Social and Political Thought*, London, Routeldge, 1998, t. II p. 303-319.

MCKINNON, Catriona, « Toleration and the Character of Pluralism », *in* Catriona McKinnon, Dario Castiglione (eds.), *The Culture of Toleration in Diverse Societies : Reasonable Tolerance*, *op. cit.*, p. 54-70.

MCKINNON, Catriona and Dario CASTIGLIONE (eds.), *The Culture of Toleration in Diverse Societies : Reasonable Tolerance*, Manchester, Manchester University Press, 2003.

MECKLED-GARCIA, Saladin, « Toleration and Neutrality : Incompatible Ideals ? », *Res Publica* 7(3), 2001, p. 293-313.

MEIKLEJOHN, Alexander, « Free Speech and its Relation to Self-Government », *Political Freedom : The Constitutional Powers of the People*, New York, Harper & Row, 1948.

MENDUS, Susan, *Toleration and the Limits of Liberalism*, Basingstoke, MacMillan, 1989

– « Choice, Chance and Multiculturalism », *in* Paul Kelly (ed.) *Multiculturalism Reconsidered*, Cambridge, Polity Press, 2002, p. 31-44.

— (ed.), *The Politics of Toleration in Modern Life*, Edinburgh, Edinburgh University Press, 1999.

MESURE, Sylvie, Alain RENAUT, *Alter ego. Les paradoxes de l'identité démocratique*, Paris, Aubier, 1999.

MICHELMAN, Frank I., « Rawls on Constitutionalism and Constitutional Law », *in* Samuel Freeman (ed.), *The Cambridge Companion to Rawls*, Cambridge, Cambridge University Press, 2002, p. 394-425.

MILL, John Stuart, *De la liberté* (1859), trad. fr. Laurence Lenglet, Paris, Gallimard, 1990.

– *L'utilitarisme* (1863), trad. fr. Catherine Audard et Patrick Thierry, Paris, P.U.F., 1998.

MILLS, Claudia, « "Not a Mere Modus Vivendi" : The Bases for Allegiance to the Just State », *in* Victoria Davion, Clark Wolf (eds.), *The Idea of Political Liberalism : Essays on Rawls*, Rowman and Littlefield, 1999, p. 190-203.

MIRABEAU, *Collection complète des travaux de M. Mirabeau l'aîné, à l'Assemblée nationale*, par Étienne Méjan, t. II, Paris 1791.

MODOOD, Tariq, « Muslims, Incitement to Hatred and the Law », *in* John Horton (ed.), *Liberalism, Multiculturalism and Toleration*, Basingstoke, The MacMillan Press, 1993, p. 139-156.

MORUZZI, Norma, « A Problem with Headscarves », *Political Theory* 22, 1994, p. 653-672.

MULHALL, Stephen and Adam SWIFT, « Rawls and Communitarianism », *in* Samuel Freeman (ed.), *The Cambridge Companion to Rawls* Cambridge, Cambridge University Press, 2002, p. 460-487.

MUÑOZ-DARDE, Véronique, « Is the Family to be Abolished Then ? », *Proceedings of the Aristotelian Society* 99(1), 1998, p. 37-56.

– *La justice sociale*, Paris, Nathan, 2000.

NAGEL, Thomas, « Rawls on Justice », *The Philosophical Review* 82(2), 1973, p. 220-234.

– « Rawls and Liberalism », *in* Samuel Freeman (ed.), *Cambridge Companion to Rawls*, Cambridge, Cambridge University Press, 2002, p. 62-85.

NEHUSHTAN, Yossi, « The Limits of Tolerance : a Substantive-Liberal Perspective », *Ratio Juris* 20(2), 2007, p. 230-257.

NEWEY, Glen, « Fatwa and Fiction : Censorship and Toleration », *in* John Horton (ed.), *Liberalism, Multiculturalism and Toleration*, Basingstoke, The MacMillan Press, 1993, p. 178-192.

– *Virtue, Reason and Toleration*, Edinburgh, Edinburgh University Press 1999

NICHOLSON, Peter, « Toleration as a Moral Ideal », *in* John Horton, Susan Mendus, *Aspects of Toleration : Philosophical Studies*, London, Methuan, 1985, p. 158-173.

NIELSEN, Jørgen S. (ed.), *Islam in Denmark : The Challenge of Diversity*, Plymouth, Lexington Books, 2011.

NOONAN John T. and Edward GAFFNEY, *Religious Freedom : History, Cases and Other Materials on the Interaction of Religion and Government* (University Casebooks), New York, Foundation Press.

NUSSBAUM, Martha, *Woman and Human Development*, Cambridge, Cambridge University Press, 2001.

– *Liberty of Conscience : in Defense of America's Tradition of Religious Equality*, New York, Basic Books, 2008.

O'BRIEN, Matthew B., « Why Liberal Neutrality Prohibits Same-Sex Marriage : Rawls, Political Liberalism, and the Family », *The British Journal of American Legal Studies* 1(2), p. 411-466.

O'NEILL, Onora, « Constructivism in Rawls and Kant », *in* Samuel Freeman (ed.), *The Cambridge Companion to Rawls*, Cambridge, Cambridge University Press, 2002, p. 347-367.

PAREKH, Bhikhu, « Equality in a Multiracial Society », *in* Jane Franklin (ed.), *Equality*, Londres, Institute for Public Policy Research, 1997, p. 123-155.

– *Rethinking Multiculturalism*, Basingstoke, Palgrave MacMillan, 2006.

PASQUIER, Estienne, *Exhortation aux Princes et Seigneurs du Conseil privé du Roy, pour obvier aux séditions qui semblent nous menacer pour le fait de la Religion* (1561), *Mémoires de Condé*, tome II, édition Claude de Bosse, Londres, 1740, London, 1743, p. 613-636.

PEASE William and Jane Pease, *The Antislavery Argument*, New York, Bobbs-Merrill, 1964.

PEILLON, Vincent, « Qu'est-ce que la morale laïque ? », *Cités* 4(52), 2012, p. 95-99.

PENA-RUIZ, Henri, *Qu'est-ce que la laïcité ?* Paris, Gallimard, 2003.

PERRY, Michael, *Morality, Politics and Law*, Oxford, Oxford University Press, 1988.

– « Religion, Politics, and Abortion », *University of Detroit Mercy Law Review* 79, 2001.

– *Love and Power : The Role of Religion and Morality in American Politics*, Oxford, Oxford University Press, 1991.

– « Why Political Reliance on Religiously Grounded Morality Does Not Violate the Establishment Clause », *William & Mary Law Review* 42, 2001, p. 663-683.

– *Under God? Religious Faith and Liberal Democracy*, Cambridge, Cambridge University Press, 2003.

PETERS, W. A., *The Yoder Case: Religious Freedom, Education, and Parental Rights*, Lawrence, University of Kansas Press, 2003.

PETTIT, Philip, *Républicanisme* (1997), trad. fr. P. Savidan et J.-F. Spitz, Paris, Gallimard, 2004.

PICAVET, Emmanuel, *Théorie de la justice. Première partie, John Rawls*, Paris, Ellipses, 2001.

– « La doctrine de Rawls et le pluralisme comme modus vivendi », *Revue internationale de philosophie* n° 237, 2006, p. 372-373.

POPPER, Karl, *La société ouverte et ses ennemis* (1945), trad. fr. J. Bernard et Ph. Monod Paris, Seuil, 1979, 2 tomes.

– *Misère de l'historicisme*, trad. fr. Hervé Rousseau, Paris, Plon, 1956.

– *La logique de la découverte scientifique* (1959), trad. fr. Nicole Thyssen-Rutten et Philippe Devaux, Paris, Payot, 1973.

– « Utopie et violence », *Conjectures et réfutations*, trad. fr. Michelle-Irène et Marc B. de Launay, Paris, Payot, 1985, p. 517-529.

– *La quête inachevée*, trad. fr. Renée Bouveresse et Michelle Bouin-Naudin, Paris, Calmann-Lévy, 1981.

– « Toleration and Intellectual Responsibility », Susan Mendus et David Edwards (eds), *On Toleration*, Oxford, Oxford University Press, 1987, p. 17-34.

POURTOIS, Hervé, « Délibération, participation et sens du désaccord », *Éthique publique* 7(1), 2005, p. 145-154.

QUINN, Philip L., « Political Liberalisms and Their Exclusions of the Religious », *Proceedings and Addresses of the American Philosophical Association* 69(2), 1995, p. 35-56.

RAWLS, John, *Théorie de la justice*, trad. fr. C. Audard, Paris, Seuil, 1987. (Édition originale : *Theory of Justice*, Harvard, Harvard University Press, 1971, 1999, revised edition).

– *Libéralisme politique*, trad. fr. C. Audard, Paris, P.U.F., 1995. (Édition originale : *Political Liberalism*, New York, Columbia University Press, 1993).

– « Outline of a Decision Procedure for Ethics » (1951), *Collected Papers*, Cambridge, Havard University Press, 1999, p. 1-19.

– « Kantian Constructivism in Moral Theory » (1980), *Collected Papers*, Cambridge, Havard University Press, 1999, p. 303-358.

– « Social Unity and Primary Goods » (1982), *Collected Papers*, Cambridge, Havard University Press, 1999, p. 359-387.

– « Justice as Fairness: Political not Metaphysical » (1985), *Collected Papers*, Cambridge, Havard University Press, 1999, p. 388-414.

– « The priority of Right and Ideas of Good » (1988), *Collected Papers*, Cambridge, Havard University Press, 1999, p. 449-476.

– « The Idea of Public Reason Revisited » (1997), *Collected Papers*, Cambridge, Havard University Press, 1999, p. 573-615.

– *Justice as Fairness: A Restatment*, Cambridge, Harvard University Press, 2001.

– *Leçons sur l'histoire de la philosophie morale* (2000), trad. fr. M. Saint-Upery et B. Guillarme, Paris, La Découverte, 2002.

RAZ, Joseph, *The Morality of Freedom*, Oxford, Oxford University Press, 1986.

– *Ethics in the Public Domain*, Oxford, Oxford University Press, 1994.

RENAULT, Emmanuel, *L'expérience de l'injustice*, Paris, La Découverte, 2004.

RICHARDS, David A. J., « Toleration and Free speech », *Philosophy and Public Affairs* 17(4), 1988, p. 323-336.

RICŒUR, Paul, « John Rawls : de l'autonomie morale à la fiction du contrat social », *Lectures 1*, Paris, Seuil, 1991, p. 196-215.

RITCHIE, E., « The Toleration of Error », *International Journal of Ethics* 14(2), 1904, p. 161-171.

RIVERO, Jean, *La notion juridique de laïcité*, Paris, Dalloz, Chronique XXXIII, 1949.

ROGAT, Yosal, « Mr Justice Holmes : The Judge as Spectator », *University of Chicago Law Review* 31, 1964, p. 215-217.

ROSENBLUM, Nancy L., *Another Liberalism: Romanticism and the Reconstruction of Liberal Thought*, Harvard University Press, 1987.

ROSENFELD, Michel, « Extremist Speech and the Paradox of Tolerance », *Harvard Law Review* 100(6), 1987, p. 1457-1481.

RUELLAND, Jacques, *De l'épistémologie à la politique. La philosophie de l'histoire de Karl R. Popper*, Paris, P.U.F., 1991.

RUSSELL, Bertrand, « La philosophie de l'atomisme logique » (1918), *Écrits de logique philosophique*, trad. fr. J.-M. Roy, Paris, P.U.F., 1989.

SANDEL, Michael, *Le libéralisme et les limites de la justice* (1982), trad. fr. J.-F. Spitz, Paris, Le Seuil, 1999.

SCANLON, Thomas M., *The Difficulty of Tolerance*, Cambridge, Cambridge University Press, 2003.

SCHAUER, Frederick, « Free Speech and the Paradox of Tolerance », *in* Burton M. Leiser (ed.), *Values in Conflict : Life, Liberty and the Rule of Law*, New York, Macmillan, 1981, p. 228-237.

– *Free Speech : A Philosophical Enquiry*, Cambridge, Cambridge University Press, 1982.

– « Slippery slopes », *Harvard Law Review* 99(2), 1985, p. 361-383.

– « The Phenomenology of Speech and Harm », *Ethics* 103(4), 1993, p. 635-653.

SCHMITT, Carl, *La notion de politique* (1932), trad. fr. M.-L. Steinhauser, Paris, Calmann-Lévy, 1972.

SCHNAPPER, Dominique, *Qu'est-ce que la citoyenneté ?* Paris, Gallimard, 2000.

SCHWARTZ, Adina, « Moral Neutrality and Primary Goods », *Ethics* 83(4), 1973, p. 294-307.

SCOPES, John T., James Presley, *Center of the Storm : Memoirs of John T. Scopes*, Henry Holt & Company, 1967.

SEN, Amartya K., *Collective Choice and Social Welfare*, Edinburgh, Oliver and Boyd, 1970.

SHAPIRO, Ian, *Democratic Justice*, Yale University Press, 1999.

SPECTOR, Céline, *Au prisme de Rousseau. Usages politiques contemporains*, Oxford, Voltaire Foundation, 2011.

SPITZ, Jean-Fabien, Le moment républicain en France, Paris, Gallimard, NRF essais, 2005.

– *Abolir le hasard ? Responsabilité individuelle et justice sociale*, Paris, Vrin, 2008.

– « Headscarves in School Again : How Republican Is the 2004 Law Banning Ostentatious Religious Signs from Public Schools ? », *in* Jean-Christophe Merle (ed.), *Spheres of Global Justice*, 2013, p. 403-414.

STERBA, James, « Rawls and Religion », *in* Victoria Davion, Clark Wolf (eds.), *The Idea of Political Liberalism : Essays on Rawls*, Rowman and Littlefield, 1999, p. 34-45.

STEVICK, Richard A., *Growing Up Amish : the Teenage Years*, Baltimore, The Johns Hopkins University Press, 2000.

STRAUSS, David A., « Abortion, Toleration, and Moral Uncertainty », *The Supreme Court Review* 1992, 1992, p. 1-28.

TAYLOR, Charles, *Hegel et la société moderne* (1979), trad. fr. J. Brindamour et G. Laforest, Paris, Cerf, 1998.

– *The Ethics of Authenticity*, Cambridge, Harvard University Press, 1992.

– *Multiculturalisme : Différence et démocratie* (1992), trad. fr. D.-A. Canal, Paris, Flammarion, 2001.
– « Interculturalism or Multiculturalism », *Philosophy and Social Criticism* 38(4–5), 2012, p. 413-423.
TERREL, Jean, *Les théories du pacte social*, Paris, Seuil, 2001.
VALDES, Ernesto Garzon, « Some Remarks on the Concept of Toleration », *Ratio Juris* 10(2), 1997, p. 127-138.
WALWYN, William, *The Compassionate Samaritane : Liberty of Conscience Asserted and the Separatist Vindicated* (1644), *in* David Wootton (ed.), *Divine Right and Democracy : An Anthology of Political Writing in Stuart England*, Harmondsworth, Penguin, 1986.
WEIL, Patrick, *La République et sa diversité*, Paris, Seuil, 2005.
– « Lever le voile », *Esprit*, janvier 2005, p. 45-53.
– « Politique de la mémoire : l'interdit et la commémoration », *Esprit*, février 2007, p. 124-142.
WEINSTOCK, Daniel, « The Graying of Berlin », *Critical Review* 11(4), 1997, p. 481-501.
WESTEN, Peter, « The Concept of Equal Opportunity », *Ethics* 95(4), 1985, p. 837-50 ; Gerald McCallum, « Negative and Positive Freedom », *The Philosophical Review* 96, 1967, p. 312-34.
WHITE, Stuart, « Toleration of religious discrimination in employment », *in* Catriona McKinnon, Dario Castiglione (eds.), *The Culture of Toleration in Diverse Societies*, Manchester, Manchester University Press, 2003, p. 179-195.
WILKINS, David. E., *American Indian Sovereignty and the U.S. Supreme Court : The Masking of Justice*, Austin, University of Texas Press, 1997.
WILLIAMS, Bernard, « Tolerating the Intolerable », *in* Susan Mendus (ed.), *The Politics of Toleration in Modern Life*, Edinburgh, Edinburgh University Press, 1999, p. 65-75.
WILLIAMS, Melissa S., « Justice toward Groups : Political Not Juridical », *Political Theory* 23(1), 1995, p. 67-91.
WOLFF, Robert Paul, « Marcuse's Theory of Toleration », *Polity* 6(4), 1974, p. 469-479.
– *Understanding Rawls*, Gloucester, Peter Smith, 1990
YOUNG, Iris Marion, *Justice and the Politics of Difference*, Princeton, Princeton University Press, 1990.
– « Rawls's Political Liberalism », *Journal of Political Philosophy* 3(2), 1995, p. 181-190.

ZARKA, Yves Charles, *Difficile tolérance*, Paris, P.U.F., 2004.
ZIZEK, Slavoj, *Plaidoyer en faveur de l'intolérance*, trad. fr. Fr. Joly, Castelnau-le-Lez, Climats, 2004.
ZOLLER, Élisabeth, *Les grands arrêts de la Cour suprême des États-Unis*, Paris, P.U.F., 2000.
— (dir.), *La conception américaine de la laïcité*, Paris, Dalloz, 2005.

*Remerciements*

Je tiens tout d'abord à exprimer ma profonde reconnaissance à Jean-Fabien Spitz qui m'a accompagné tout au long de mes recherches et les a inspirées. Il serait vain de chercher à résumer en quelques mots tout ce que je lui dois intellectuellement et personnellement. Je veux aussi témoigner ma gratitude à Patrick Weil pour m'avoir encouragé à confronter avec ténacité la philosophie à la réalité sociale, politique et juridique, et pour m'avoir exhorté à finir ce livre. J'adresse également mes remerciements à Emmanuel Picavet qui m'a permis d'affiner mes analyses sur la neutralité et le compromis institutionnel. J'ai par ailleurs une dette considérable à l'égard de Laurent de Briey, un modèle de tolérance qui a eu la patience de discuter le détail de mes arguments, malgré mon entêtement, et m'a fait l'amitié de relire mon manuscrit. Le résultat ne reflète pas la richesse des échanges que j'ai eus avec eux et ne saurait représenter leur conception politique parfois très différente de celle que je défends.

Pour leurs conseils, leurs objections, leurs encouragements et leur amitié de longue date, je remercie chaleureusement Catherine Audard, Speranta Dumitru, Catherine Larrère, Sophie Guérard de Latour, Christian Nadeau, Olivier Tinland, Daniel Weinstock et Mikhaïl Xifaras. Je voudrais aussi remercier Arash Abizadeh, Sophie-Jan Arrien, Blaise Bachofen, Magali Bessone, Martin Blanchard, Bernardo Bolaños, Frédéric Bouchard, Ryoa Chung, Andrée-Anne Cormier, Peter Dietsch, Guillaume Dupont, Martin Gibert, Charles Girard, Valéry Giroux, Christopher Hamel, Louis-Philippe Hodgson, Peter Jones, Alice Le Goff, Ernest-Marie Mbonda, Christophe Miqueu, Véronique Munoz-Dardé, Pierre-Yves Néron, Ruwen Ogien, Mélanie Plouviez, Hervé Pourtois, Adina Preda, Pierre-Yves Quiviger, Bernard Reber, Geneviève Rousselière, Robert Sparling, Céline Spector, Christine Tappolet et Patrick Turmel.

Je n'oublie pas l'ensemble des étudiants qui ont participé au séminaire « Tolérance et pluralisme social » à la session d'automne 2012 à l'Université de Montréal et dont les commentaires critiques toujours avisés ont enrichi ma réflexion.

Enfin, je remercie vivement Jean-Baptiste Rauzy de m'avoir aidé à préciser mon projet de livre et de l'avoir accepté dans la collection qu'il dirige aux éditions J. Vrin.

J'ai bénéficié pour la rédaction de ce livre du programme de bourse postdoctorale Banting du Centre nationale de la recherche en sciences humaines du gouvernement du Canada (CRSH), de 2011 à 2013, et du soutien matériel et humain du Centre de recherche en éthique de l'université de Montréal (CRÉUM). Maryvonne Le Port a assuré la relecture finale du manuscrit.

Novembre 2013

# INDEX

## TABLE DES MATIÈRES

Imprimé sur les presses de Jouve - Mayenne
2154734T - dépôt légal : avril 2014 - date d'impression : avril 2014